INCENTIVOS TRIBUTÁRIOS COMO POLÍTICA EXTRAFISCAL AFIRMATIVA DO ACESSO À SAÚDE

MARIA STELA CAMPOS DA SILVA

Prefácio
Calilo Jorge Kzan Neto

INCENTIVOS TRIBUTÁRIOS COMO POLÍTICA EXTRAFISCAL AFIRMATIVA DO ACESSO À SAÚDE

Belo Horizonte

Editora Fórum

2016

© 2016 Editora Fórum Ltda.

É proibida a reprodução total ou parcial desta obra, por qualquer meio eletrônico, inclusive por processos xerográficos, sem autorização expressa do Editor.

Conselho Editorial

Adilson Abreu Dallari
Alécia Paolucci Nogueira Bicalho
Alexandre Coutinho Pagliarini
André Ramos Tavares
Carlos Ayres Britto
Carlos Mário da Silva Velloso
Cármen Lúcia Antunes Rocha
Cesar Augusto Guimarães Pereira
Clovis Beznos
Cristiana Fortini
Dinorá Adelaide Musetti Grotti
Diogo de Figueiredo Moreira Neto
Egon Bockmann Moreira
Emerson Gabardo
Fabrício Motta
Fernando Rossi

Flávio Henrique Unes Pereira
Floriano de Azevedo Marques Neto
Gustavo Justino de Oliveira
Inês Virgínia Prado Soares
Jorge Ulisses Jacoby Fernandes
Juarez Freitas
Luciano Ferraz
Lúcio Delfino
Marcia Carla Pereira Ribeiro
Márcio Cammarosano
Marcos Ehrhardt Jr.
Maria Sylvia Zanella Di Pietro
Ney José de Freitas
Oswaldo Othon de Pontes Saraiva Filho
Paulo Modesto
Romeu Felipe Bacellar Filho
Sérgio Guerra

Luís Cláudio Rodrigues Ferreira
Presidente e Editor

Coordenação editorial: Leonardo Eustáquio Siqueira Araújo

Av. Afonso Pena, 2770 – 15º andar – Savassi – CEP 30130-012
Belo Horizonte – Minas Gerais – Tel.: (31) 2121.4900 / 2121.4949
www.editoraforum.com.br – editoraforum@editoraforum.com.br

S586r   Silva, Maria Stela Campos da
         Incentivos tributários como política extrafiscal afirmativa do acesso à saúde / Maria Stela Campos da Silva; prefácio de Calilo Jorge Kzan Neto. Belo Horizonte: Fórum, 2016.

         246 p.
         ISBN 978-85-450-0141-6

         1. Direito à saúde. 2. Direito financeiro. 3. Direito tributário. 4. Direito administrativo. 5. Políticas públicas. I. Kzan Neto, Calilo Jorge. II. Título.

                                    CDD: 341.64

Informação bibliográfica deste livro, conforme a NBR 6023:2002 da Associação Brasileira de Normas Técnicas (ABNT):

SILVA, Maria Stela Campos da. *Incentivos tributários como política extrafiscal afirmativa do acesso à saúde*. Belo Horizonte: Fórum, 2016. 246 p. ISBN 978-85-450-0141-6.

Este livro é dedicado

Aos meus pais Maria Philomena e Alberto pelos ensinamentos da vida e jurídicos, por desenvolverem em mim o amor pelos estudos e pelo direito.

Ao meu marido Fábio Cézar, meu grande incentivador para seguir a trilha do direito tributário, pela companhia tantas vezes sonegada, pelo amor com que administrou minhas ausências ínsitas ao doutoramento.

Aos meus filhos Alan Cézar e Fábio Henrique por serem a razão maior de eu ter ingressado nessa empreitada, afinal o exemplo de casa é sempre melhor do que o simples discurso.

AGRADECIMENTOS

Meus agradecimentos especiais ao meu irmão Alberto Antonio pelo incentivo para seguir meu caminho acadêmico e pelas "horas-extras" que precisou fazer em nosso escritório para cobrir minhas ausências.

Aos meus colegas de escritório Sabrina e sobrinhos Carlos e Fernando Alberto que tão bem se desincumbiram do dia a dia laboral com tantas "sobretarefas" em razão de estar eu dedicada ao doutorado.

Aos meus sogros Elisabeth e Francisco Cézar pelo apoio com as crianças e incentivo diários.

Ao meu professor e orientador Calilo, que em um processo seletivo concorrido me escolheu para orientar e por tantas e tantas horas se dedicou a conversar, explicar, sugerir, alterar minhas linhas, sempre com a paciência típica dos docentes que amam o que ensinam.

Aos meus professores do Programa de Pós-Graduação em Direito, José Cláudio M. de Brito Filho, Pastora Leal, Antônio Maués e Cristina César de Oliveira, que nortearam meus estudos nesses anos de doutoramento, pelos ensinamentos e indicações bibliográficas.

Às minhas amigas Emília Farinha, Bárbara Dias, Luciana Fonseca e Ana Cristina Darwich que sempre estiveram ao meu lado, sugerindo, ouvindo, apoiando, emprestando livros e corrigindo meus excertos.

Nem todos os governos possuem a mesma natureza; há-os com maior ou menor voracidade, e as diferenças assentam neste outro princípio: quanto mais as contribuições públicas se afastam de sua fonte, tanto mais onerosas se tornam. Não é pela quantidade das imposições que se deve medir esse ônus, mas pelo caminho que elas precisam percorrer para regressar às mãos de que saíram; quando essa circulação é pronta e bem estabelecida, que se pague pouco ou muito, não importa; o povo é sempre rico e as finanças vão sempre bem. Quando, ao contrário, por pouco que o povo contribua, esse pouco não lhe retorna às mãos, ao contribuir sempre ele se esgota com rapidez; o Estado nunca será rico, e o povo será sempre indigente.

(Jean-Jacques Rousseau. *O contrato social*)

LISTA DE ILUSTRAÇÕES

Figura 1 – Representação sobre imunidade, isenção e não incidência 52

Figura 2 – Áreas de Incentivo à Cultura 195

Figura 3 – Fluxograma do processo de tramitação de propostas para receberem incentivos legais na área de cultura 196

Figura 4 – Leis de Incentivo à Cultura no Brasil 202

Gráfico 1 – Gastos *per capita* com saúde no Brasil em comparação com outros países com sistema universal de saúde 81

Gráfico 2 – Parcelas da população americana que pagam e não pagam imposto de renda, 2013 130

Gráfico 3 – Cobertura do Seguro Saúde para não idosos, 2006 131

Gráfico 4 – Gasto público na saúde em alguns países do mundo 135

Gráfico 5 – Comparação entre gasto tributário saúde e gasto tributário plano de saúde, 2003-2011 153

Gráfico 6 – Investimento direto na saúde no Brasil de 2007 a 2011 187

Quadro 1 – Dificuldades da política pública 72

Quadro 2 – Características no Conceito de Princípio 114

Quadro 3 – Convênios celebrados no âmbito do CONFAZ sobre ICMS na área de saúde 162

Quadro 4 – Isenções na área de saúde previstas no Regulamento do ICMS do Pará 168

Quadro 5 – Benefícios Tributários na área de saúde no Estado do Rio de Janeiro 174

Quadro 6 – Leis de Incentivo à Cultura de cada Estado da Federação 201

LISTA DE TABELAS

Tabela 1 – Espécies de incentivos... 144

Tabela 2 – Percentual de gastos do SUS com internações........................... 144

Tabela 3 – Gasto Tributário Saúde, 2003-2011 (em R$ milhões).................. 146

Tabela 4 – Crescimento Nominal: PIB, Gasto Federal Saúde e Gasto
Tributário Plano de Saúde, 2003-2011 (em R$ milhões)............... 147

Tabela 5 – Crescimento Real do Gasto Tributário em Saúde, 2003-2011
(em R$ milhões)... 148

Tabela 6 – IRPF: distribuição percentual segundo tipo de gasto
tributário, 2003-2011 (em R$ milhões).. 149

Tabela 7 – Renúncias de receita do Governo Federal, 2010-2012................ 150

Tabela 8 – Renúncia de Receita na área de Saúde por região prevista
na LDO-Metas 2014/2016.. 205

Tabela 9 – Renúncia de Receita Total da União Federal, em percentual,
por região, destinadas à saúde prevista na LDO
Meta: 2014/2016... 205

LISTA DE SIGLAS

ANS	Agência Nacional de Saúde
ANVISA	Agência Nacional de Vigilância Sanitária
CADE	Conselho Administrativo de Defesa Econômica
CEBAS	Certificação de Entidades Beneficentes de Assistência Social na Área de Educação
CNAS	Conselho Nacional de Assistência Social
CONFAZ	Conselho Nacional de Política Fazendária
ICMS	Imposto de Circulação de Mercadorias e Serviços de Transporte Interestaduais
IPEA	Instituto de Pesquisa Econômica Aplicada
IPTU	Imposto Predial e Territorial Urbano
LDO	Lei de Diretrizes Orçamentárias
OCDE	Organização para Cooperação e Desenvolvimento Econômico
OMS	Organização Mundial de Saúde
OSCIP	Organização da Sociedade Civil de Interesse Público
PAES	Parcelamento Especial
PNBE	Programa Nacional Biblioteca da Escola
REFIS	Programa de Recuperação Fiscal
SDE	Secretaria de Direito Econômico
SEAE	Secretaria de Acompanhamento Econômico
SELIC	Taxa Referencial do Sistema Especial de Liquidação e de Custódia
STJ	Superior Tribunal de Justiça
SUS	Sistema Único de Saúde
TJLP	Taxa de Juros de Longo Prazo

SUMÁRIO

PREFÁCIO
Calilo Jorge Kzan Neto 21

INTRODUÇÃO 25

CAPÍTULO 1
O POSITIVISMO INCLUSIVO E UM ENFOQUE POLÍTICO SOBRE MEDIDAS ADMINISTRATIVAS DE SAÚDE A PARTIR DAS IDEIAS DE AMARTYA SEN 29
1.1   O positivismo inclusivo como base estrutural da obra 29
1.2   A intervenção do estado no domínio econômico (política extrafiscal) por uma análise do positivismo inclusivo 31
1.3   Um enfoque político sobre a saúde pública a partir de Amartya Sen 34

CAPÍTULO 2
AS ESPÉCIES DE RENÚNCIAS DE RECEITA EXISTENTES NO ORDENAMENTO JURÍDICO NACIONAL 43
2.1   O que é isenção? 43
2.2   Diferenças entre as espécies de renúncias de receita, a imunidade e a não incidência 50
2.3   A redução de base de cálculo e de alíquota (alíquota zero), a suspensão, o diferimento, o crédito presumido e os subsídios 56
2.4   A remissão e a anistia 66

CAPÍTULO 3
SUSTENTABILIDADE E POLÍTICA PÚBLICA DE SAÚDE 71

3.1   A política pública em uma análise jurídica 71

3.2   Noções preliminares sobre sustentabilidade nas políticas públicas de saúde 74

3.3   Características da nova gestão pública – uma visão do direito administrativo 78

3.4   Exemplos da nova gestão pública na área de saúde no Brasil 87

3.4.1   O *welfare state* no âmbito da saúde no Brasil e no Estado do Pará ... 87

3.4.2   Formas Jurídicas do Terceiro Setor: De que forma o setor privado pode se estruturar para ser incluído no chamado Terceiro Setor. Órgãos previstos no Decreto-Lei 200, de 25 de fevereiro de 1967 e entidades paralelas 96

CAPÍTULO 4
A APLICAÇÃO DOS PRINCÍPIOS JURÍDICOS COMO FORMA DE ESCOLHA DE POLÍTICA DE INCENTIVO FISCAL NA ÁREA DE SAÚDE 113

4.1   A ponderação de princípios jurídicos e o positivismo inclusivo de Riccardo Guastini 113

4.2.   Informações empíricas sobre a necessidade do estado de atrair o setor privado na área de saúde para participar de ações do SUS ... 116

4.3   Universalidade das medidas de incentivo 120

CAPÍTULO 5
OS INCENTIVOS DIRETOS E INDIRETOS À SAÚDE 125

5.1   As renúncias de receita no âmbito da saúde em uma análise comparada 125

5.1.1   As renúncias de receita a partir de dados da OCDE 125

5.1.2   As renúncias de receitas nos Estados Unidos da América 128

5.2   O financiamento público direto e indireto da saúde no Brasil 136

5.2.1   As receitas públicas brasileiras atreladas à área de saúde 136

5.2.2   A renúncia de receita como política extrafiscal brasileira afirmativa do acesso à saúde 142

5.2.2.1 A dedução da base de cálculo do IRPF – Imposto sobre a Renda e Proventos de Qualquer Natureza, dos valores integrais gastos com serviços de saúde privados..........152
5.2.2.2 Imunidades Tributárias..........155
5.2.2.3 Isenções brasileiras na área de saúde..........159

CONCLUSÃO..........181

REFERÊNCIAS..........209

APÊNDICES
APÊNDICE A – Abrigo Especial Calabriano..........219
APÊNDICE B – Espaço de Acolhimento Provisório Infantil (EAPI)..........237

PREFÁCIO

Em 2011 a Professora Maria Stela Campos da Silva, após nove anos da defesa de seu mestrado pela Universidade Federal de Pernambuco, voltou a estudar na Universidade Federal do Pará como aluna do curso de doutorado em Direito vinculado ao Programa de Pós-Graduação em Direito. Voltava ela a ser minha aluna (pois já o fora quando da sua graduação em Direito pela mesma UFPA), agora como orientanda de doutoramento, com dez anos de exercício de magistério superior com ênfase principal nas áreas de Direito Financeiro e Tributário. Os méritos da autora nesses quase dez anos de atividade ininterrupta como advogada e professora de Direito permitiram-me conhecer e avaliar bem sua marcha intelectual, suas tendências, assim como o compasso e o trajeto das evoluções do seu espírito.

Ao submeter seu projeto de pesquisa à banca de seleção, àquela altura intitulado: *A Intervenção do Estado Federado no Domínio Econômico através da Renúncia de Receita como meio de garantia dos Direito Humanos – Alternativas à melhoria do Sistema Único de Saúde*, a professora Maria Stela o teve aprovado exatamente porque se propunha a realizar pesquisa na área do Direito que trabalharia a multidisciplinariedade, eis que pretendia se dedicar ao estudo de políticas públicas financeiras e tributárias visando a atrair a sociedade a trabalhar em conjunto com o Estado.

A autora revela neste trabalho a consciência de quem, deliberadamente, declara e adota pesquisa específica, deixando fluir o pensamento ao longo de eixo definido, amarrando os conceitos e associando-os para imprimir-lhes teor de determinação mais intensa do que a encontrada nos textos conhecidos da Ciência Jurídica. Na evolução do seu raciocínio, vai circunscrevendo, discretamente, o conteúdo pretendido mediante aproximações sucessivas, servindo-se das premissas que indicou no início do trabalho, ao apropriar-se de proposições fundamentais da Teoria Geral do Direito. Essa estratégia lhe permite chegar a conclusões vigorosas, contribuindo decisivamente para o aprofundamento do tema. Maria Stela se movimenta com naturalidade entre pensadores de escolas diversas, conjugando ideias na procura incessante de um discurso jurídico-científico sério e equilibrado, no qual os reforços de índole retórica de modo algum comprometem a armação lógica da mensagem.

Honra-me ter orientado e prefaciar uma pesquisa resultante em tese de doutoramento que demonstra indicadores que podem ser utilizados não apenas pela academia, mas principalmente por realizadores de políticas públicas ao elegerem mecanismos tributários que sirvam de atrativo ao setor privado para, conjuntamente, prestar serviços nas mais diversas áreas da saúde, aumentando, com isso a oferta desses serviços tão reclamados pela sociedade.

A presente obra trabalha com textos de direito positivo em vigor no Brasil, desde a Constituição Federal até os mais singelos atos infralegais, formando um conjunto integrado por elementos que se inter-relacionam, constituindo-se em um sistema. Daí que o cerne da obra se volta para identificação das modalidades de incentivos fiscais que o Estado, ao renunciar de suas receitas, pode manejar para atrair o setor privado a também ofertar serviços públicos. Reconhecendo o caráter absoluto da unidade do sistema jurídico, o tema da renúncia de receita onerosa como política extrafiscal afirmativa do acesso à saúde é trabalhado sob o enfoque de distintas áreas do conhecimento jurídico e, ainda, com outras áreas que estudam a facticidade social como aquelas que se preocupam com a identificação da sustentabilidade nas modalidades de políticas públicas.

Portanto, a obra pretende alcançar não apenas acadêmicos dedicados ao estudo da renúncia de receitas pelo Estado por meio da concessão de incentivos tributários, mas, sobretudo, aqueles que de alguma forma trabalham com a eleição de políticas públicas sanitárias sustentáveis.

Estou certo de que essa obra contribuirá inclusive para nossos alunos da graduação e pós-graduação em Direito da UFPA nas quais hoje, eu e a Professora Maria Stela em conjunto coordenamos grupo de pesquisa em Federalismo, Responsabilidade Tributária, Renúncia de Receitas e Direitos Humanos que visa a ampliar cada vez mais o escopo dessa pesquisa aqui apresentada.

A tese foi defendida e aprovada por banca de grande qualificação no meio jurídico paraense, como o prof. José Claudio M. de Brito Filho, o prof. Sergio Silva Rocha, tendo como examinador externo o Professor Raymundo Juliano do Rêgo Feitosa, atualmente Presidente do CONPEDI, que orientou a autora em sua dissertação de mestrado.

A obra, que tenho a imensa satisfação de prefaciar, representa um estudo sério e fundamentado em sólida e consistente doutrina.

Aquilo que me chama atenção com mais força é o entusiasmo da autora pelas coisas do Direito, que transborda de seu texto, de forma independente de sua vontade. É algo seu, particularmente seu, de tal modo que todos os que dele se aproximam podem perceber de maneira imediata. Esse amor pelo Direito, associado à seriedade de propósitos e a um indiscutível talento intelectual, fazem da autora e de seu trabalho uma construção de nível científico.

Belém, 7 de abril de 2016.

Calilo Jorge Kzan Neto
Graduado em Direito pela Pontifícia Universidade Católica do Rio de Janeiro. Mestre em Direito pela Pontifícia Universidade Católica do Rio de Janeiro. Doutor em Direito pela Pontifícia Universidade Católica do Rio de Janeiro. Professor da Graduação e Pós-Graduação em Direito da Universidade Federal do Pará.

INTRODUÇÃO

A obra é o resultado de pesquisa na área da renúncia de receita tributária que analisa desde os Princípios Constitucionais norteadores da questão até a indicação de normas infraconstitucionais que, adequadas aos Princípios, podem, de alguma forma, ajudar o Estado a não abrir mão de suas receitas tributárias pura e simplesmente, mas, ao contrário, ao fazer uso desses institutos, cobrar do setor privado atitudes que o auxiliem na realização de políticas públicas garantidoras de direitos fundamentais.

A ideia envolve a identificação de se por meio de institutos jurídicos, como a isenção, o diferimento, a suspensão, a alíquota zero, a remissão e a anistia o Estado brasileiro, ao renunciar receita, tem condições de exercer uma política efetiva de intervenção no domínio econômico, deixando de lado o caráter meramente paternalista.

Assim é que os capítulos se desdobram em análise de espécies de incentivos fiscais, sob a ótica de se constituírem em Renúncias de Receitas, e os limites de exercício dessas competências, até a análise no ordenamento jurídico, dele extraindo os mecanismos jurídicos que cada Ente da Federação possui para melhorar a prestação de suas políticas públicas com o auxílio do setor privado.

O tema proposto envolve a estrutura federativa do país e as formas como União, Estados/Distrito Federal e Municípios podem, ao fazer uso de suas competências tributárias constitucionais, por meio de institutos jurídicos de renúncia de receita, intervir no domínio econômico, atraindo o setor privado para em conjunto realizar políticas públicas mais efetivas.

A obra elenca algumas alternativas às estruturas de serviços públicos que vivem agonizando e com isso não conseguem garantir os princípios básicos de direitos humanos, especialmente na área de saúde pública.

A pesquisa envolve propedeuticamente a elucidação de questões conceituais, por meio da análise da sintaxe de cada instituto de renúncia de receita.

Em um segundo momento, levanta quais desses institutos, já conceituados por uma análise semântica e pragmática, estão mais aptos a possibilitar uma intervenção do Estado na economia, com a finalidade de atrair o setor privado para lhe auxiliar a prestar serviços públicos mais efetivos do ponto de vista da garantia dos direitos fundamentais.

Em seguida, a obra se volta à identificação da existência, na atualidade, de experiências dentro do Estado do Pará de serviços públicos na área da saúde prestados por entes privados ou administrados por entidades privadas e a forma como esses serviços vêm sendo desenvolvidos, tudo visando a levantar elementos a corroborar a hipótese principal, qual seja: o Estado, ao abrir mão de parte da receita a que faz jus em razão do Federalismo, em benefício de organismos privados, caso imponha a estes contraprestações, garante maior distribuição de serviços públicos básicos, assegurando os direitos fundamentais.

Após a coleta de informações a partir do estudo de casos, novamente retomam os dois primeiros episódios da pesquisa já efetivados, visando à correlação dos itens produzidos com os dados coletados no estudo de casos, passando à análise de quais estruturas jurídicas societárias são mais viáveis à interação com o Estado para cumprir os objetivos propostos.

Nesse sentido, a obra se divide em:
- Primeiro Capítulo: indica quais linhas filosóficas norteiam a pesquisa fundamentada no Positivismo Inclusivo em uma de suas vertentes brasileiras, qual seja, a do chamado "construtivismo lógico-semântico", e saindo superficialmente da análise estritamente jurídica apresenta o corte epistemológico do ponto de vista das políticas públicas de saúde, que será seguida nesta obra, principalmente, pela visão do economista Amartya Sen.
- Segundo Capítulo: são conceituados os institutos de renúncia de receita, objeto da pesquisa.
- Terceiro Capítulo: aborda noções de políticas públicas de saúde sob o enfoque do direito administrativo, na ótica da sustentabilidade, identificando as formas jurídicas existentes no ordenamento jurídico brasileiro de que o setor privado pode se revestir e os instrumentos legais aptos a serem manejados pelo Estado para firmar as "parcerias" *lato sensu*.

- Quarto Capítulo: parte ao estudo acerca da importância da ponderação dos princípios jurídicos pela administração para escolha das políticas públicas de incentivo fiscal na área da saúde.
- Quinto Capítulo: neste capítulo final há uma apresentação geral da mudança de paradigma jurídico dos dias de hoje para identificar quais estruturas estão aptas, do ponto de vista legal, para que o Estado, ao renunciar receita na área das "parcerias" para fins de prestação de serviços públicos de saúde, previna-se, cada vez mais, contra a carência de uma política de saúde sustentável.
- Conclusão: aponta de que forma a intervenção do Estado federado no domínio econômico, por meio de mecanismos de renúncia de receita na área da saúde, pode conciliar interesses privados com políticas públicas e auxiliar o Sistema Único de Saúde na garantia dos direitos humanos.

Feitas essas apresentações do objeto de investigação, e da forma como foi procedida a pesquisa, que tem nesta obra seu resultado, é importante nesta oportunidade aduzir que este trabalho não visa a finalizar a questão, mas demonstrar caminhos jurídicos que podem ser tomados pela administração pública, para multiplicar os serviços de saúde cujo dever constitucional de prestar não pode ser declinado, valendo-se para isso de políticas de incentivo fiscal como intuito de atração do setor privado, com uma contraprestação.

Assim é que o início da fundamentação parte de conceitos dos institutos que serão estudados dedutivamente, até chegar a uma aplicação prática deles, especialmente dentro da órbita da saúde pública. Inicialmente propõe a conceituação dos termos indicados no título, como as diferentes formas de renúncia de receita, para após identificar de que forma o Estado intervém no Domínio Econômico visando a identificar a quais dessas serão estudadas em conjunto na tentativa de responder às proposições e, nesse contexto, também não serão deixado de lado os esclarecimentos sobre essas diferentes formas de intervenção do Prof. Celso Antônio Bandeira de Mello.

Com o estudo desenvolvido, tentar-se-á, ao final, responder às seguintes questões:
1. *O Estado brasileiro, por meio de seus institutos jurídicos, tem condições de exercer políticas efetivas de intervenção no domínio econômico, ao renunciar receita?*
2. *Sobretudo no que tange àquelas políticas que visam a promover, no setor privado, atitudes que auxiliem o poder público na realização de*

políticas públicas garantidoras de direitos fundamentais relacionadas à saúde?

Funcionam, portanto, como questões norteadoras:

- Como o setor privado, sem fins lucrativos, pode se organizar juridicamente para prestar serviços públicos e, ao mesmo tempo, usufruir de benefícios tributários?
- A intervenção do Estado no Domínio Econômico por meio da utilização de institutos de renúncia de receita serve para incentivar o setor privado a contribuir com o incremento de políticas públicas mais eficientes?
- A união do terceiro setor às políticas públicas não importaria em uma maior garantia dos direitos humanos, como no caso de proporcionar um acesso melhor e mais eficiente à saúde?
- As renúncias de receitas onerosas como as tratadas acima deixam de ser meros benefícios fiscais e chegam a gerar efetivas garantias de direitos fundamentais?

Por fim, cumpre registrar que na primeira parte do trabalho na qual será estudada a sintaxe das formas de renúncia, o método de pesquisa em que estão amparados os estudos perpassa pelo estudo das Estruturas Lógicas e o Sistema do Direito Positivo de Vilanova (2005, p. 55,72), bem assim pela aplicação dessa teoria à área tributária pelo Prof. Paulo de Barros de Carvalho nas obras citadas na bibliografia, a partir da noção de que na linguagem das proposições normativas que possui como um de seu subdomínio o do direito, o dever-ser tem a categoria sintática de um sincategorema, um conceito incompleto (CARVALHO, 2009, p. 136,140).

Por isso, posteriormente a essa fase homogênea, entra a obra na análise pragmática quando, pela heterogeneidade, tentar cobrir algumas situações sobre as quais a regulação jurídica irá incidir a fim de desenvolver as políticas públicas.

CAPÍTULO 1

O POSITIVISMO INCLUSIVO E UM ENFOQUE POLÍTICO SOBRE MEDIDAS ADMINISTRATIVAS DE SAÚDE A PARTIR DAS IDEIAS DE AMARTYA SEN

1.1 O positivismo inclusivo como base estrutural da obra

Com o advento das Constituições contemporâneas, surgem doutrinas denominadas neoconstitucionalistas que, deixando de lado a tradicional dicotomia "positivismo/jusnaturalismo", passam a tratar o conceito de direito a partir de uma releitura de outra dicotomia, a que trata da distinção entre direito e moral. A nova ordem constitucional mundial emerge juntamente com a consolidação do direito internacional reafirmando – com feições igualmente mais contemporâneas dos direitos humanos, fundados em *hard's laws* (Convenções, Tratados internacionais), ou em *soft's laws* (opiniões consultivas, resoluções, declarações de organismos internacionais) (KILLANDER, 2010, p.149-175) – que, ao positivar valores, renova a discussão sobre direito e moral.

Nesse contexto político/social/jurídico surgem teorias como:
1) A chamada, por parte da doutrina, de *pós-positivismo*, de Ronald Dworkin, para quem a correlação entre direito e moral serve de fundamento à teoria de interpretação do direito, construtiva, pois não há conceitos jurídicos desprovidos de valores, de ideias valorativas de seus intérpretes (DWORKIN, 1999, p.119,139);
2) O *positivismo exclusivo*, defendido por Joseph Raz, que retoma a dicotomia do positivismo clássico de que direito e moral

permanecem em campos gnosiológicos diversos, pois tratar a moralidade como uma condição para a legalidade fragiliza a autoridade do direito, como comenta Coleman (2001, p. 102); 3) O *positivismo inclusivo*, tratado por autores como Coleman (2001), que o denomina de "incorporacionismo", comparando Raz e Dworkin para defender que as observações de Dworkin não devem servir de motivação para abandonar ou modificar o positivismo, desde que há uma importante conexão entre o "incorporacionismo" e a tese convencionalista (COLEMAN, 2001, p. 129). Mas, tomado a partir da vertente de Riccardo Guastini, segundo a qual direito e moral nas estruturas constitucionais atuais aparecem ligados, ante a previsão em normas constitucionais de valores, o que transforma aspectos morais em linguagem jurídica, fazendo com que muitas vezes o critério de validade da norma se fundamente em considerações envolvendo moralidade, tornando a ciência jurídica e o direito "ontologicamente homogêneas", pois "tanto uma como o outro não passam de discursos, linguagens" (GUASTINI, 2005, p. 286).

Essas novas teorias evidenciam que, no âmbito do direito contemporâneo, surge a discussão envolvendo a moral contemporânea, pois agora, seja na teoria do direito como integridade de Dworkin, seja no positivismo inclusivo, a dicotomia direito/moral se mescla, no sentido não de predominância de um polo sobre o outro, mas de coexistência e formação de uma nova estrutura jurídica que congrega os dois antigos polos.

O objeto do estudo será analisado a partir da teoria do positivismo inclusivo partindo de entendimentos de que a linguagem jurídica não é apenas descritiva, mas igualmente prescritiva quando formula novas normas.

Guastini (2005, p. 286) resume essas características da linguagem jurídica afirmando que "os juristas comportam-se um tanto como um historiador que interpolasse documentos apócrifos no seu próprio arquivo". A ciência jurídica e o direito resultam em uma "osmose contínua entre ambos" (GUASTINI, 200, p. 286).

É, portanto, com a noção de que o direito, ao prescrever condutas, deriva de construções linguísticas criadas a partir da análise da moral e das necessidades sociais, sem que nessa estrutura de linguagem, muitas vezes, haja uma preocupação com a sua coerência – o que acaba gerando a necessidade de a doutrina e jurisprudência serem utilizadas como mecanismos de interpretação para poder aplicar o direito de uma forma mais justa – que esta obra é construída.

O positivismo inclusivo na linha de Riccardo Guastini parte do pressuposto de que as decisões judiciais, principalmente as das Cortes Supremas, são também consideradas fontes do direito ao aplicarem as Constituições ao caso concreto, e, nesse viés, há a correlação com as teses sustentadas por Régis Fernandes de Oliveira, cuja noção de serviço público se fundamenta, por exemplo, na premissa de que é uma decisão política, passível de verificação jurídica.

Por essa razão, a construção desta obra se fundamenta em três sistemas de linguagem: 1) *o direito* – daí a necessidade de identificação dos signos que o compõem (normas e regras que norteiam a renúncia de receita); 2) *a ciência jurídica*, a partir de uma análise de políticas públicas; e 3) *decisões judiciais que envolvem a matéria*. Esses são os sistemas embasadores da pesquisa.

1.2 A intervenção do estado no domínio econômico (política extrafiscal) por uma análise do positivismo inclusivo

Tratar de Intervenção do Estado no Domínio Econômico a partir de um enfoque do Positivismo Inclusivo no Brasil perpassa pela análise do Professor Régis Fernandes de Oliveira, que defende que o estudo envolvendo "qualquer instituto ou questão jurídica há de partir, necessariamente, da Constituição Federal, para que possa produzir resultados eficazes, sem prejuízo de posterior análise das distorções práticas, já no ângulo sociológico" (OLIVEIRA, 2008, p. 43,62).

Para Oliveira (2008, p. 43) uma análise sob o enfoque estritamente fático não é viável, pois embora a positivação seja concebida a partir de um dado "modelo empírico", "o relacionamento semântico" aproxima e preenche conceitos, ante o seu conteúdo.

Nesse caminho, o "modelo normativo" trabalha os fatos, até mesmo "distorcendo-os" quando for necessário, a fim de lhes garantir certas consequências. Logo, hipótese e mandamento da norma se vinculam à determinada realidade.

Mas não é toda a realidade que está juridicizada, como esclarece Vilanova (2005, p. 153-154):

> O sistema tem sua gênese empírica, não formal, ali onde um determinado suporte factual (econômico, religioso, político, social) seja elevado a fato jurídico fundamental. *Sociologicamente*, é o suporte fáctico que condiciona

a proposição fundamental; *formalmente*, é a proposição fundamental que juridifica o dado-de-fato: é a distinção kantiana entre os pontos de vista genético ou empírico e o lógico ou sistemático.

Segundo Oliveira (2008, p. 44), a regra geral que exclui está presente no sistema positivo; logo, sempre que surgir um comportamento não previsto, não se trata de lacuna tecnicamente falando, pois nesse momento entrará o juiz interpretando sobre um modal de dever-ser que disciplina o comportamento.

Daí porque o ordenamento jurídico tem como base as normas constitucionais, o que torna o sistema desprovido de antinomias.

É nessa mesma linha que Guastini (2005) assevera que as lacunas legislativas, na verdade, não passam de interpretação, criações discricionárias do intérprete, pois:

> Quem descreve as interpretações alheias, não importa quais sejam estas interpretações, realiza um ato linguístico descritivo: aos enunciados do discurso descritivo são admitidos os valores de verdadeiro e de falso; em contrapartida, quem interpreta um texto – de qualquer maneira que o faça – realiza um ato linguístico completamente diferente: o ato linguístico chamado 'interpretação'. Os enunciados do discurso interpretativo – a menos que se imagine que as palavras incorporam um significado 'próprio' – não podem admitir os valores de verdade. Mesmo que se admita que tenha 'normas' como objeto (e não, pelo contrário, os mais modestos textos normativos), em nenhum caso a interpretação pode ser representada como discurso descritivo (GUASTINI, 2005, p. 152).

Isso tudo não retira da Carta Magna as "influências sociais, psicológicas, religiosas, políticas, econômicas" (OLIVEIRA, 2008, p. 44) que acabam convertidas em normas, pois ainda que "pré-jurídicas, tais manifestações fornecem subsídio para a exata compreensão dos conteúdos legais" (OLIVEIRA, 2008, p. 44).

A realidade econômica atribui conteúdo ao conceito do que é o "econômico", mas o que o faz ser analisado do ponto de vista jurídico é a indicação do texto constitucional de que ele se refere à disponibilidade dos bens e valores atinentes à sociedade.

Desse ponto passa-se à análise de qual o limite que o Estado, por meio de suas entidades políticas, ainda que estritamente administrativas, pode interferir no "domínio econômico" (OLIVEIRA, 2008, p. 44).

Mas, cumpre registrar que a análise jurídica da questão ora suscitada pode ter vários pontos de partida, conforme esclarece Oliveira (2008, p. 44):

Pode-se ver, simplesmente, como se vinha expondo, o Direito em seu ângulo sintático, e, pois, cuida-se do inter-relacionamento dos signos entre si, cujo estudo, agora, não nos vai interessar. Também a análise semântica não será objeto de estudo específico, de vez que cuida do relacionamento do signo com alguma coisa para que se dirige. Interessa-nos, no momento, o ângulo pragmático. Isto é, o estudo de determinado conteúdo comportamental em relação ao usuário, ou mais precisamente, o problema econômico do ângulo da comunicação humana, vista como interação de sujeitos que trocam mensagens entre si.

É exatamente nesse caminho que essa obra é desenvolvida, quer dizer, o enfoque trabalhado da intervenção do Estado no domínio econômico terá como ponto de partida o ângulo pragmático.

Seguindo as regras dos arts. 173 e 174 da Carta Magna, apenas em caráter excepcional o Estado poderá explorar atividades econômicas, mas pode ele intervir seja para regular atividade como para fiscalizar, e, no desempenho dessa atividade, compete a ele incentivar e planejar determinados ramos.

Explica Oliveira (2008, p. 49) que o incentivo perpassa pelo financiamento, a orientação, a indução à realização de certa atividade.

Nas hipóteses sob exame, como será melhor explicado nos capítulos 3 e 4, o Estado tem o dever de prestar o serviço de saúde, mas pode, mediante utilização de novas formas de gestão pública incentivar determinadas empresas a, conjuntamente com ele, contribuir com uma melhoria do sistema de saúde em vigor. Por isso, o corte aqui feito do que vem a ser a política extrafiscal, intervencionista na economia objeto de estudo.

Ao contrário do que defendem Celso Antonio Pacheco Fiorillo e Renata Marques Ferreira que, ao abordarem a utilização da tributação direcionada ao meio ambiente, à dignidade da pessoa humana, incluindo a saúde, defendem a "criação de uma nova contribuição", "destinada ao financiamento de ações de saúde voltadas à pessoa humana" (FIORILLO; FERREIRA, 2010, p. 143-147). A ideia é defender a utilização pelo Estado de políticas fiscais que desonerem a saúde prestada pelo setor privado, bem como a utilização de empresas do chamado terceiro setor que, em sua maioria, por se tratar de empresas sem fins lucrativos já usufruem de benefícios tributários, em prol da melhoria do atendimento público.

Assim, o Estado, lançando mão de políticas tributárias que envolvem renúncias de receita, intervém na economia, atraindo à realização de atividades que garantem os direitos fundamentais, o segundo (empresas privadas) e o terceiro setor (sociedades sem fins lucrativos).

E, para isso, a linha principiológica a ser seguida é a que considera a obrigatoriedade do Estado em não criar obstáculos ao exercício dos direitos fundamentais pela via da tributação.

Regina Helena Costa chega a atribuir a essa noção o que chama de princípio oriundo da legalidade, denominando-o "princípio da não obstância do exercício de direitos fundamentais por via da tributação".

Várias normas na Constituição Federal preveem que os direitos e liberdades nela garantidos precisam conviver em harmonia com a atividade exacional; e todas a normas que vedam a tributação para certas pessoas ou para algumas situações, e ainda as que garantem o exercício de direitos revelam esse princípio, tal como acontece com a imunidade (COSTA, 2012, p. 88-89).

Para ilustrar esse "princípio" batizado por Costa (2012), cita algumas situações para demonstrar que não apenas o direito à propriedade e à liberdade como direitos fundamentais são objeto de controle tributário, mas sim todos aqueles qualificados pela Carta Magna, como: a) não confisco (art. 150, IV da CF/88); b) função social da propriedade (arts. 5º, XXIII , e 170, III da CF/88); c) liberdade de profissão (arts. 5º, XIII e 170, parágrafo único); d) direito à saúde (art. 196 da CF/88), que gera, por exemplo, a desconsideração como renda tributável para efeito de Imposto de Renda dos valores referentes às despesas médicas e ao seguro-saúde etc. (COSTA, 2012, p. 88-89).

Desse modo é que situações e fatos derivados da moral da sociedade vão se juridicizando, seja por meio de princípios e regras constitucionais, seja por normas infraconstitucionais que positivam, passando à linguagem jurídica, os direitos e garantias dos cidadãos.

1.3 Um enfoque político sobre a saúde pública a partir de Amartya Sen

Abordar um enfoque político a partir da análise de Amartya Sen em uma tese que, logo no início, identifica como corte epistemológico a escola do chamado "construtivismo lógico-semântico" que defende a existência do direito como linguagem e que esta é texto (CARVALHO, 2009, p. 165), pode parecer contraditório.

Contudo, quando esse corte insere no contexto do estudo o Positivismo Inclusivo, significa dizer que, inobstante a concepção do direito como linguagem ser proeminente, gerando inevitavelmente a citação de doutrinadores como Vilanova (2000, p. 9), cujo estudo da "linguagem como sistema autônomo" tem como origem Saussure e Noam Chomsky, esse estudo tomará em diversas passagens considerações da influência que a cultura da sociedade tem sobre a criação pelo Poder Legislativo dessa linguagem jurídica.

E essa influência cultural não é necessariamente algo alheio à linguagem, mas ao contrário, serve de suporte para a construção dessa linguagem.

Estudos recentes de teoria da linguagem a tomam como instrumento cultural.[1]

Em que pese o embasamento desta obra ter como ponto fundamental o positivismo inclusivo, a ideia de justiça que a sustentará não é a que foca na identificação exclusivamente de "instituições e regras certas" (SEN, 2011, p. 40), mas sim na necessidade de observação de estruturas em desenvolvimento nas sociedades atuais.

Nesse sentido, partindo-se da análise de institutos jurídicos (renúncias de receita e outras técnicas legislativas) postos em comparação às formas de utilização desses institutos nas sociedades contemporâneas, a ênfase da obra é não em buscar indicar "instituições perfeitamente justas", mas, sim, de que forma é possível fazer uso desses institutos jurídicos para promover a justiça.

Daí porque a noção de justiça que norteia a obra embora considere muitos conceitos do contratualismo de Jean-Jacques Rousseau sob um enfoque mais generalista de John Rawls,[2] tem como "ponto de partida", parafraseando Amartya Sen, a comparação entre realizações que envolvem o avanço e o retrocesso da justiça e que ocorrem na sociedade e não no "transcendental" (SEN, 2011, p. 36-39).

A ideia, portanto, não é propor uma alternativa tributária para, aplicada em uma sociedade hipotética, servir como uma regra que necessariamente resultará em um arranjo institucional justo. Contudo, demonstrar que o uso de técnicas legislativas ou renúncias de receita, ensejadoras de uma contraprestação imediata pelo contribuinte

---

[1] Embora reconhecendo a definição de linguagem de Noam Chomsky como de grande influência, qual seja, a de que a linguagem formal é uma lista formada por uma sequência de símbolos, construídos pela aplicação de regras em outras sequências de símbolos que contêm sempre um símbolo inicial (EVERETT, 2012, p. 31), Daniel L. Everett ao lado de Nick Enfield e Revere Perkins defende que muitas vezes uma mesma palavra pode ter, dependendo da língua, definições diferentes. Isso revela que a linguagem parece paradoxal, mas se ela for analisada de uma perspectiva cultural, esses paradoxos fazem sentido. Todos os significados literais, coloquiais, figurativos são, então, produções culturais (EVERETT, 2012, p. 130).

[2] Rawls (2000, p. 10) elucida em seu livro *A Theory of Justice* que ali seu propósito é "apresentar uma concepção de justiça que generalize e leve a um nível maior de abstrações a familiar teoria do contrato social tal como encontrada em Locke, Rousseau e Kant".

beneficiário, pode resultar em uma alternativa mais justa do que as desonerações tributárias tradicionais (aquelas que nada cobram pela sua concessão).

Essa noção também não quer dizer que ambas as estruturas jurídicas não possam conviver no ordenamento jurídico e na sociedade de forma harmoniosa, mas ao contrário, a proposição da tese de incrementar o contratualismo de forma a buscar soluções alternativas mais justas perpassa pela noção de que:
1. a política pública requer uma análise racional baseada em objetividade ética cujos requisitos se fundam na imparcialidade e as conclusões resultam de evidências empíricas; e
2. a variedade de institutos jurídicos resulta em possibilidades de escolhas a serem feitas de acordo com a necessidade vivenciada por cada sociedade em um dado momento, ou, como esclarece a teoria da justiça de Amartya Sen, a permanência de posições contrárias convivendo em uma mesma sociedade e não como propõe Rawls (2000), com a necessidade de serem submetidas a exclusões para se chegar a um único caminho institucional (SEN, 2011, p. 69-76).

Feitos esses esclarecimentos, chega-se às ideias de política pública de saúde de Amartya Sen.

Falar em saúde em uma obra jurídica que busca alternativas estatais para uma melhoria na prestação desse serviço garantidor da dignidade da pessoa humana acaba por chegar na questão trabalhada por Amartya Sen em *Por que equidade na saúde*?

Inicia esse seu texto Sen citando Thomas Browne que, em 1643, logo há mais de três séculos e meio já afirmava que o "mundo era um hospital". E o cita para concluir que, na verdade, agora, melhor seria que o "mundo fosse um hospital", pois por todos os lados o que se vê, na maioria das vezes, são pessoas doentes desprovidas do acesso seja ao tratamento, seja à prevenção (SEN, 2010, p. 73).

Por essa razão, Sen (2010, p. 74) afirma que discutir equidade e justiça social pressupõe tratar de doença e saúde, isso porque, segundo o autor, a equidade na saúde é um aspecto central da justiça dos mecanismos sociais.

Na sua obra *Desigualdade Reexaminada*, Sen (2008) argumenta que a teoria da justiça na sociedade contemporânea não é plausível sem valorizar a igualdade em algum espaço.

Então, o passo inicial é a especificação desse espaço no qual a igualdade deve ser buscada, bem assim as "regras contábeis equitativas que podem ser seguidas para chegar a preocupações agregadoras e também distributivas". Daí questionar "igualdade de quê?" e "equidade em que forma?" (SEN, 2010, p. 75). Em *Desigualdade Reexaminada*, Sen (2008, p. 223) assevera:

> Uma pessoa menos capacitada ou talentosa para usar bens primários para garantir liberdades (p.ex., devido à incapacidade física ou mental, ou propensão variada para doenças, ou restrições biológicas ou convencionais ligadas ao sexo) está em desvantagem se comparada com alguma outra, em situação mais favorável sob esse aspecto, mesmo se ambas têm o mesmo pacote de bens primários, uma teoria da justiça, argumentei, deve considerar adequadamente esta diferença.

E é justamente tratando de identificar a capacidade de realizar seus planos de vida que gerem um bem-estar que se fundamenta a teoria da igualdade trabalhada por Sen.

No primeiro capítulo da mesma obra, o autor trabalha a questão da igualdade de capacidade para realizações de seu plano de vida, do ponto de vista metodológico, ou seja, da compreensão da importância e alcance de se responder perguntas como: "por que a igualdade?" e "igualdade de quê?", o autor entende ser importante considerar:

> 1) a diversidade dos seres humanos (o fato de que nos diferenciamos uns dos outros em características pessoais bem como em circunstâncias externas) e; 2) a pluralidade de 'espaços' relevantes em que a igualdade pode ser avaliada (a multiplicidade de variáveis – renda, riquezas, utilidades, liberdades, bens primários, capacidades – que servem respectivamente como esfera de comparação (SEN, 2008, p. 201).

Portanto, para Sen (2010, p. 76), qualquer concepção de justiça social que admita a necessidade de uma distribuição equitativa não pode ignorar o significado da saúde na vida humana, e as oportunidades de as pessoas conseguirem uma vida saudável, que, para ele representa: "sem doenças e sofrimentos evitáveis ou mortalidade prematura".

Assim, para Sen (2010, p. 77), "é importante distinguir entre realização e capacidade, por um lado, e os serviços sociais oferecidos para essa realização (como atendimento de saúde, por exemplo) por outro". Isso porque os fatores que podem influenciar para se ter ou não saúde vão além do atendimento, incluindo influências de diversas naturezas, predisposições genéticas, renda, hábitos alimentares e estilos de vida, chegando até ao ambiente epidemiológico e condições laborais.

No livro *Desigualdade Reexaminada* Sen (2008, p. 217), dá o seguinte exemplo:

Na medida em que a assistência médica gratuita ou pesadamente subsidiada pode induzir as pessoas a se precaver menos, haveria obviamente um efeito de incentivo também (pois a diferença aqui seria causada por uma variável de escolha: estar sendo descuidado), mas, na maioria das circunstâncias e com a maioria das doenças, as pessoas relutam em correr riscos simplesmente porque o tratamento é ele próprio gratuito e barato. Os diferentes riscos genéticos e ambientais de doenças podem ser enfrentados através da provisão de assistência médica especial sem que haja problemas graves de incentivo.

Políticas igualitaristas para desfazer desigualdades associadas à diversidade humana são muito menos problemáticas do ponto de vista dos incentivos do que políticas para desfazer desigualdades que surgem de diferenças em esforço e empenho, das quais tem tratado boa parte da literatura sobre incentivos.

Por essa razão é que Sen (2010, p. 90) defende que a saúde deve ser analisada como um conceito multidimensional, que inclua a sua realização própria, e a capacidade de realização da boa saúde, não apenas a distribuição de atendimento, mas que esse atendimento inclua o que chama de "justiça processual", quer dizer, "não discriminação na entrega de atendimento de saúde".

Adiciona Sen (2010, p. 91) a isso a questão de as considerações sobre saúde deverem ser integradas a questões de justiça social e equidade como um todo, com "atenção adequada à versatilidade dos recursos e ao alcance e impacto diversos dos diferentes arranjos sociais".

Na verdade, desde *Desigualdade Reexaminada,* Sen já vinha defendendo que as diferenças ou iniquidades muitas vezes derivam das condições sociais e não exclusivamente da baixa renda, ali ele dava o seguinte exemplo:

> As realizações da China, Siri Lanka e Costa Rica em qualidade de vida têm muito a ver com políticas relativas a serviços de saúde, cuidados médicos e educação básica. Portanto, esta distinção entre privação de renda e de capacidade para realizar funcionamentos elementares tem relevância também para a política pública – tanto para o desenvolvimento quanto para a erradicação da pobreza e da desigualdade (SEN, 2008, p. 194).

Aduzia, ainda, que o ambiente social está relacionado com os aspectos da saúde, provisão de cuidados médicos, padrão de vida, constituindo o nível baixo de renda somente um dos fatores entre os muitos que influenciam a pobreza, e cita outro exemplo:

Um estudo feito por McCord & Freeman (1990), apresentado em *The New England Journal of Medicine*, indica que os homens na região do Harlem da próspera cidade de Nova York têm menos chance de alcançar a idade de 40 anos ou mais do que os homens de Bangladesh. Isso não se deve ao fato de que os residentes no Harlem têm rendas mais baixas que a média dos cidadãos de Bangladesh. O fenômeno está mais conectado a problemas de assistência à saúde, inadequação de atenção médica, prevalência do crime urbano e outros fatores que afetam as capacidades básicas de quem reside no Harlem (SEN, 2008, p. 178).

De tudo isso se depreende que ao mesmo passo em que Amartya Sen defende que a dignidade da sociedade e, portanto, a questão da equidade, não se restringe do ponto de vista da saúde à distribuição do atendimento, contudo, requer, igualmente, um cuidado do gestor público no que se refere à realização de uma saúde de qualidade e que importe em não discriminação; evidencia-se daí que, na verdade, quando se fala em saúde, deve-se perceber que dela depende a promoção da tão comentada "dignidade da pessoa humana".

Mas, essa "dignidade da pessoa humana" mencionada é aquela que considera em primeiro que, como aduzem Viviana Bohórquez Monsalve e Javier Aguirre Román, "não é verdade que os seres humanos nascem com dignidade, como se se tratasse de um atributo natural; ela é antes uma ficção moral, política e, em especial, jurídica" (BOHÓRQUEZ MONSALVE; AGUIRRE ROMÁN, 2009, p. 44).

Nesse sentido, são os entes estatais que estabelecem a partir de suas próprias constituições os princípios jurídicos-políticos da dignidade da pessoa humana (BOHÓRQUEZ MONSALVE; AGUIRRE ROMÁN, 2009, p. 44).

Adicione-se a isso a necessidade de que a dignidade requer concretização, tal como a "liberdade de escolher o tipo de educação; o gozo de certos direitos fundamentais e definidores do que é um ser humano" (BOHÓRQUEZ MONSALVE; AGUIRRE ROMÁN, 2009, p. 45).

Logo, a ideia de dignidade humana se baseia na de "bem viver", sendo certo que ninguém aceita uma definição do que é dignidade em termos meramente formais e abstratos.

Sen também defende que o "aspecto do bem-estar de uma pessoa tem grande importância por si mesmo para a análise da desigualdade pessoal e apreciação da política pública".

Até porque, o aspecto do bem-estar é sobremaneira importante em questões políticas tormentosas como segurança social (que inclui a saúde), redução da pobreza e da desigualdade econômica proeminente, e de uma forma geral, na busca da justiça social. (SEN, 2008, p. 121)

Essa intrínseca relação entre saúde pública, escolha de políticas públicas que possam resultar não apenas na distribuição de saúde, mas de saúde com qualidade e sem desigualdades que gere o "bem-estar" social, passível de garantir a dignidade da pessoa humana de uma forma concreta, é que gera a necessidade, nesta obra, de adoção da concepção de que eleição de políticas públicas, a partir de uma análise jurídica, importa na aceitação de um grau maior de interligação entre as esferas jurídica e política.

Quer dizer, torna-se imperioso aqui a assunção da comunicação que há entre o subsistema jurídico e o político.

E como afirma Bucci (2002, p. 241-242), "isso ocorre seja atribuindo-se ao direito critérios de qualificação jurídica das decisões políticas", seja adotando-se no direito uma postura de ser ele informado por elementos políticos.

Lembrando-se que o sentido de política aqui utilizado, como bem lembra Bucci (2002, p. 242) não é o de política partidária, e sim em sentido amplo, "como atividade de conhecimento e organização do poder".

Por fim, retomando a questão inicial deste capítulo, por qual razão em uma obra que tem como corte epistemológico o Positivismo Inclusivo tratar-se de qualidade de vida, de "bem-estar" e como requisitos garantidores da dignidade da pessoa humana?

A resposta é uma só: porque se trata de obra envolvendo de que forma o Estado pode intervir na economia, fazendo uso de mecanismos tributários, para atrair o setor o privado a, em conjunto com ele, apresentar melhorias na distribuição e capacidade de prestação da saúde pública.

E, finalmente, porque essa noção de "bem-estar", de qualidade de vida, já deixou há muito de ser uma mera discussão filosófica para se tornar positivada, tal como se percebe pelas Constituições escritas que passaram a apor no cabeçalho dos direitos individuais o "direito à vida" (MACHADO, 2011, p. 65), não sendo suficiente a conservação da vida, mas também a sua "qualidade":

> A Organização das Nações Unidas (ONU) anualmente faz uma classificação dos países em que a qualidade de vida é medida, pelo menos, em três fatores: saúde, educação e produto interno bruto. A qualidade de vida é um elemento finalista do Poder Público, em que se unem a felicidade do indivíduo e o bem comum, com o fim de superar a estreita visão quantitativa, antes expressa no conceito de nível de vida.

A saúde dos seres humanos não existe somente numa contraposição a não ter doenças diagnosticadas no presente. Leva-se em conta o estado dos elementos da Natureza – água, solo, ar, flora, fauna e paisagem – para se aquilatar se esses elementos estão em estado de sanidade e de seu uso advenham saúde ou doenças e incômodos para os seres humanos (MACHADO, 2011, p. 66).[3]

Exatamente, e também por isso, a existência nesta obra de capítulo que trata de sustentabilidade; afinal, quando se trata de direitos fundamentais (dignidade da pessoa humana), toda atividade legislativa ou política envolvendo qualquer tema ou obra merece tomar em consideração a preservação da vida, perpassando pela sua qualidade (FIORILLO, 2011, p. 129).

A sustentabilidade daqui é parte da noção de Sociedade de Risco, conforme esclarecido melhor no Capítulo 3, pois quando se fala em "bem-estar", segue-se da ideia de que, com as reformas constitucionais da década de 90, o Brasil passou a ter a característica do chamado "Estado Subsidiário", no qual a sociedade tem um maior realce na solução de seus problemas e o Estado deve revestir sua atividade financeira de clareza e abertura seja na legislação que cria tributos, seja na que elabora orçamento e no controle da sua execução (TORRES, 2005, p. 245).

O "Estado Subsidiário" é o Estado da "Sociedade de Risco", tal como o Estado de Bem-Estar social foi o da sociedade industrial, que colapsou ante a grande extração de recursos financeiros da sociedade para financiar as políticas desenvolvimentistas e o emprego pleno. Trate-se de um Estado no âmbito da modernidade, que procura fundamentar as suas ações no princípio da transparência com a finalidade de superar os riscos sociais (TORRES, 2005, p. 245).

Por isso que na sociedade de risco surge uma nova formatação das atribuições das instituições do Estado e da sociedade (TORRES, 2005, p. 245), e a transparência é um dos princípios mais importantes para superar os aspectos opostos da sociedade de risco.

---

[3] "Essa ótica influenciou a maioria dos países, e em suas Constituições passou a existir a afirmação do direito a um ambiente sadio. O Protocolo Adicional à Convenção Americana de Direitos Humanos prevê, em seu art. 11, que: '1. Toda pessoa tem direito de viver em meio ambiente sadio e a dispor dos serviços públicos básicos. 2. Os Estados Partes promoverão a proteção, preservação e melhoramento do meio ambiente'. O Tribunal Europeu de Direitos Humanos, com sede em Estrasburgo, decidiu, em 9.12.1994, no caso López Ostra, que 'atentados graves contra o meio ambiente podem afetar o bem-estar de uma pessoa e privá-la do gozo de seu domicílio, prejudicando sua vida privada e familiar" (MACHADO, 2011, p. 66).

É a transparência que auxilia a superar a insegurança, isso porque o risco fiscal na atividade financeira deriva do descontrole orçamentário, da gestão irresponsável de recursos públicos etc. (TORRES, 2005, p. 246). Daí porque normas como a Lei de Responsabilidade Fiscal (Lei Complementar nº 101/2000), a Lei da Transparência (LC 131/2009), a Lei do Acesso à Informação (Lei nº 12.527, de 18.11.2011, regulamentada pelo Decreto 7.724/2012) e a Lei da Transparência Fiscal (Lei nº 12.741 de 08.12.2012 que entrou em vigor em 10.06.2013) têm a finalidade de prevenir os riscos fiscais no Estado e de apresentar à população o dia a dia financeiro e tributário.

O Estado clássico passou por transformações, ocupando agora um novo papel nos sistemas políticos democráticos.

Isso porque enquanto antigamente esse Estado exigia o cumprimento dos princípios da legalidade e da representatividade, hoje ele requer também eficácia, transparência e a prestação de um bom serviço público aos cidadãos.

Oliveira (2008, p. 261) afirma:

> De pouco vale a existência de instituições livres e democráticas, sem que exista uma sociedade livre e democrática. A falta de estrutura impede que parte da sociedade tenha acesso aos bens da vida, tornando-se injusta sua existência. Daí, ao lado de liberdades políticas, deve haver a segurança econômica 'oportunidades sociais (na forma de serviços de educação e saúde)', facilidades econômicas e transparência na gestão pública. É o que nos ensina Amartya Sen.
> O desafio da democracia, hoje, é fazer com que ela funcione para as pessoas comuns.

Portanto, o princípio da legalidade está ampliado e reforçado com a exigência de que o Estado seja um garantidor de todos os direitos dos cidadãos, assim como salvaguarda das conquistas democráticas.

E isso tudo perpassa por uma nova filosofia que importa uma maior carga axiológica aos mecanismos de controle estatal que agora devem se preocupar também com qualidade e a transparência (ALIENDE, 2012, p. 62-69).

É com essas ideias que esta obra segue sua investigação.

AS ESPÉCIES DE RENÚNCIAS DE RECEITA EXISTENTES NO ORDENAMENTO JURÍDICO NACIONAL

2.1 O que é isenção?

Desde as mais antigas civilizações, em razão do crescimento econômico, formas de tributação eram impostas, antes mesmo do conhecimento do Estado, com os traços que hoje o norteiam. Obviamente que essas cobranças coativas pelos dirigentes dos países variavam de acordo com o estilo de sociedade em que eram implementadas (NASCIMENTO, 1997, p. 107).

Mas, a partir do momento em que teve início a coação de populações ao pagamento de certas quantias com vistas à organização da sociedade, surgiram também as chamadas isenções *lato sensu*, ou seja, critérios por meio dos quais se estabelecia quando, por que e como determinadas pessoas não precisariam contribuir (SCAFF, 1998, p. 488).

Vale dizer que a noção de fazer uso das normas tributárias como mecanismo de indução da economia não é nova, sobretudo as imunidades e isenções. Luís Eduardo Schoueri (2005, p. 110-121), em obra específica sobre normas tributárias indutoras, faz um relato histórico sobre a utilização desse mecanismo legal, afirmando que, embora na Idade Média não manejassem esses institutos jurídicos com a finalidade ora estudada, na Inglaterra do Rei Henrique II (1154 a 1189) houve a sugestão de se cobrar um imposto com finalidades ambientais, que incidiria sobre florestas e podas.

Já avançando para a Idade Moderna, Schoueri dá como exemplo de norma indutora o imposto que incidia sobre a posse de rouxinóis

(1844), cuja função era a proteção dos pássaros nos jardins reais, introduzido em Potsdam, na Alemanha, assim como a Inglaterra criou em 1729 o imposto sobre o gin, em face do hábito exagerado de consumo dessa bebida alcoólica entre as classes mais baixas (SCHOUERI, 2005, p. 111).

Seguiu-se à Idade Moderna o liberalismo, quando o Estado precisava ser neutro e edificar uma política não intervencionista, mas com a sua crise surge a teoria social do tributo para a qual as isenções não são concedidas para garantir o mínimo necessário à sobrevivência, mas sim como política interventiva também (SCHOUERI, 2005, p. 113).

A partir daí a utilização da tributação como política interventiva foi sempre crescendo. No período entre guerras, na Alemanha, com o nacional socialismo, por exemplo, cobravam-se tributos das famílias com residências maiores sem que houvesse número de habitantes condizentes com o local, tudo em prol do incremento populacional. Também ali, o imposto sobre heranças era de 60% para os que não tinham filhos, 40% para quem tivesse um filho, 20% para famílias com dois filhos, e isento para aqueles com três ou mais filhos. Tendo ainda se instituído, em 1933, incentivo à aquisição ou troca de veículos (SCHOUERI, 2005, p. 114).

No período pós-guerra, o tributo com finalidade extrafiscal foi utilizado principalmente com vistas à reconstrução da Europa e desenvolvimento econômico. Na Itália, após a Segunda Guerra há vários exemplos: 1) entre 1962 e 1965 as normas tributárias indutoras foram usadas como "forma de freio (recorrendo a novos impostos, como os incidentes sobre bens de luxo, aquisição de embarcações de luxo)", depois como incentivo (redução de imposto sobre riqueza imobiliária, rendimentos de imóveis; 2) em 1968 foram facilitadas as identificações de bases de cálculo das sociedades que aumentassem seu capital social; 3) em 1970, combinavam-se essas medidas com a redução de tributação das empresas aptas a colaborar com uma política de produção particular (SCHOUERI, 2005, p. 115).

Segundo Luís Eduardo Schoueri, nos Estados Unidos, desde a edição do *Tariff Act*, de 1789, que foi a primeira legislação sobre comércio aprovada pelo Congresso norte-americano, o então Secretário do Tesouro, Alexander Hamilton, costumava sustentar o uso extrafiscal dos tributos seja como estímulo à indústria, seja em resposta aos subsídios concedidos pelos governos estrangeiros às suas exportações, e dá vários exemplos dessa intervenção por meio do tributo para concluir que ali a história do país se confunde com a da utilização do tributo como mecanismo extrafiscal (SCHOUERI, 2005, p. 116-122).

No direito brasileiro, Schoueri (2005) aduz que a política interventiva estatal no domínio econômico limitou-se às tarifas alfandegárias no período que vai do Império até a República Velha. Contudo, a Constituição de 1891 não permitia essa intervenção que passou a ser autorizada apenas na Carta de 1926.

Assim, segundo Carneiro (2012, p. 395-396), aos poucos, com as revoluções do século XVIII, vai-se consolidando a troca do Estado Patrimonialista (Estado de Polícia de meados do século XVIII até a terceira década do século XIX) para o Estado Fiscal. Mas, apenas com o Estado Liberal do século XX é que as imunidades deixam de ser aplicadas como meros privilégios para passarem a ter natureza jurídica de limitação do poder fiscal, voltadas às garantias constitucionais.

A dicotomia de entendimentos acerca do que vem a ser cada uma das espécies de restrição à cobrança de tributos será observada. Todavia, de início, antes de qualquer comentário, serão observados alguns Princípios Constitucionais que norteiam essa disciplina nos dias atuais.

Os Princípios que serão destacados em razão da matéria, objeto de análise, são o da Legalidade e o da Isonomia.

Esses dois Princípios, expressos em vários artigos da Carta Maior de 1988, constituem-se em base de sustentação de toda a atividade tributária.

O Princípio da Legalidade é justamente de onde deriva a competência tributária, pois qualquer tributo só é válido se previsto em lei e é ela, por essa razão, que determina a quem compete instituir impostos, taxas, contribuições de melhorias, contribuições sociais, fatos geradores e, em consequência, a restrição da competência de tributar.

O Princípio da Isonomia, assim como o da Legalidade, é verdadeira marcha de partida para a aplicação fiscal, afinal o Sistema Constitucional pátrio inadmite que pessoas iguais tenham tratamento qualquer diferenciado, devendo ser imposta então aos similares a mesma carga tributária, a mesma coação, sendo a antítese verdadeira, ou seja, a lei que imunizar ou isentar um grupo estender-se-á a todos os seus pares, sob pena de ser submetida a controle de constitucionalidade difuso ou concentrado.

Tomando-se como fios condutores do estudo pretendido esses dois Princípios estruturais do Direito Tributário, passa-se à análise da identidade dos objetos em questão.

Há autores, tais como Coêlho (2002, p. 67), que identificam a Imunidade, Isenção e não Incidência como espécies do gênero limitações ao poder de tributar. Nesses casos, a imunidade é "heterolimitação" por ter assento na Constituição Federal, enquanto a isenção uma "autolimitação", por se encontrar prevista em lei. A eles denomina de casos de não incidência constitucional ou legalmente qualificados que diferem da não incidência "natural ou pura", aquela situação que não está prevista em qualquer regra do ordenamento jurídico como passível de ensejar a cobrança tributária.

Assim, o legislador, ao observar certos atos e pessoas, decide, sob a análise de determinados critérios, não instituir tributos, ou decretá-los e, posteriormente, excluir alguns casos, ou ainda, podendo instituí-los, deixá-los de fazê-lo (BALLEIRO, 1996, p. 84).

Portanto, considerando-se hipótese por hipótese, o contribuinte não arcará com ônus exacional com base em uma das espécies de limitações do poder estatal de tributar.

Porém, não é apenas essa relação que a doutrina vislumbra. Há ainda autores como Borges (2007), considerando que limitação da competência de tributar é a não incidência, logo seria esta gênero de duas espécies que são Imunidade e Isenção.

Nesse diapasão, tanto a Imunidade quanto a Isenção são derivados da não Incidência.

De qualquer forma, sob uma corrente doutrinária ou outra, é perfeitamente possível perceber qual o ponto tangencial entre esses conceitos tributários, que é o de o Estado, sob qualquer forma, não receber de seus cidadãos quantias como pagamentos de imposições fiscais.

Contudo, não é apenas esse o traço em comum entre essas exteriorizações ao poder de tributar. Elas possuem aplicação em uma mesma sociedade com características singulares criadas a partir de sua evolução histórica e econômica.

Isso quer dizer que, ao aplicar as normas tributárias, há que ser observada a relevância que a elas cabem enquanto tutoras sociais. Sim, porque há um tempo não muito distante, essas mesmas limitações da competência tributária eram trabalhadas em uma cultura que supervalorizava a liberdade dos indivíduos e clamava por um Estado não intervencionista, fato que alargava o polo de aplicação das Imunidades e Isenções.

A vida de agora, entretanto, exibe uma realidade bem diferente. A globalização fez emergir uma sociedade também global, na qual um ato pode afetar muitas pessoas, daí concomitantemente aos interesses individuais, passou-se a valorar o coletivo e o difuso (SCAFF, 1998, p. 491).

Nesse sentido, hoje o Direito há que se orientar no caminho de atender a problemas de cada um, de todos e de grupos indeterminados.

Mudou o âmbito de abrangência das limitações ao poder de tributar que passam a ser consideradas como permissivos legais do exercício da cidadania, e por óbvio, dos Direitos Humanos, por parte da população em todos os seus aspectos: individuais, coletivos e difusos.

É bem verdade que não existem apenas essas três regras de limitação de competência tributária, mas é certo que elas são as que trazem maior questionamento.

Cabe de início uma observação acerca do posicionamento que guiará os rumos desta obra no que concerne à possibilidade de consideração das Limitações ao Poder de Tributar como Princípios Constitucionais ou não.

Na verdade, como uma parte considerável da doutrina não trata a imunidade como um Princípio Constitucional, esta pesquisa seguirá a linha que a admite exatamente como um aspecto de certos Princípios Constitucionais elencados como Limitações ao Poder de Tributar, tais como: legalidade, anterioridade, capacidade contributiva, não confisco etc., sem, contudo, elevar institutos jurídicos com previsão constitucional, como é o caso das isenções, à condição de Princípios, por entender – não extremadamente como Marco Aurélio Greco costuma fazer – que essas são regras constitucionais que implementam Princípios, bem de acordo com o esclarecimento de Maneira (2004) ao comentar um posicionamento do Ministro Carlos Velloso no livro *Construindo o Direito Tributário na Constituição*.[4]

Feitas as considerações iniciais que pretendiam apenas situar os alicerces da matéria, passa-se ao objetivo principal do capítulo que é o de conceituar e diferençar as formas de "desoneração tributária".

---

[4] Marco Aurélio Greco não considera como princípios as limitações constitucionais ao poder de tributar, em virtude de seu alto grau de objetividade e de determinação. Tal posição merece algumas considerações. Os princípios gerais de direito orientam o direito como um todo. Mas existem aqueles princípios de aplicação especial ao Sistema Tributário. Desse modo, temos o princípio da legalidade como um princípio geral de direito, decorrência de um Estado Democrático de Direito, e temos o princípio da estrita legalidade tributária que significa a segurança jurídica que deve pautar a relação jurídica Estado-Cidadão, na qual o Estado, por autorização constitucional, exige compulsoriamente do cidadão parcela de sua 'riqueza' para fazer face às despesas inerentes à sua função institucional de promover o bem comum. Se a tributação implica restrição à liberdade e à propriedade dos cidadãos, o princípio geral da legalidade deve revestir-se de características especiais no seio do sistema jurídico tributário.
Assim, quando qualificamos um princípio jurídico de princípio tributário estamos a um só tempo melhor definindo o seu espaço de atuação e conferindo-lhe maior grau de objetividade e determinação, o que, em tese, contraria a índole dos princípios jurídicos. Mas não vemos proibição de caráter científico a criarmos campos específicos de atuação para princípios constitucionais e conferirmos a esses princípios alto grau de densidade semântica que diminua a possibilidade de ponderações e balanceamentos" (MANEIRA, 2004, p. 149-155).

Atualmente a isenção é por parte da doutrina considerada como excludente do crédito tributário em razão da previsão do art. 175, I do CTN e, por outra, como hipótese de não incidência.

O desenvolvimento das duas teorias já citadas, a mais remota e tradicional, e a defendida por Borges (2007), desembocam na conceituação de isenção.

A mais ortodoxa doutrina trata a isenção como um "favor" legal que se configura na dispensa do pagamento da obrigação tributária (JARDIM, 1994, p. 226).

Daí se depreende que a obrigação tributária existe e a norma isencional neutraliza o fato gerador, pois há fatos ou circunstâncias econômicas e políticas que impulsionam o legislador infraconstitucional a excluir determinadas situações da norma tributária.

Quando isso acontece, ou seja, quando uma lei declara quais fatos não se incluem em um fato gerador configura-se um "algo mais" que paralisa ou obsta a eficácia da norma tipificadora de certa conduta como tributável.

Por essa razão, alguns doutrinadores, adeptos dessa teoria que considera a isenção como excludente do crédito tributário, afirmam que a norma isencional, ao retirar determinados fatos do rol tipificado pela legislação impositiva de tributo, está modificando ou diminuindo a abrangência do efeito jurídico do fato gerador e não simplesmente declarando a sua não incidência (SEIXAS FILHO, 1999, p. 11-13).

Os que comungam desse entendimento observam que a delimitação negativa defendida por Alfredo Augusto Becker – que conclui ser a isenção uma formulação negativa da regra impositiva de tributação – ou a não incidência – trabalhada por Borges (2007) – acontecem em razão de não poder verificar um elemento do tipo legal tributário, enquanto a isenção só acontece quando, após ter-se constatado a existência do fato em todos os seus elementos, sua eficácia é obstada devido à ocorrência de outro fato a que a lei atribui eficácia impeditiva (JARDIM, 1994, p. 230).

Concluindo, a doutrina mais antiga trabalhada desde Aliomar Balleiro afirma derivar a isenção de lei ordinária ou complementar que institui o tributo e exclui alguns casos, pessoas ou bens em razão de política fiscal, é ela uma desoneração tributária concedida por lei infraconstitucional decorrente da conjuntura econômica e social do país, sendo utilizada para propiciar maior flexibilidade à economia.

A outra teoria defendida por Borges (2007) considera a isenção como uma espécie de não incidência infraconstitucional.

Segundo Borges (2007), a isenção não pode implicar exclusão de crédito tributário porque simplesmente a obrigação não chega a existir. Logo, se não há obrigação, não existe razão de excluir a hipótese de contraprestação. Assim, a isenção não é uma consequência da relação jurídica tributária.

Essa teoria busca o conceito de obrigação tributária na Teoria do Direito para a qual ele é formal, não material, pois só ocorre o dever jurídico quando existe uma obrigação a ser cumprida cuja negatividade enseja uma sanção, uma coação para impor o cumprimento obrigacional.

Acontece que em momento algum o isento sofre coação para cumprir uma obrigação, logo, não há obrigação devida. Daí dizer consistir a isenção em hipótese de não incidência da norma tributária.

Para Borges (2007) as hipóteses de isenção tributária previstas em lei, isto é, os fatos que a norma exclui da sujeição aos tributos são perfeitamente identificáveis com as situações de não incidência.

Vale repetir que essa parte da doutrina não atribui à não incidência enunciado dogmático, porque não a admite como uma categoria jurídica, mas sim, como uma ponte de conexão entre a norma tributária e o fato.

Portanto, a imunidade e a isenção são consequências jurídicas da não incidência, sendo o fato isento diverso do fato gerador tributário.

Outra teoria, seguida por autores não menos ilustres como Coêlho (1999, 2002), admite a ideia de Borges (2007) na gênese, ou seja, admite que tomando a norma só cabe dizer se ela incide ou não; já a isenção, assim como a imunidade, são critérios legislativos condicionadores das normas tributárias, logo, antes de fazer normas tributárias que digam da tipificação, da incidência, deverá avaliar as hipóteses de imunidade e isenção, pois essas cooperam na elaboração daquelas.

Não obstante Coêlho (1999, 2002) se identificar com a origem da tese de Borges (2007), ao final discorda dele pela seguinte razão: enquanto Borges (2007) admite a não juridicização da norma isencional, quer dizer, existiria uma norma tributária e tantas isenções quantos fossem os fatos isentos previstos pelo legislador, tendo elas, portanto, função de suspender a incidência da norma jurídica de tributação, Coêlho (1999, 2002) diz não ter a isenção possibilidade de ser não juridicizante e esclarece – "a norma é o resultado de várias leis ou artigos de leis vigentes no ordenamento jurídico."

Essas regras legais definidoras de fatos tributáveis combinam-se com as regras de isenção e imunidade e, enfim, compõem uma só hipótese de incidência.

Desse modo, para uma norma tributária incidir, faz-se mister a ocorrência de fatos reais descritos pela hipótese de incidência; mas esses fatos do mundo só são elencados na norma tributante após serem excluídos todos os considerados não tributáveis em razão de isenção ou imunidade (COÊLHO, 1999, p. 164-165).

Assim, Sacha explica que é uma antinomia afirmar ser determinado caso uma "hipótese de não-incidência", pois ou a regra não incide e aí não há efeitos jurídicos ou incide e aí resta configurada a "hipótese de incidência".

Logo, ao desconsiderar a isenção como norma "não-juridicizante", afirma que se trata é de uma situação de não incidência e conclui afirmando que: "a hipótese de incidência da norma de tributação é composta de fatos tributáveis, já excluídos os imunes e os isentos" (COÊLHO,1999, p. 16).

Expostas essas teorias, finaliza-se elucidando que a isenção é a configuração de certos fatos ou atos como não condizentes com a hipótese tipificada em normas tributárias por nelas não incidirem em razão da conjuntura econômica e social que impulsiona a elaboração de incentivos fiscais para fomentar investimentos em áreas em desenvolvimento.

2.2 Diferenças entre as espécies de renúncias de receita, a imunidade e a não incidência

Existem várias correntes que tentam conceituar da forma mais adequada, segundo diversas linhas de pensamento filosófico, a imunidade, a isenção e a não incidência.

Não há dúvida de que todas elas têm sua importância, principalmente por tentarem delimitar as hipóteses de ocorrência de cada uma, esclarecendo quais as condições e fatos externos que impulsionaram o legislador a criar essas formas de não incidência da norma tributária, ou para outros as circunscrições definidoras da abrangência da regra tributante.

Nesse caminho, os seguidores de Borges (2007) advogam que a maior diferença entre imunidade, isenção e não incidência é: enquanto a imunidade é uma limitação heterônoma, pois decorre da Constituição, implicando inexistência do poder de tributar, a isenção é uma limitação autônoma, no sentido de possuir o legislador o poder de tributar, porém, algumas razões econômicas, políticas ou sociais o levam a isentar.

Então, tanto a isenção como a imunidade são hipóteses de não incidência, para Borges (2007).

Aqueles, como Coêlho (1999), que defendem a impossibilidade de aplicação da teoria da "hipótese de não-incidência", persistem afirmando que a isenção deriva de previsão legal e a imunidade de previsão constitucional; contudo, lembram que essas duas, como declarações de fatos ou estados destituídos de efeitos tributários, não podem ser comparadas à não incidência natural ou pura, que é aquela derivada da inércia do legislador, pois a "não-incidência natural ou pura" assim considerada não existe, já a imunidade e a isenção são técnicas legislativas (COÊLHO, 1999, p. 170).

Frise-se, ainda, que essas imunidades distinguem-se no âmbito de abrangência da regra constitucional, pois, enquanto umas se detêm apenas a certos casos específicos, eleitos pelo constituinte como significativos o suficiente para figurarem na Carta Maior, outras, precisamente as do art. 150, VI consagram não simples fatos privilegiados, porém valores sociais, reverberados em toda a Constituição Federal sob a forma de Princípios, razão pela qual essas últimas exigem uma exegese bem mais abrangente que a das primeiras.

Essas imunidades que emergiram em razão de ditames do costume valorado pela sociedade requerem uma análise diferenciada no momento da sua aplicabilidade para que chegue realmente ao objetivo colimado.

Logo, seguindo a mesma corrente doutrinária, a isenção difere da imunidade, primeiramente por se tratar de norma infraconstitucional.

Quer dizer, o legislador, competente para tributar determinados atos ou situações, assim o faz, mas retira casos do âmbito dessa norma tributante por acreditar ser mais conveniente não aplicar a regra geral de tributação a elas, tendo em vista certos critérios de desenvolvimento políticos, sociais e econômicos.

Segundo esse sistema, na isenção nasce a obrigação tributária; entretanto, ela deixa de ser cobrada face às necessidades empreendedoras do Estado.

Prosseguindo-se nesse sistema de análise, na não incidência, o legislador, apesar de possuir competência para tipificar alguns fatos como tributáveis, exime-se de fazê-lo, caracterizando verdadeira inércia legislativa.

Logo, essa escola doutrinária observa imunidade, isenção e não incidência como modos diversos de limitação do poder tributante, mas apenas a isenção é identificada realmente como uma "desoneração tributária" evidenciando uma espécie de renúncia de receita.

Reafirmando-se: a imunidade é norma constitucional que reduz a competência tributária do legislador infraconstitucional, determinando quais casos ele não pode tributar; a isenção pressupõe a competência infraconstitucional para instituir o tributo; todavia o legislador, considerando a política desenvolvimentista adotada, retira algumas situações da abrangência do tributo criado e a não incidência reflete a inércia do legislador, quer dizer, este, possuindo os atributos capacitantes da tributação, deixa de criar a norma tipificadora tributária, e como só pode cobrar tributo previsto em lei, segundo o Princípio da Legalidade Constitucional, inexistirá no mundo jurídico o fato típico. Assim:

Figura 1 – Representação sobre imunidade, isenção e não incidência

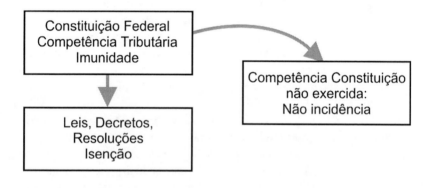

Fonte: Maria Stela Campos da Silva

Por tudo isso, seja por meio de uma ou outra teoria adotada, são sempre perceptíveis as diferenças entre as formas exteriorizadas da não aplicação da norma tributária a certos casos.

E isso é o mais importante e difícil: conseguir identificar em quais hipóteses fáticas o fato gerador de certo tributo está ou não contido, e qual a razão.

Afora todos esses conceitos, é importante mencionar o conceito de norma isencional de Paulo de Barros Carvalho (1999 e 2009) que, partindo de sua Regra Matriz de Incidência, assegura que a isenção simplesmente retira parcela do campo de abrangência do antecedente ou do consequente da norma, impedindo o nascimento do tributo.

Logo, para ele, sequer a relação jurídica obrigacional chega a se formar, porque há um corte em sua formação.[5] Ainda, e agora por fim, um conceito intitulado de "Novas Ideias" pelo Prof. Roque Antonio Carrazza em seu *Curso de Direito Constitucional Tributário*, citando um ex-seu-orientando Eliud José Pinto da Costa, segundo o qual a norma jurídica isencional "integra a norma jurídica tributária, conferindo-lhe novas características". Não há "mutilação" da norma jurídica, ela fica com novas características, porque tomando por base o IPTU: "Ao excluir determinada localidade da incidência tributária, o legislador não reduz o aspecto espacial das normas, mas compõe outra norma tributária, diversa da anterior" (CARRAZZA, 2011, p. 950-951).

De fato, conforme é possível ser observado, a doutrina mais tradicional que entende a imunidade como excludente do crédito tributário parece já estar ultrapassada tendo em vista que, conforme a teoria do direito, a obrigação nessas hipóteses de não incidência como quer Borges (2007) ou nas situações de não incidência como pretende Coêlho (1999, 2002) não chega a nascer, eis que não há de fato coação qualquer.

É ratificando o tratamento exclusivamente constitucional das imunidades que Ricardo Lobo Torres (TORRES, 1998a) trabalha com a necessidade de tratar a imunidade como algo absolutamente ligado ao Princípio Liberdade, atribuindo-lhe, dessa forma, *status* principiológico também.

Isso porque, realmente, o legislador, ao pinçar determinados fatos ou estados como imunes, impediu que o legislador infraconstitucional criasse leis tipificando-os como tributáveis, logo, trata-se de garantia de direitos fundamentais dos cidadãos.

Demonstrando: quando o constituinte imuniza o livro é o mesmo que ele afirmar não poder existir crédito nem débito tributário em relação a ele. Assim, não se pode falar em um nascimento de uma

---

[5] A Regra Matriz de Incidência do Professor Paulo de Barros Carvalho é um regra que toda norma jurídica, normalmente Leis Ordinárias, que cria um tributo deve obrigatoriamente conter. Ela é formada pelo antecedente da norma que, por usa vez, se compõe pelos critérios: material (objeto sobre o qual a norma deve incidir. Ex: IPTU – propriedade territorial urbana), espacial (perímetro geográfico no qual a norma incide. Ex: IPTU – todo o território nacional), e temporal (período de tempo no qual a norma incide. Ex: IRPF – um exercício financeiro). E pelo consequente da norma, formado pelo critério qualitativo que nada mais é do que a identificação dos sujeitos ativo e passivo da relação jurídica tributária e, pelo critério quantitativo, que se constitui pela base de cálculo e alíquota do tributo. Conforme amplamente explicado nos livros intituladas *Direito Tributário* e *Curso de Direito Tributário*.(CARVALHO, 1999a, 1999b)

obrigação que deixa de ser cobrada em razão da imunidade, pois ela sequer chega a nascer, daí porque a imunidade não pode ser identificada como uma espécie de renúncia de receita, afinal, nesse caso, sequer a receita irá ser criada para poder ser renunciada.

Quanto ao entendimento de Coêlho (1999, 2002) e outros que se identificam à doutrina por ele seguida, é louvável afirmação de a isenção e a imunidade serem declarações legislativas e constitucionais que, juntamente com outras leis, formaram as hipóteses de incidência.

Porém, a teoria de Borges (2007) mostra-se mais coesa com a obra ora construída que tem como fundamento ser o direito uma linguagem, portanto, ao retirar a questão da não incidência do âmbito dogmático, esclarece que a não incidência nada mais é do que uma situação fática, pois a incidência só ocorre no âmbito fático, e o seu reverso obviamente também.

Isso implica que na isenção, ao revés de imunidade em que o legislador infraconstitucional não pode tributar, o legislador pode tributar e o faz, só que retira certos estados ou fatos da incidência da norma por questões econômicas, políticas ou sociais factuais.

Feitas essas distinções, cumpre identificar quais dessas espécies são consideradas como Renúncia de Receita. Isso porque o conceito de Renúncia de Receita sai da órbita exclusiva do Direito Tributário para derivar do Direito Financeiro. Pressupõe a existência de receita pública que por previsão do ordenamento jurídico nacional pode ser auferida pelo Estado, mas este – considerando a necessidade de intervir no domínio econômico, com o intuito de provocar uma determinada conduta a ser realizada tanto pelo segundo, como pelo terceiro setor – utiliza-se de institutos jurídicos ou técnicas legislativas tributárias para atrair o segundo e terceiro setor da economia à realização de certas práticas.

Por essa razão, a imunidade não é concebida como uma espécie de Renúncia de Receita, afinal, trata-se de uma previsão constitucional que inviabiliza a criação de um tributo sobre determinados bens ou pessoas ou situações jurídicas. Portanto, na imunidade, sequer existe a possibilidade de o Estado vir a auferir receita naquelas situações, ou por aqueles bens tutelados constitucionalmente.

A não incidência se concebida da forma pura, ou seja, aquela ausência de norma que prevê a existência de um fato que pode gerar um tributo, também acaba na mesma sistemática da imunidade e, portanto, via de regra, não é considerada uma espécie de Renúncia de Receita, a não ser se partir do conceito de que a isenção é uma forma jurídica da não incidência.

Já a isenção é, por sua natureza, concebida como uma modalidade de Renúncia de Receita, tanto como ocorre com as reduções de base de cálculo e alíquotas, os créditos presumidos, a anistia, a remissão e os subsídios.

A própria Constituição Federal, em alguns dispositivos, prevê certas formas de Renúncia de Receita:

Art. 43.

§2º Os incentivos regionais compreenderão, além de outros, na forma da lei:

III – isenções, reduções ou diferimento temporário de tributos federais devidos por pessoas físicas ou jurídicas.

Art. 150.

§ 6º Qualquer subsídio ou isenção, redução de base de cálculo, concessão de crédito presumido, anistia ou remissão, relativos a impostos, taxas ou contribuições, só poderá ser concedido mediante lei específica, federal, estadual ou municipal, que regule exclusivamente as matérias acima enumeradas ou o correspondente tributo ou contribuição, sem prejuízo do disposto no art. 155, §2.º, XII, "g".

Art. 165.

§ 6º O projeto de lei orçamentária será acompanhado de demonstrativo regionalizado do efeito sobre as receitas e despesas, decorrente de isenções, anistias, remissões, subsídios e benefícios de natureza financeira, tributária e creditícia.

A Renúncia fiscal é, por alguns autores, denominada de gasto tributário. Esse termo (gasto tributário) foi utilizado pela primeira vez, em 1967, pelo Prof. Stanley Surrey, Secretário-Assistente do Tesouro dos Estados Unidos para Política Tributária de 1961 a 1969, e vem ali tratando de descrever as regras específicas de imposto de renda federal que importam em renúncia de receita, com vistas a atingir objetivos econômicos e sociais, abrangem um grupo restrito de contribuintes, setor ou região que poderia ser substituído por um programa de gasto direto (SAYD, 2013, p.1-15).

Nesse caso, faz-se necessária a identificação de cada uma dessas espécies de Renúncia de Receita.

2.3 A redução de base de cálculo e de alíquota (alíquota zero), a suspensão, o diferimento, o crédito presumido e os subsídios

O diferimento constitui norma isentiva ou é mera técnica legislativa para tratamento tributário diferenciado? Sobre a questão, diversos doutrinadores no país já trataram, conceituando-o ora como isenção parcial, ora não, mas sempre partindo da elucidação do que vem a ser a isenção, como, por exemplo:
a Teoria mais tradicional, que teve em Souza (1960, p. 252), principal coautor do Anteprojeto do Código Tributário Nacional, seu maior defensor, separa os institutos que limitam o poder tributante em:

- *imunidade:* como toda previsão constitucional – que, quando toma por base valores sociais – deve ter, segundo entendimento do Supremo Tribunal Federal, uma exegese ampliativa, enquanto os casos especiais, quais sejam aquelas normas constitucionais em que se lê é isento ou não incide, mas sem ter embasamento em valores sociais, aplica-se uma interpretação restritiva;
- *isenção*: norma infraconstitucional, criado com o nascimento da obrigação e extinção do débito por dispensa do pagamento do tributo e,
- *não incidência*: como a inércia do legislador, ou seja, ele simplesmente optou por não tributar determinado fato.

A Teoria do Prof. José Souto Maior Borges que defende em seu livro *Teoria Geral da Isenção Tributária* ser a não incidência gênero da limitação ao poder de tributar, cujas espécies normativas são a imunidade como limitação heterônoma e a isenção como limitação autônoma, porque prevista em norma infraconstitucional (BORGES, 2007).

A Teoria do Prof. Sacha Calmon Navarro Coêlho defendida em suas obras *Curso de Direito Tributário Brasileiro e Manual de Direito Tributário* aduz que são técnicas legislativas: a) Imunidade com previsão constitucional; b) Isenção com previsão legal; e a não incidência natural ou pura como a inércia do legislador (COÊLHO, 1999, 2002).

A Teoria do Prof. Paulo de Barros Carvalho que em seu *Curso de Direito Tributário*, ao explicar a sua regra matriz de incidência, assevera que a lei isentiva retira um ou mais de seus critérios, impedindo o nascimento do tributo (CARVALHO, 1999a).

A Teoria de Roque Antonio Carrazza e Eliud José Pinto da Costa de que a lei isentiva integra a norma jurídica tributária atribuindo-lhe novas características: "Ao excluir determinada localidade da incidência tributária, mas compõe outra norma tributária, diversa da anterior". A lei que isenta convive harmonicamente com a lei que tributa, formando uma única norma jurídica (CARRAZZA, 2011, p. 952).

E ainda há aqueles que defendem ser a própria isenção uma mera técnica legislativa por meio da qual "de um universo de situações que lei poderia tributar, algumas situações (ou certas situações com alguma especificidade) são excepcionadas da regra de incidência, de modo que a realização concreta dessas situações não importa em realização do fato gerador, mas sim de fato isento (portanto, não tributável)" (AMARO, 2009, p. 287).

De toda sorte, a maioria da doutrina acima resumida entende que a alíquota zero, a suspensão ou diferimento do tributo são simples formas jurídicas de isentar o contribuinte do tributo, conforme Paulo de Barros Carvalho:

> Importa referir que o legislador muitas vezes dá ensejo ao mesmo fenômeno jurídico de recontro normativo, mas não chama a norma mutiladora de isenção. Não há relevância, pois aprendemos a tolerar as falhas do produto legislado e sabemos que somente a análise sistemática, iluminada pela compreensão dos princípios gerais do direito, é que poderá apontar os verdadeiros rumos da inteligência de qualquer dispositivo de lei.
> É o caso da *alíquota zero*. Que experiência legislativa será essa que, reduzindo a alíquota a zero, aniquila o critério quantitativo do antecedente da regra-matriz do IPI? A conjuntura se repete: um preceito é dirigido à norma-padrão, investindo contra o critério quantitativo do consequente. Qualquer que seja a base de cálculo, o resultado será o desaparecimento do objeto da prestação. Que diferença há em inutilizar a regra de incidência, atacando-a num critério ou noutro, se todos são imprescindíveis à dinâmica da percussão tributária? Nenhuma.
> No entanto, o legislador designa de isenção alguns casos, porém, em outros, utiliza fórmulas estranhas, como se não se tratasse do mesmo fenômeno jurídico. Assim ocorre com supressões do critério temporal (suspensão ou diferimento do imposto) e do critério material, quando se compromete o verbo (*chamada de definição negativa da incidência*) (CARVALHO, 1999a, 449-450).

Independentemente de identificar esses signos jurídicos como espécies de isenção ou não, até porque a doutrina está longe de um entendimento unânime sobre a questão, considerando que a base de sustentação da obra é o direito como linguagem, passa-se à conceituação de cada um deles:

a) *Redução de Base de Cálculo ou Alíquota (Alíquota Zero)*: é a alteração do critério quantitativo da regra matriz de incidência do tributo, precisamente, ou a base de cálculo ou a sua alíquota; esta que no Brasil, em sua maioria, é um porcentual que incide sobre a base de cálculo para gerar o valor a ser pago a título de tributo. Se a alíquota é reduzida a zero, na prática o que acontece é que a norma tributária, mesmo incidindo sobre o fato que gera a cobrança do tributo, ante a ausência do porcentual para cálculo, importará em não contribuição para os cofres públicos; por essa razão alguns autores, ao conceituar essa técnica legislativa, a identificam como uma espécie de não incidência, mas esclarecem que "a consequência do não pagamento decorre de uma situação matemática e não jurídica, diversamente do que ocorre com a isenção, que decorre de modalidade de exclusão do crédito prevista em lei, bem como a imunidade, cuja previsão está na Constituição" (CARNEIRO, 2012, p. 391-392).

Dessa maneira, a redução de base de cálculo ou de alíquota sempre acaba por resultar em Renúncia de Receita do Estado, desde que originalmente existia uma forma de cobrança que importaria em um *quantum* de receita a ser arrecadada que, após a aplicação desses institutos jurídicos importará em redução, ensejando o Estado a "abrir mão" de parte de sua receita prevista para arrecadação.

b) *Suspensão*: é o sobrestamento do critério temporal da regra matriz de incidência do tributo, importando em suspender a incidência da norma por um determinado período.

c) *Diferimento*: é a alteração do critério temporal da norma tributária, ou seja, se originariamente na lei que criou o tributo ele incide no momento da aquisição da mercadoria, devendo ser recolhido pelo comerciante no ingresso dela no Estado, mas surge uma norma que prorroga, altera o prazo de recolhimento do tributo apenas para o momento da saída do bem do estabelecimento comercial, o que se terá na hipótese é um diferimento para o pagamento do tributo. Nessa situação, o contribuinte paga o tributo, mas o faz em momento diverso do previsto na norma originária, em momento diverso do da incidência da norma ao fato;

d) *Crédito Presumido*: nessa situação jurídica, a norma jurídica tributária incide na sua totalidade; contudo, o Ente Exacional emite um crédito para o contribuinte envolvendo o valor do tributo que ele deveria pagar e ele compensa, em uma operação contábil, com o débito do valor do tributo devido. Logo, nada é pago aos cofres públicos, ou apenas, será a diferença entre o crédito e o débito, se existir. "É uma forma indireta de redução do montante do tributo a ser pago, mediante a permissão de um ressarcimento (crédito) correspondente ao valor total ou parcial do próprio tributo a ser apurado" (BROLIANI, 2013, p. 1-27).

e) *Subsídios*: considerados como incentivos não tributários, mas financeiros, importam em efetiva transferência de recursos do Estado para os particulares em razão de situações de necessidade econômicas ou sociais, como acontece com as destinadas a entidades filantrópicas que atuam na área de saúde, educação, previdência etc.

Daí a necessidade de separação efetiva dentre essas técnicas legislativas: o que de fato pode ser considerado isenção do que não deve ser assim considerado.

Isso porque, em alguns casos, está-se diante do mero exercício do Poder de Polícia do Estado e não de uma efetiva renúncia de receita, como acontece dentre as técnicas acima conceituadas, com a suspensão, o diferimento e o crédito presumido.

Como já explicado, mas para elucidar melhor, no diferimento, o Estado não deixa de arrecadar, ele apenas prorroga, aumenta o lapso temporal para que o contribuinte recolha o tributo; portanto, nessa hipótese jurídica, não há que se falar em renúncia de receita, afinal, o tributo, após fluir o tempo maior concedido para recolhimento, terá que ser efetivamente pago, e em todos os casos de diferimento com as atualizações monetárias devidas, estabelecidas de acordo com os índices oficiais que estejam em vigor no dia do pagamento, o que faz com o que o diferimento também não gere a perda de arrecadação pelo que os economistas chamam de "preço do dinheiro no tempo", quer dizer, o valor originário do tributo será mantido, ainda que pago em momento muito posterior ao fato jurídico tributário ter se realizado, a partir da aplicação dos índices de atualização fixados pelos órgãos governamentais.[6]

---

[6] Atualmente, o STJ já esclareceu que os tributos são atualizados de acordo com o Taxa Selic, pois esta congrega a correção monetária e outros índices, *in verbis*: "EMENTA:PROCESSUAL CIVIL. TRIBUTÁRIO. OMISSÃO INEXISTENTE. PROGRAMA DE PARCELAMENTO (REFIS E PAES). INCIDÊNCIA DA TJLP. CORREÇÃO MONETÁRIA. MULTA EM EMBARGOS DECLARATÓRIOS. ARTIGO 538, PARÁGRAFO ÚNICO, DO CPC. AUSÊNCIA DE CARÁTER PROTELATÓRIO. AFASTAMENTO.

Exemplos recentes de diferimento que normalmente envolvem parcelamentos dos tributos devidos são os chamados Programas de Recuperação Fiscal (REFIS) lançados pelo governo federal e pelos entes subnacionais para atrair pessoas jurídicas a liquidarem seus débitos tributários, propiciando o pagamento que, em muitos casos, já está em fase de execução fiscal, devendo ser pago de uma só vez, em até 60 parcelas atualizáveis pela Taxa Selic.[7]

A professora Regina Helena Costa, fixando seu entendimento de que a isenção e a alíquota zero são conceitos diferenciados, embora reconheça as duas como espécies de exoneração tributária, lembra que, para ela, a distinção fica clara em razão de seus regimes jurídicos, pois enquanto a isenção apenas pode se dar mediante lei, a alíquota zero pode ocorrer por ato do Poder Executivo, como nas hipóteses dos arts. 153, §1, e 177, §4º, I, "b", da Constituição Federal. Mas, recorda que a jurisprudência do STF tem "oscilado a respeito: RE 350.446-PR, Rel. Min. Nelson Jobim, j. 18.12.2002; RE 370.682-SC, Pleno, Rel. Min. Ilmar Galvão, j. 25.6.2007; RE 562.980-SC, Rel. Min. Ricardo Lewandowski,

---

1. Não há violação do art. 535 do CPC quando a prestação jurisdicional é dada na medida da pretensão deduzida, com enfrentamento e resolução das questões abordadas no recurso.
2. A jurisprudência desta Corte se firmou no sentido de que não é possível cumular a Taxa SELIC com correção monetária e outros índices de juros, pois estes já estão embutidos em sua formação.
3. A adesão ao REFIS e ao PAES impõe ao contribuinte o pagamento do débito principal e os seus respectivos acessórios, os quais incidem tão somente até a apuração do débito e sua consolidação, momento a partir do qual não mais subsiste sua incidência e, consequentemente, da Taxa SELIC, passando o crédito a sofrer apenas correção monetária, por meio da Taxa de Juros de Longo Prazo (TJLP).
4. Na adesão ao referidos programas de parcelamento, a SELIC, composta de juros e correção monetária, incide apenas até a consolidação. Após, incide apenas correção monetária (TJLP), o que é legitimamente possível, pois os juros de mora, a multa punitiva e a correção monetária são cumuláveis, mormente na espécie, visto que incidem em momentos diversos.
5. A utilização da TJLP como índice de correção monetária é pacificamente aceita pela jurisprudência desta Corte, conquanto que previamente pactuado entre as partes, como na espécie.
6. "Embargos de declaração manifestados com notório propósito de prequestionamento não têm caráter protelatório" (Súmula 98/STJ). Recurso especial provido em parte." (REsp 1275074 / DF. Rel. Min. Humberto Martins, 2a. T. DJe 25.10.2013)

7 "Define-se Taxa Selic como a taxa média ajustada dos financiamentos diários apurados no Sistema Especial de Liquidação e de Custódia (Selic) para títulos federais. Para fins de cálculo da taxa, são considerados os financiamentos diários relativos às operações registradas e liquidadas no próprio Selic e em sistemas operados por câmaras ou prestadores de serviços de compensação e de liquidação (art. 1º da Circular nº 2.900, de 24 de junho de 1999, com a alteração introduzida pelo art. 1º da Circular nº 3.119, de 18 de abril de 2002)". Conceito extraído do site do Banco Central do Brasil na rede mundial de computadores. BANCO CENTRAL DO BRASIL. Disponível em: <http://www.bcb.gov.br/?SELICCONCEITO>. Acesso em: 26 jan. 2014.

Rel. para o acórdão Min. Marco Aurélio; e RE 475.551-PR, Rel. Min. César Peluso, j. 06.05.2009" (COSTA, 2012, p. 298-299).

Sacha Calmon Navarro Coêlho, por sua vez, ao diferenciar esses institutos, prefere correlacioná-los ao direito penal, comparando as imunidades e as isenções às descriminantes: "As condutas descritas como criminosas deixariam de sê-lo, em determinadas circunstâncias: legítima defesa real ou punitiva, estado de necessidade, estrito cumprimento do dever legal" (COÊLHO, 2002, p. 85).

Por outro lado, a alíquota zero seria comparável às excludentes de pena quando existe o crime e o criminoso, ou seja, transportando-se para o direito tributário, há o fato gerador e o contribuinte. Ocorre que do mesmo modo em que no direito penal a pena é reduzida a zero, no direito tributário a alíquota é que é reduzida (COÊLHO, 2002, p. 85).

Prossegue ainda o professor Sacha aduzindo que "o perdão judicial, a graça, a anistia, o indulto são como que a remissão e anistia tributária. Há o fato gerador, há o contribuinte, há imposto a pagar, mas o perdão extingue o dever [...]"(COÊLHO, 2002, p. 85).

Mas, àquelas formas jurídicas que necessariamente importa em o Estado deixar de arrecadar tributos devidos, vale retomar o entendimento do Prof. José Eduardo Soares de Melo que, ao tratar de incentivos fiscais e exclusão do crédito em seu *Curso de Direito Tributário*, salienta que algumas dessas situações "sujeitam-se a um regime jurídico diferenciado (extrafiscalidade), porque representam dispêndio para o Poder Público e benefício para os contribuintes" (MELO, 2005, p. 338).

Então, não há que pensar ao realizar análise de uma norma isentiva propriamente dita, tão somente na regra constitucional do art. 155, §2º, XII, "g", regulamentado pela Lei Complementar 24/75 que trata da prévia autorização do CONFAZ, mediante convênios firmados em seu âmbito, para a edição de lei que traga benefícios tributários, mas igualmente em Princípios Constitucionais que norteiam matéria, incluindo os de matéria financeira e econômica.

Em primeiro, o fato de que como a doutrina e jurisprudências pátrias equiparam algumas técnicas legislativas a uma espécie de isenção, importa em que para serem realizadas, deveriam ser precedidas de autorização do CONFAZ, nos termos do art. 155, §2º, XII, "g", da CF/1988, regulamentado pela Lei Complementar 24/75. Isso se dá, por exemplo quando um Governo de Estado propõe deixar de receber o ICMS durante trinta anos, pois boa parte da doutrina defende que nessa situação se está diante de uma verdadeira isenção.

Aliás, cabe registrar, por oportuno, que a celebração de convênios interestaduais não é um limitador do poder legiferante, mas, ao contrário, um requisito de competência tributária, conforme esclarece Souto Maior Borges:

> esta supressão parcial de atribuições, até então conferidas às Assembleias Legislativas, caracteriza uma simples transplantação de competência tributária em matéria de exonerações fiscais. Contudo, o preceito interestadual de isenção conserva a mesma hierarquia das leis ordinárias em geral. Internamente, vale para o Estado participante do convênio como uma norma ordinária estadual, não como um preceito hierarquicamente supraordenado" (BORGES, 2007, p. 374).

Sobre a desnecessidade de aprovação pelo CONFAZ de técnicas como o diferimento, o STF já enfrentou a questão em julgado assim ementado:

> EMENTA: Ação Direta de Inconstitucionalidade. Artigos 9º a 11 e 22 da Lei n. 1.963, de 1999, do Estado do Mato Grosso do Sul. 2. Criação do Fundo de Desenvolvimento do Sistema Rodoviário do Estado de Mato Grosso do Sul - FUNDERSUL. Diferimento do ICMS em operações internas com produtos agropecuários. 3. A contribuição criada pela lei estadual não possui natureza tributária, pois está despida do elemento essencial da compulsoriedade. Assim, não se submete aos limites constitucionais ao poder de tributar. 4. O diferimento, pelo qual se transfere o momento do recolhimento do tributo cujo fato gerador já ocorreu, não pode ser confundido com a isenção ou com a imunidade e, dessa forma, pode ser disciplinado por lei estadual sem a prévia celebração de convênio. 5. Precedentes. 6. Ação que se julga improcedente." ADI 2056 / MS - MATO GROSSO DO SUL AÇÃO DIRETA DE INCONSTITUCIONALIDADE Relator(a): Min. GILMAR MENDES Julgamento: 30/05/2007 Órgão Julgador: Tribunal Pleno).

Em segundo, o fato de que como a norma constitucional comentada não deve ser lida isoladamente, faz-se mister observar que a concessão de benefícios tributários constituem, como técnicas extrafiscais, intervenção do Estado no Domínio Econômico, indireta, na condição do art. 174 da Constituição Federal, por se tratar de incentivo e planejamento estratégico, *in verbis*:

> Como agente normativo e regulador da atividade econômica, o Estado exercerá, na forma da lei, as funções de fiscalização, incentivo e planejamento, sendo este determinante para o setor público e indicativo para o setor privado.

É nessa condição de agente interventor que o Brasil criou a Lei Antitruste (Lei nº 8.884/1994) e com ela os organismos administrativos de controle de práticas de anticoncorrenciais de mercado, como a Secretaria de Acompanhamento Econômico (SEAE), a Secretaria de Desenvolvimento Econômico (SDE) e o Conselho Administrativo de Defesa Econômica (CADE), estrutura atualmente alterada pela Lei nº 12.529/2011 que extingue a SDE deixando no sistema a SEAE e o CADE com atividades regulatórias distintas.

Sobre a guerra fiscal gerada pela concessão unilateral por entes da Federação de incentivos sem a prévia realização de convênios no âmbito do CONFAZ, José Eduardo Soares de Melo comenta em seu Curso de Direito Tributário que o CADE respondeu consulta formulada pela entidade Pensamento Nacional das Bases Empresariais (PNBE), "destacando sua nocividade à livre concorrência e a promoção do bem-estar social, que devem compatibilizar-se com outros princípios, como o da redução das desigualdades regionais.".

Ainda tratando dessa mesma matéria, José Eduardo Soares de Melo acrescenta:

> Mediante exaustiva análise de diversos preceitos constitucionais, o Cade respondeu à consulta sobre a nocividade, ou não, à livre concorrência da prática conhecida como 'guerra fiscal', concluindo que os incentivos concedidos ao arrepio de convênios favorecem indevidamente certos empreendimentos estabelecidos numa determinada unidade federativa (Consulta n 38/99 – rel. Cons. Marcelo Calliari – j. 22.3.00, DOU 1-E de 28.4.00, p1)
>
> Assim, os Estados (e Distrito Federal) que se sentem prejudicados, em razão da fuga de empresas para outras regiões do País, possuem fundamento para pleitear a invalidação dos incentivos outorgados unilateralmente (MELO, 2005, p. 325-348).

A justificativa utilizada por diversos entes da Federação para concessão de diferimento por meio de lei, decreto ou similares é a de que essa técnica legislativa é apenas uma suspensão da cobrança do tributo por um determinado período e, nesse caso, não se enquadra em uma renúncia fiscal, daí não ser possível a sua equiparação à isenção, por isso não haveria necessidade de autorização do CONFAZ para sua concessão, esvai-se quando o CONFAZ celebra convênios exatamente autorizando o diferimento, como exemplo o Convênio ICMS 136, de 05.12.2008, por meio do qual o CONFAZ, ao dar nova redação ao Convênio ICMS 110/2007, autoriza o diferimento, nos seguintes termos:

DAS OPERAÇÕES COM ÁLCOOL ETÍLICO ANIDRO COMBUS-
TÍVEL OU BIODIESEL B100

Cláusula vigésima primeira. Os Estados e o Distrito Federal concederão diferimento ou suspensão do lançamento do imposto nas operações internas ou interestaduais com AEAC ou com B100, quando destinados à distribuidora de combustíveis, para o momento em que ocorrer a saída da gasolina resultante da mistura com AEAC ou a saída do óleo diesel resultante da mistura com B100, promovida pela distribuidora de combustíveis, observado o disposto no §2º.

§1º O imposto diferido ou suspenso deverá ser pago de uma só vez, englobadamente, com o imposto retido por substituição tributária incidente sobre as operações subseqüentes com gasolina ou óleo diesel até o consumidor final, observado o disposto no §3º.

§2º Encerra-se o diferimento ou suspensão de que trata o *caput* na saída isenta ou não tributada de AEAC ou B100, inclusive para a Zona Franca de Manaus e para as Áreas de Livre Comércio.

§3º Na hipótese do §2º, a distribuidora de combustíveis deverá efetuar o pagamento do imposto suspenso ou diferido à unidade federada remetente do AEAC ou do B100.

Ora, se de fato não há necessidade de autorização do CONFAZ para que os Estados autorizem diferimento, por que o CONFAZ em muitas situações cuida dessa autorização?

Essa discussão em torno da necessidade ou não da concessão de renúncias de receita por meio de convênio celebrado no âmbito do CONFAZ gerou, inclusive, a Proposta de Súmula Vinculante 69 no STF que causou grande polêmica em razão de o texto proposto envolver a obrigatoriedade de toda e qualquer espécie de renúncia de receita de ICMS precisar da autorização por meio de convênio no CONFAZ, até hoje não aprovada.[8]

Independentemente da necessidade de autorização ou não do CONFAZ, em razão da natureza financeira da renúncia de receita, é necessário pelo Estado, nos casos de diferimento ou outras modalidades de renúncias de receita, o cumprimento do disposto no art. 14 da Lei de Responsabilidade Fiscal que obriga o Poder Executivo a encaminhar, juntamente com sua proposta de lei de benefício tributário, documento que demonstre a estimativa do impacto orçamentário-financeiro que a medida a ser adotada vai provocar no exercício financeiro em

---

[8] Notícia datada de 15.05.2012, extraída do site do STF na internet. BRASIL. Supremo Tribunal Federal. Disponível em: <http://www.stf.jus.br/portal/cms/verNoticiaDetalhe.asp?idConteudo=207468&caixaBusca=N>. Acesso em: 29 out. 2013.

que terá início, bem como nos dois exercícios seguintes. E ainda a compatibilização da medida com a Lei de Diretrizes Orçamentárias (LDO), bem assim de que a renúncia foi considerada na estimativa da Lei Orçamentária Anual, como exige o art. 12 da LC 101/2000, com a informação de que a medida não afeta os resultados previstos nas Metas Fiscais da LDO, mais ainda a previsão de medidas compensatórias da renúncia durante o período previsto no *caput* do art. 14 da Lei de Responsabilidade Fiscal.

Na verdade, essas previsões da Lei de Responsabilidade Fiscal são reflexos da Constituição Federal, precisamente no art. 165, §8º, que dispõe sobre a obrigatoriedade do projeto de lei orçamentária vir acompanhado do demonstrativo regionalizado do efeito sobre receitas e despesas, decorrente de isenções, anistias, remissões, subsídios e benefícios de natureza financeira, tributária e creditícia.

Ademais, o diferimento por prazos muito elásticos, como acontece em todo o país onde são concedidos diferimentos por 20 ou 30 anos, fere igualmente o Princípio da Equidade entre Gerações previsto na Carta Política de 1988 cuja função teleológica, segundo Régis Fernandes de Oliveira (2008) e Ricardo Lobo Torres, é que os empréstimos e despesas governamentais não devem sobrecarregar gerações futuras, cabendo à própria geração que deles se beneficia arcar com o ônus respectivo, *in verbis*:

> Mas é inegável que o endividamento excessivo repercute sobre o futuro, transferindo a carga fiscal para outra geração, motivo por que o art. 167, III, vedou, em homenagem à equidade, os empréstimos que excedam o montante das despesas de capital (TORRES, 1998a, p. 105).

Finalmente, o chamado crédito presumido trata-se de restituição, total ou parcial, de tributos já pagos em momento diverso (anterior) daquele fato gerador que daria ensejo à cobrança do tributo se não existisse a concessão do crédito presumido.[9]

---

[9] Uma das espécies de crédito presumido é identificado por alguns autores como *Drawback* e consiste, na verdade, na adoção das seguintes modalidades, como esclarece José Eduardo Soares de Melo, com base no CL nº 37/66, art. 78, I a III, e Decreto federal nº 4.543 de 26.12.02, arts. 335 a 355:
"a) *suspensão* do pagamento dos tributos exigíveis na importação de mercadoria a ser exportada após beneficiamento ou destinada à fabricação, complementação ou acondicionamento de outra a ser exportada;
b) *isenção* dos tributos exigíveis na importação de mercadoria, em qualidade e quantidade equivalente à utilizada no beneficiamento, fabricação, complementação ou acondicionamento de produto exportado;

Assim é que todas as políticas extrafiscais que importem em efetiva renúncia de receita devem ser cuidadosamente analisadas para que delas extraia o melhor para a sociedade, sem ferimentos a Princípios Constitucionais ou leis constantes do ordenamento jurídico pátrio, em tudo observadas as necessidades básicas da população para com elas garantir os direitos fundamentais.

2.4 A remissão e a anistia

José Eduardo Soares de Melo, ao tratar da anistia como espécie de exclusão do crédito tributário, ao lado da isenção, como o faz o CTN (art. 175, I e II), inicia o capítulo que denomina "incentivos fiscais e exclusão do crédito tributário" enfatizando que, ao criar situações de desoneração tributária, o Poder Público visa a estimular o contribuinte para realizar certas atividades que, de alguma forma, interessam ao Ente estatal em um dado momento (MELO, 2005, p. 338).

Portanto, Melo (2005) concebe as isenções, reduções de base de cálculo etc., como "prêmios" que na relação jurídica importam na inversão da obrigação tributária, desde que, ao promover tais benefícios o credor da relação jurídica obrigacional passa a ser o contribuinte (sujeito ativo), enquanto o devedor o Ente Estatal (sujeito passivo).

Daí entender que os incentivos fiscais devem ser concebidos em regime jurídico distinto do tributário, fazendo parte, na verdade, do que denomina de *regime financeiro*, razão pela qual não se encontram adstritos aos princípios constitucionais dessa natureza, mas devem obediência às normas atinentes às finanças públicas (MELO, 2005, p. 338).

Assim é que Melo (2005) não abre mão de, ao analisar a questão, deixar claro que por força da Lei de Responsabilidade Fiscal (LC 101/2000) a adoção dessas políticas desonerativas necessitam do que chama de "ação planejada e transparente, em que se previnem riscos e corrigem desvios capazes de afetar o equilíbrio das contas públicas, mediante o cumprimento de metas de resultado entre receitas e

---

c) *restituição*, total ou parcial, dos tributos pagos na importação de mercadoria exportada após beneficiamento, ou utilizada na fabricação, complementação ou acondicionamento de outra exportada"

O *Drawback* é um incentivo à exportação que visa a eliminar tributação incidente na importação de mercadorias que serão utilizadas na fabricação, beneficiamento, acondicionamento ou complementação de produtos destinados à exportação, e que exatamente por essa característica, não se revela de grande importância para esta obra (MELO, 2005, p. 347).

despesas e a obediência a limites e condições" (MELO, 2005, p. 346), conforme previsão do art. 14 da referida lei.[10] Feitos esses esclarecimentos, conceitua anistia como o "perdão das infrações cometidas pelo sujeito passivo anteriormente à vigência da lei que a concede", (MELO, 2005, p. 342-343) não sendo ela passível de ser aplicada aos atos tipificados como crimes ou contravenções, ou àqueles praticados com dolo, fraude ou simulação.

Segundo Melo (2005, p. 343), a anistia se diferencia da remissão prevista no art. 156, V do CTN, portanto, está esta contemplada pelo capítulo do CTN que trata da extinção do crédito tributário e não da exclusão, principalmente porque esta última tem uma amplitude maior, "abrangendo todo o montante do crédito tributário (imposto, multa, juros, e correção monetária)". Adicione-se a isso a questão de a anistia não perdoar as obrigações acessórias, cujo crédito da obrigação principal seja excluído.

Regina Helena Costa, tal como grande parte da doutrina nacional sobre a matéria, explica que as espécies de anistia são geral ou limitada, devendo a escolha do legislador pela espécie a ser editada ter como parâmetro o interesse público, sempre com a ideia de que o princípio da isonomia deve ser preservado (COSTA, 2012, p. 299-300).

A anistia disciplinada nos arts. 180 a 182 do CTN quando limitada "pode ser fixada em função da espécie tributária, do valor das penalidades pecuniárias impostas, da abrangência territorial ou, ainda, em função do pagamento do débito tributário no prazo fixado" (COSTA, 2012, p. 300).

---

[10] "Exige a LRF (Art.14) que, ao ser encaminhado o Projeto de Lei ao Poder Legislativo, através do qual se proponha a concessão de qualquer tipo de incentivo ou benefício tributário, o Poder Executivo junte à sua proposta um documento por via do qual demonstre a estimativa do impacto orçamentário-financeiro que a medida a ser adotada vai provocar no exercício financeiro em que a mesma deve ter início, bem como nos dois exercícios seguintes. A medida proposta deve compatibilizar-se com as disposições da LDO sobre a matéria e atender, pelo menos, a uma das hipóteses a seguir: a) de que a renúncia foi considerada na estimativa da Lei Orçamentária Anual, tal como exigida no art. 12, informando-se que a medida não afetará os resultados previstos no Anexo das Metas Fiscais da LDO (art.14, I, LRF) e b) ou estar acompanhada das medidas compensatórias da renúncia durante o período previsto no *caput* do art. 14, e que deverão resultar no aumento da receita, proveniente de *Elevação de Alíquotas, Ampliação da Base de Cálculo, Majoração ou Criação de Tributo ou Contribuições* (art. 14, II, LRF). Destarte, quando a *Renúncia de Receita* não tiver sido levada em consideração na estimativa da Lei Orçamentária Anual, no ensejo de sua elaboração, e a medida depender de medidas compensatórias, deve o Projeto de Lei que propuser o incentivo ou benefício tributário se fazer acompanhar das *Medidas Compensatórias da Renúncia de Receita*, não podendo o incentivo fiscal proposto ao Poder Legislativo ter vigência antes de entrarem em vigor as referidas medidas compensatórias (Art. 14, II e §2º, LRF)" (AGUIAR, 2004, p. 81).

Roque Carrazza distingue isenção de anistia e de remissão, deixando claro que seja na isenção, seja na remissão (que "é o perdão legal do débito tributário, faz desaparecer o tributo já nascido e só pode ser concedida por lei da pessoa política tributante", em uma clara demonstração da indisponibilidade do interesse público), os efeitos são idênticos, ou seja, a não arrecadação (CARRAZZA, 2011, p. 990-991).

Contudo, para Carrazza (2011), a isenção impede que o tributo nasça, enquanto a remissão faz desaparecer o tributo que já nasceu.

Por outro lado, com esses institutos (isenção e remissão) não é possível confundir a anistia a que se refere às penalidades pecuniárias. Nesse sentido, a anistia perdoa total ou parcialmente a multa resultante do ato ilícito exacional, desconstituindo a antijuridicidade, conforme Carrazza (2011, p. 991).

Em raciocínio diverso de José Eduardo Soares de Melo, que, conforme acima elucidado, defende pertencer a anistia ao regime jurídico muito mais financeiro do que tributário, o Prof. Calilo Jorge Kzan Neto em obra específica sobre anistia afirma que a norma de anistia, ao contrário do que leva a crer o art. 3º do CTN, está inserta na estrutura normativa tributária.

> 5.43 A infração no ordenamento tributário brasileiro observa o mesmo regime jurídico do tributo, vide §1º do art. 113 e o art. 121, contraditando, desta feita, o art. 3º que postula que o tributo não pode ostentar a natureza de sanção de ato ilícito.
> 5.44 O conceito de tributo na sistemática do Código é amplo e impreciso, vide §3º do art. 113 e art. 142 do CTN.
> 5.45 No plano ontológico, a infração fiscal não difere do crime tributário. É a vontade do legislador, mediante juízos hipotéticos, que elege as condutas violadoras dos deveres tributários como crime ou infração tributária (KZAN NETO, 2007, p. 259).

Suas considerações têm início na diferença entre os vocábulos coerção, sanção e coação. Embora comumente sejam utilizadas as palavras sanção e coação como sinônimos, uma compõe realidade diversa da outra, pois, enquanto a coação é uma "ação efetiva", "a execução do ato de coagir", é pela sanção que a coação se torna um ato. Daí porque admite que no grande mundo normativo apenas as jurídicas dispõem da coação, conforme esclarece Lourival Vilanova: "a coação é o poder de efetivar a sanção contida na vontade jurisdicional do Estado" (KZAN NETO: 2007, p. 155).

E prossegue o Professor Calilo Kzan explicando a estrutura da norma como formada por norma primária "que prescreve um dever atrelado à ocorrência de um fato"; e norma secundária "que prescreve uma sanção a ser aplicada pelo Estado, em caso de descumprimento da conduta estatuída na norma primária", para concluir que a sanção é sempre revelada pelo conteúdo significativo de outra norma (KZAN NETO, 2007, p. 86).

A conclusão de Kzan Neto (2007, p. 157) perpassa pela questão de que a sanção compõe o ato normativo, apesar de ser este dividido em duas proposições com pontos de incidências de fatos e relações jurídicas diferentes, a sanção não se desvincula do ato normativo, pois isso resultaria em desjuridicizar a norma primária anterior, afora o que a sanção não tem função isolada daquela para a qual fora criada.

Ademais, para Calilo Kzan "havendo ou não havendo violação, havendo ou não havendo necessidade de coação, a sanção jurídica está prevista e autorizada na estrutura do ente normativo. A sanção pertence necessariamente à norma" (KZAN NETO, 2007, p. 157).

Pela conclusão das doutrinas aqui colacionadas, a anistia deve ser concebida como perdão da sanção aplicada e não como o perdão da infração, como a norma expõe, e, nesse viés, comporá ela norma jurídica tributária e financeira.

Que a anistia integra o Direito Tributário não há como negar, desde que, como bem defende o Prof. Calilo Kzan Neto, se não houvesse norma instituindo o tributo não haveria razão para o ato sancionador pelo descumprimento dessa obrigação; se inexistisse norma criando as obrigações instrumentais (tais como escriturar o livro-caixa, guardar comprovantes de despesas pelo prazo legal etc.), não haveria motivo para criar normas punitivas para o caso de desatenção pelos contribuintes.

É apenas em razão da existência da norma que diz o direito principal que cria, em consequência, as normas (secundárias) de imposição de sanção. É por essas que a coação do Estado salta aos olhos.

Nada disso, contudo, retira a característica jurídica financeira da norma de anistia, pois esta, ao mesmo tempo em que perdoa a aplicação da sanção da norma punitiva, importa, sob outro ponto de vista, em renúncia de receita tal como acontece, nesse aspecto, com a remissão, que é repetindo o perdão do tributo em si.

Aliás, também Oliveira (2008, p. 426) defende que, de uma forma geral, as modalidades de renúncia de receita não possuem conteúdo estritamente tributário, mas também de gestão financeira, pois deve seguir objetivos maiores de responsabilidade fiscal, até por derivarem de planejamento financeiro do Ente Estatal respectivo.

E pela análise financeira, o Estado para lançar mão dessa forma de benefício/incentivo (tributário/fiscal) precisa atentar para as regras da Lei Complementar nº101/2000, a chamada Lei de Responsabilidade Fiscal, que determina do ponto de vista do Orçamento Público quais medidas precisam ser tomadas pelo ente para poder fazer uso das modalidades jurídicas de renúncia de receita, todas já conceituadas.

A renúncia de receita é sempre financeira, repercutindo na alteração tributária, mas as alterações de alíquotas previstas no art. 153 da Constituição Federal (imposto de importação, exportação, produtos industrializados e operações de crédito, câmbio e seguro ou relativas a títulos ou valores mobiliários não se subsumem às exigências do art. 14 da Lei de Responsabilidade Fiscal.

Daí se depreende que depois de realizada a decisão política de qual espécie de renúncia de receita é a mais adequada para a necessidade pública vivenciada, faz-se necessária a análise em conjunto dos institutos jurídicos tributários mais indicados para a situação e ainda a existência ou não de previsão orçamentária para fins de ultimação da decisão de renunciar tributos. Quer dizer, "para que haja um benefício tributário é imprescindível que o Executivo diga de onde tirará a compensação para manter o equilíbrio fiscal ou, então, por que meio irá compensar a perda de arrecadação com o incentivo dado" (OLIVEIRA, 2008, p. 428).

Assim, definir uma intervenção do Estado no domínio econômico em matéria tributária perpassa necessariamente por análises sob os seguintes aspectos:
- político
- administrativo
- tributário
- financeiro.

E é em razão desses enfoques que esta obra foi construída.

CAPÍTULO 3

SUSTENTABILIDADE E POLÍTICA PÚBLICA DE SAÚDE

Este capítulo envolve a análise da sustentabilidade na escolha pelo Estado de políticas públicas tributárias direcionadas à saúde, sob o enfoque do direito administrativo.

A partir da teoria da sociedade de risco de Ulrich Beck buscar-se-á identificar quais os caminhos que merecem ser percorridos pela administração para implementar políticas tributárias que importem na garantia do acesso ao cidadão a um serviço de saúde sustentável.

O termo sustentabilidade aqui será utilizado a partir do conceito delineado na Conferência das Nações Unidas sobre o Meio Ambiente de Estocolmo, de 1972, que mais tarde, em 1987, deu origem ao Relatório *Brundtland*, também denominado *Nosso Futuro Comum* (*Our Common Future*) elaborado pela Comissão Mundial sobre o Meio Ambiente e Desenvolvimento da Organização das Nações Unidas (ONU), quer dizer, no sentido de "suprir as necessidades da geração presente sem afetar a possibilidade das gerações futuras de suprir as suas".

Nesse viés, será abordado de que forma a sociedade de risco leva a uma necessidade de busca de políticas públicas na área de saúde que previnam o descompasso do crescimento demográfico, financeiro e social com um serviço de saúde que não suporte o aumento da demanda.

3.1 A política pública em uma análise jurídica

Quando o estudo da política pública parte de uma noção jurídica, como se pretende neste trabalho, algumas dificuldades sobressaem.

Bucci (2002, p. 244-250) identifica essas dificuldades da seguinte forma:

Quadro 1 – Dificuldades da política pública

Dificuldades	Conjunto a ser relacionado	Questão	Resposta	Resumo
Políticas Públicas e Dirigismo Estatal	Direito e Modelo de Estado	Atualmente as políticas públicas são uma forma de intervenção estatal como concebidas nos anos de 50 e 60 no sentido do dirigismo estatal implementador de uma política de Bem-Estar, definidas pela subordinação de indivíduos e organizações ao Estado, ou mesmo de que concebidas naquela estrutura passam a ter como características a coordenação de ações privadas e estatais sob a orientação do Estado?	O Estado exclusivamente de bem-estar cede lugar ao Estado social de direito, transformando a intervenção de outrora em diretriz geral, tanto para os indivíduos e organizações como para o próprio Estado, fazendo com que várias expressões do Estado convivam harmonicamente.	Modelos de Estado que devem conviver harmonicamente, a partir da ideia de Charles-Albert Morand: a) Estado-providência: prestações de serviços públicos pelo Estado; b) Estado-propulsivo: com programas finalísticos; c) Estado-reflexivo: com programas relacionais; e d) Estado-incitador: baseado em atos incitadores que combinem norma e persuasão.
Quais regras devem ser observadas pelas políticas públicas	Direito Constitucional e Direito Administrativo.	As políticas públicas devem levar em consideração o Direito Constitucional e o Direito Administrativo como complementares ou de forma individualizada?	Aqui a ideia é baseada na obra de José Joaquim Gomes Canotilho no sentido de se buscar um direito administrativo implementado a partir de diretrizes constitucionais, resultando na noção de que a eficácia de políticas públicas está diretamente vinculada ao grau de articulação entre os poderes e agentes, sobremaneira em áreas como a saúde, educação e previdência que exigem um sistema multidisciplinar de recursos e figuras jurídicas.	A proposição é a rearticulação do direito público envolvendo a ideia de política pública.

Fonte: Bucci (2002, p. 244-250)

Assim, a noção principal que deve nortear um estudo de política pública envolve as decisões e ações partirem de "atores sociais" pertencentes a organizações múltiplas, públicas ou privadas, e que intervêm em diversos níveis" (BUCCI, 2002, p. 251). Isso não quer dizer que as políticas públicas para o direito podem surgir de ações extragovernamentais. Não! Na verdade, Maria Paula Dallari Bucci defende que "as políticas são instrumentos de ação dos governos" convivendo com a legalidade, podendo ainda ser incorporadas à lei, superporem-se a elas ou colocarem-se a seu serviço como explica Charles-Albert Morand, mas tudo isso sob um viés atual de pluralidade de figuras de políticas públicas, tais como as agências reguladoras, os fundos de desenvolvimento etc. (BUCCI, 2002, p. 252-257).

"As políticas devem ser vistas também como processo ou conjunto de processos que culmina na escolha racional e coletiva de prioridades, para a definição dos interesses públicos reconhecidos pelo direito" (BUCCI, 2002, p. 264), mas isso levando-se em conta que a ideia de discricionariedade intrínseca a essa noção de políticas públicas não mais deixa de lado o controle jurisdicional (BUCCI, 2002, p. 266).

Por tudo isso, tratar-se de política pública de qualquer natureza envolve também uma análise jurídica e, no caso em estudo, essa análise reclama ainda a interdisciplinariedade, daí a inclusão do direito constitucional, administrativo e internacional/direitos humanos neste capítulo.

Maria Cristina César de Oliveira comenta essa necessidade de análise interdisciplinar a partir de uma concepção de Estado contemporâneo que tem dentre suas atividades as que envolvem o fato de atualmente ser ele um "agente normatizador, regulador e produtor de bens e serviços", perpassando por "diversos escaninhos econômico, político, cultural e socioambiental", tornando-o "responsável pela proteção dos direitos humanos e pela satisfação das necessidades políticas, no sentido de digna qualidade de vida de suas populações" (OLIVEIRA, 2012, p. 38-46).

Nesse viés, defende Oliveira (2012, p. 38-46) que "o Poder Público deve prestar serviços públicos a serem executados por seus próprios meios ou por terceiros, além de induzir, regular e controlar atividades econômicas privadas", e exatamente por isso, ao empreender para poder fornecer todos esses serviços públicos pode ele próprio acabar gerando impacto ambiental.

Daí a importância do próprio Estado, ao tomar iniciativas visando à prestação desses serviços, aferir não apenas os impactos socioambientais do setor privado, mas os seus próprios, tal como constou no documento final da Conferência das Nações Unidas sobre o Desenvolvimento Sustentável, ocorrida no Rio de Janeiro, no período de 20 a 22 de junho de 2012, a chamada Rio+20, cujo título é *O Futuro que Queremos*, na qual os chefes de Estado e de Governo, reafirmando a importância da Declaração Universal de Direitos Humanos e de todos os demais instrumentos internacionais de direitos humanos, destacaram a responsabilidade estatal de "respeitar, proteger e promover os direitos humanos e as liberdades fundamentais de todos, sem qualquer distinção" (OLIVEIRA, 2012, p. 38-46).

Portanto, nesse atual caminho das políticas públicas, não há como, ao estudá-las, deixar de lado seu aspecto jurídico-administrativo-sustentável.

3.2 Noções preliminares sobre sustentabilidade nas políticas públicas de saúde

Inicialmente cabem algumas palavras sobre o que quer dizer sustentabilidade nas políticas públicas.

Essa noção perpassa pelo bem-estar público, no sentido de correlacionar objetivos e procedimentos da ação administrativa estatal para obter "o maior bem-estar possível da forma mais eficiente" (VÁZQUEZ; DELAPLACE, 2011, p. 36), e ainda, que esse bem-estar dure o maior tempo possível, a fim de que gerações futuras possam usufruir das eficientes escolhas públicas.

Feito esse primeiro esclarecimento vale agora elucidar como essa noção foi evoluindo ao longo do tempo.

Beck (2006, p. 29), no primeiro capítulo de sua obra *A sociedade do risco* inicia afirmando que na modernidade avançada a produção social de riqueza acompanha normalmente a produção social dos riscos. Assim, os problemas e conflitos de uma sociedade carente começam a ser substituídos por problemas e conflitos derivados da produção, definição e distribuição dos riscos produzidos de maneira técnico-científica.

A sociedade de risco para Beck (2006, p. 30) repousa na solução para a seguinte questão: como é possível evitar, minimizar e canalizar os riscos e perigos que têm sido produzidos no processo avançado de modernização e limitá-los, repartindo-os de modo a que não criem obstáculos ao processo de modernização, tampouco sobreponham os limites do que é suportável do ponto de vista ecológico, médico, psicológico, e social?

Assim é que questões de desenvolvimento e aplicação de tecnologias são substituídas por outras envolvendo a gestão pública e científica (administração, inclusão, precaução, etc.) dos riscos tecnológicos (BECK, 2006, p. 30).

Beck (2006, p. 33) esclarece que a noção de sociedade de risco que utiliza não é a dos riscos pessoais, como na época de Colombo, quando este saiu para desbravar novos continentes – o que sem dúvida lhe impôs, juntamente com sua tripulação muitos riscos –, mas sim situações de riscos globais, de ameaças que surgem para toda a humanidade como a bomba atômica, riscos que envolvem a possibilidade de autodestruição da vida na terra.

Beck (2006, p. 33-35) enumera alguns desses riscos como:
a) os riscos que surgem do nível mais avançado do desenvolvimento produtivo como a radioatividade, o lançamento de substâncias tóxicas no ar, na água, nos alimentos que causam danos sistemáticos e irreversíveis;
b) com o desenvolvimento e repartição dos riscos surgem situações sociais de perigo, pois os riscos da modernização afetam mais cedo ou mais tarde também os que deles se beneficiam, mas para tentar evitá-los, esses riscos produzem novas desigualdades internacionais entre os chamados países de terceiro mundo e os estados mais industrializados;
c) Os riscos da modernização são um *big business*, pois se pode acalmar a fome e satisfazer as necessidades, mas os riscos da civilização são um barril de necessidades sem fundo, infinito.

Nesse contexto, a opinião pública e política começa a mandar no âmbito da gestão empresarial, na planificação da produção, nos equipamentos técnicos etc., o que torna clara uma maneira exemplar de que se trata na disputa pública sobre a definição dos riscos: não apenas as consequências para a saúde e para a natureza, mas igualmente para os efeitos secundários sociais, econômicos e políticos desses riscos (BECK, 2006, p. 35).

Beck (2006, p. 46-48) prossegue distinguindo racionalidade social e racionalidade científica para afirmar que na sociedade de riscos uma depende da outra no sentido de não poder investir no desenvolvimento econômico desprovido de razão social, ou seja, sem saber de que forma a sociedade se beneficiará com aquele desenvolvimento científico e ainda que este pode conter um dano futuro, daí a necessidade de trabalhar com a previsão, pois "o centro da consciência do risco não reside no presente, mas sim no futuro".

Portanto, como se trata muitas vezes de riscos futuros, as políticas públicas devem ser no sentido de evitar, mitigar, prever os problemas e as crises de amanhã (BECK, 2006, p. 48-49).

Hoje, os Estados vivem uma sociedade de riscos em todos os âmbitos, incluídos os sociais, daí a necessidade das políticas públicas envolverem a chamada razão social para serem eleitas perpassando pela noção de precaução, que para Machado (2011, p. 76) "visa à durabilidade da sadia qualidade de vida das gerações humanas e à continuidade da natureza existente no planeta".

Mas esse "princípio da precaução" no Brasil, ao contrário da tradição europeia, como esclarece Fiorillo (2011, p.120/123), não merece ser considerado apenas como gerenciamento ou atenuação de danos nas sociedades de riscos de Beck (2006), isso porque o art. 225 da Constituição Federal, ao prever o "princípio da prevenção", afasta a necessidade de existência de comprovações científicas de que um determinado ato possa gerar um dano.

Portanto, entende Fiorillo (2011, p. 120-123) que o "princípio da precaução" – concebido como não poder se postergarem medidas preventivas no caso de séria ameaça de danos irreversíveis simplesmente pela ausência de certeza científica – faria parte do "princípio da prevenção", este sim muito mais amplo, fundamentado na dignidade da pessoa humana (art.1º, III, da CF/88), e nos valores sociais do trabalho e da livre iniciativa (art.1º, IV da CF/88).[11]

Se aqui se está diante de estudo de saúde pública, qualquer política pública nessa área deve ponderar os seus riscos, bem como ser construída no sentido de o Estado se precaver de situações que gerem ainda mais insegurança da sociedade acerca do atendimento ou não de suas necessidades de saúde.

Segundo Noiville (2005, p. 57-58), enquanto alguns menosprezam o "princípio da precaução" ao argumento de que ele "admite a adoção de medidas em meio à incerteza científica", conduzindo "à tomada de

---

[11] Nem todos os autores de Direito Ambiental entendem os princípios da "precaução" e da "prevenção" da mesma forma. Paulo Affonso Leme Machado, por exemplo, ao contrário da forma como aborda a questão Celso Fiorillo, explica o "princípio da precaução" como diretamente relacionado com a "avaliação prévia das atividades humanas", isso porque defende que a "incerteza do dano" leva à necessidade do desenvolvimento desse estudo prévio, ao passo que a "prevenção" depende da atenção das pessoas ao meio ambiente, a partir de informações organizadas que comportam identificação de no mínimo doze itens que perpassam desde a identificação das espécies até o planejamento jurídico, econômico, ambiental; monitoramento e aplicação de sanções administrativas ou judiciais (MACHADO, 2011, p. 95-100).

decisões de cunho oportunístico e político"; outros o encaram como um "instrumento indispensável ao desenvolvimento sustentável e à proteção da saúde".

A autora argumenta que, na verdade, ao revés de ser a precaução um "princípio anticientífico", por meio dele se introduz a "ciência no âmbito da decisão na esfera pública", pois ele impõe aos julgadores administrativos ou judiciais que busquem meios científicos que lhes permitam uma real avaliação dos riscos do caso. Dando alguns exemplos da jurisprudência europeia, defende que quando os Tribunais estão diante de uma situação em que requer a utilização do princípio, primeiro se questiona se o "provável dano é de natureza grave ou mesmo irreversível", bem assim "se o risco de efetivação desse dano não é uma simples quimera" (NOIVILLE, 2005, p. 60-62).

Refuta igualmente Noiville (2005, p. 66-69) que o "princípio da precaução levaria à busca do risco zero", argumentando que toda medida de precaução embora perpasse pelo poder discricionário do ente público não pode se afastar do princípio da proporcionalidade, quer dizer, há que existir proporcionalidade entre o risco alegado e o tipo de medida a ser tomada, ponderando-se os interesses sociais e econômicos em causa. Assim, a proibição não deve ser a única palavra a nortear os atos de precaução.

Ademais, a aplicação da precaução deve ser "em conjunto com as disposições constantes dos textos pertinentes ao produto ou à atividade concernente", sendo às vezes necessário à autoridade "assumir os riscos" e permitir uma certa atividade algo mais ponderado do ponto de vista da precaução do que simplesmente proibi-la, "desde que, evidentemente, essa escolha esteja em conformidade com o princípio da preponderância da proteção à saúde pública, à segurança e ao meio ambiente em relação aos interesses econômicos" (NOIVILLE, 2005, p. 70/74).

Mas, Noiville (2005, p. 80) deixa claro que muito mais do que identificar o exato sentido do "princípio da precaução", atualmente a principal dificuldade está em "redefinir claramente os critérios e as condições sob as quais o risco se torna aceitável ou não".

Oliveira e Dourado Jr. (2012, p. 38/46) em artigo intitulado *Dimensões socioambientais do Direito Administrativo* trata como a primeira dessas dimensões, "a boa governança".

Dentro do conceito de "boa governança" Oliveira e Dourado Jr. (2012, p. 38-46) citam Maria da Glória Garcia, José Joaquim Gomes Canotilho e o Relatório Brundtland, publicado em 1987 pela Comissão Mundial sobre Meio Ambiente e Desenvolvimento para defender que com responsabilidade e equilíbrio de gestão de recursos econômicos, políticos, culturais e socioambientais é impossível chegar a uma boa capacidade de manejo de sistemas complexos, desde que essa noção envolva a capacidade estatal dessa condução financeira e administrativa de recursos, encampando a sustentabilidade e com fundamento nos princípios jurídicos.

Então, para o Estado pensar uma gestão sistêmica e equitativa dos recursos disponíveis na sociedade há a necessidade imperiosa de compatibilização com os princípios jurídicos aqui incluídos, seja os do *caput* do art. 37 da Constituição Federal brasileira, quais sejam, legalidade, moralidade, transparência, economicidade, publicidade, eficiência, seja os de direito ambiental como precaução/prevenção, coerência, no sentido de que as gestões integradas devem deixar de lado os objetivos meramente economicistas setoriais, para tomar em conta "uma concepção global de proteção do bem público" (OLIVEIRA; DOURADO JR., 2012, p. 38-46).

3.3 Características da nova gestão pública – uma visão do direito administrativo

Atentar-se para o fato de que as sociedades atuais convivem com os riscos em todos os setores o que inclui a saúde, – pois os avanços científicos, ao mesmo tempo em que propiciam o desenvolvimento de novas formas de tratamento para os mais diversos tipos de doença, o faz justamente porque cada vez mais a população adoece, seja dos males que outrora já atingiam as comunidades antigas, seja de males gerados pelo modo de vida atual, derivados muitas vezes das próprias invenções tecnológicas, como por exemplo, aqueles oriundos da poluição ou de desastres em usinas atômicas – é o primeiro passo para identificar a necessidade de busca de uma gestão pública diferente da praticada no século passado.

Essa noção do risco pressupõe, como já observado no tópico precedente, a realização de políticas públicas que envolvam a precaução, a prevenção, a razoabilidade e a proporcionalidade (ponderação).

Mas, também a razoabilidade deve ser exercitada a partir das características de cada região onde a gestão pública será praticada.

A regionalização das políticas públicas é algo há muito defendido na academia. O professor de economia Fernando Blumenschein, ao proferir conferência sobre o impacto da crise mundial e as políticas públicas regionais, elucidava que "as economias regionais possuem características bastante distintas entre si, como estrutura produtiva, dotação de recursos, diferenças geográficas e até mesmo de articulação política de seus representantes" (BLUMENSCHEIN, 2009, p. 25).

Igualmente tratando da crise mundial e da necessidade de atenção com os gastos públicos, o também professor de economia Andrea Calabi ratifica que os impactos da crise são diferenciados entre os entes da Federação, tendo em vista vários fatores dentre os quais está o de que "a sociedade também acredita que a crise seja determinada, ou moderada, pelos planos e iniciativas estaduais e municipais" (CALABI, 2009, p. 28).

É mais eficiente, razoável, instalar um hospital referenciado em uma capital e unidades básicas de saúde em interiores, e disponibilizar leitos e acessibilidade a toda a população do interior a esse hospital referenciado, ou é melhor segmentar o Estado e instalar alguns hospitais referenciados em municípios que estejam em situação geográfica que suporte o atendimento a determinadas regiões?

Considerando os resultados do censo de 2010,[12] o IBGE divulga que a taxa de fecundidade no Brasil também caiu, de 2,38 filhos por mulher em 2000 para 1,90 em 2010, número abaixo do chamado nível de reposição (2,1 filhos por mulher) que garante a substituição das gerações. Ou seja, a população tende a ficar muito mais velha. Assim, quais as políticas de saúde que serão eleitas para suportar essa demanda nos próximos anos?

Em 2010, havia 45,6 milhões de pessoas com pelo menos uma das deficiências investigadas (visual, auditiva, motora e mental), representando 23,9% da população. Quais políticas de saúde devem ser eleitas para dar conta dessa parte significativa da população nacional?

Em 29 de maio de 2013, o Tribunal de Contas da União aprovou o *Relatório e Parecer Prévio das Contas do Governo*, do exercício de 2012. Essa aprovação ocorreu com 22 ressalvas que deram ensejo a 41 recomendações à Casa Civil, à Secretaria do Tesouro Nacional, ao Banco Nacional de Desenvolvimento Econômico e Social (BNDES), e a alguns ministérios, entre outros órgãos e entidades. Essas recomendações levaram em consideração o desempenho da gestão pública a partir da "perspectiva de crescimento inclusivo" previsto no Plano Plurianual em vigor atualmente (2012-2015) (BRASIL, 2013, p. 10).

---

[12] IBGE. *Censo 2010*. Disponível em: <http://www.censo2010.ibge.gov.br>. Acesso em: 12 set. 2012.

Segundo a Revista do TCU (2013, p. 10), o Ministro Relator das Contas do Governo, José Jorge, observou que as políticas destinadas à saúde são voltadas para a inclusão, mas por vezes não alcançam seus resultados por "problemas de concepção, execução ou acompanhamento".

Especialmente sobre a saúde, a Revista do TCU (2013, p. 11) destaca as políticas públicas na área, a condição do Sistema Único de Saúde (SUS), as metas relacionadas às melhorias de infraestrutura e à ampliação da cobertura da atenção básica,[13] afirmando que o Brasil está na 72ª posição no *ranking* geral da Organização Mundial de Saúde (OMS) de investimento em saúde, ao considerar a despesa estatal por habitante.

Levanta ainda a Revista do TCU um trabalho do órgão que verificou os gastos federais com serviços de saúde: entre 2004 e 2012, passaram de R$32,7 bilhões para R$80 bilhões, mas ainda assim, o Brasil está atrás, em valores *per capita*, em relação a outros países com sistema universal de atendimento. Segundo o Ministro José Jorge:

> O Brasil é o país com a menor participação do Estado no financiamento dos gastos totais com saúde. Esse percentual fica em 44%, pouco mais que a metade do investido no Reino Unido (84%), Suécia (81%) ou França (78%).
>
> Municípios com baixa capacidade de oferta de ações e serviços de saúde recebem menor quantidade de recursos, o que acaba por manter as desigualdades existentes.

O gráfico extraído do *website* do TCU, que analisa as contas do Governo em 2012,[14] demonstra os gastos *per capita* com saúde no Brasil em comparação com outros países com sistema universal de saúde. As marcas em azul representam o gasto privado em dólares e em vermelho

---

[13] Conforme a Declaração de Alma-Ata da OMS, de 1978, oriunda da Conferência Internacional sobre cuidados primários de saúde, ocorrida na então República do Cazaquistão, entre 6 e 12 de setembro daquele ano, a saúde é o "completo bem-estar físico, mental e social, e não simplesmente a ausência de doença ou enfermidade", ali ela é defendida como direito fundamental e principal meta social dos governos. Identifica as principais características da Atenção Primária à saúde: a) constituir a porta de entrada; b) continuidade ou longitudinalidade; c) integralidade; e d) coordenação do cuidado. Disponível em: <http://www.paho.org/bra>. Acesso em: 21 out. 2013.

[14] BRASIL. Tribunal de Contas da União. *Relatório e parecer prévio das contas do governo*: exercício de 2012. [Brasília], 2013. Disponível em: <http://portal.tcu.gov.br/portal/page/portal/TCU/comunidades/contas/contas_governo/Contas2012/fichas/9.3%20-%20Áreas%20temáticas%20-%20Saúde.pdf>. Acesso em: 21 out. 2013.

o gasto público, e tem como fonte a demografia médica no Brasil, em 2011, e as estatísticas de saúde mundiais em 2012, identificadas pela Organização Mundial de Saúde (OMS):

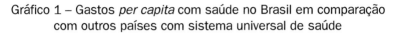

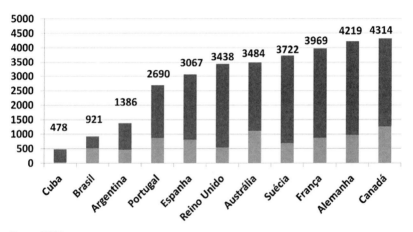

Fonte: TCU

Mas, afinal, o Estado deve sempre arcar com os custos e a administração de toda essa estrutura sozinho ou pode se valer do setor privado que, por força constitucional, divide a exploração da atividade na área de saúde, mas neste caso, supletivamente? Sustentabilidade na política pública de saúde precisa passar por ponderação dos riscos para eleição dos melhores caminhos para implementação de uma oferta de serviço de saúde melhor adaptável às realidades regionais, considerando-se as peculiaridades de cada Estado, do Distrito Federal e de cada Município.

A própria sociedade atual cobra uma gestão pública atenta às peculiaridades regionais e, nesse aspecto, racional para obter o maior nível de bem-estar possível e da forma mais eficiente (VÁZQUEZ; DELAPLACE, 2011, p. 36). Cumpre registar que o conceito de política não envolve a partidária, mas aquela em sentido amplo, "como atividade de conhecimento e organização de poder" (BUCCI, 2002, p. 242).

Nesse caminho é importante realizar a "estruturação dos problemas e o desenho das múltiplas soluções" para por fim se chegar à eleição da melhor decisão que deverá demonstrar a "certeza técnica" de ser ela a escolha mais acertada para a comunidade (VÁZQUEZ; DELAPLACE, 2011, p. 37).

Segundo Daniel Vázquez e Domitille Delaplace, essa escolha da melhor decisão administrativa após a queda do muro de Berlim de 1989 inclui também uma análise sobre a observância dos Direitos Humanos, isso porque a partir daí cabe a pergunta: de que forma os governos poderiam atuar para torná-los mais efetivos? (VÁZQUEZ; DELAPLACE, 2011, p. 38).

É exatamente nesse momento histórico que acontece a II Conferência Mundial de Direitos Humanos, entre 14 e 25 de junho de 1993 em Viena, trazendo no ponto 69 a recomendação de criação de programas globais no âmbito das Nações Unidas visando a distribuir assistência técnica e financeira aos países para reforçar "suas estruturas nacionais para que pudessem ter um impacto direto na observância dos DH" (VÁZQUEZ; DELAPLACE, 2011, p. 38).

Ainda no ponto 71 da mesma II Conferência Mundial de Direitos Humanos, recomendou que os países criassem "planos de ação nacionais para melhorar a promoção e a proteção dos DH". E no ponto 98 tratou da importância de criação de um "sistema de indicadores para medir os avanços na realização dos direitos econômicos, sociais e culturais (DESC)", tendo a Convenção de Viena concebido o Escritório do Alto Comissariado das Nações Unidas para os Direitos Humanos (ACNUDH) exatamente para realizar as três ações.[15] (VÁZQUEZ; DELAPLACE, 2011, p. 38).

Ultrapassado esse momento inicial de relacionar a gestão pública com os Direitos Humanos, entrou a maior parte do mundo ocidental na era da Nova Gestão Pública neoliberal dos anos 70 e 80, quando a melhoria da eficiência das políticas públicas estava diretamente ligada a um Estado descentralizador (VÁZQUEZ; DELAPLACE, 2011, p. 39).

Esse novo Estado por meio de processos de privatizações e com pouca preocupação na prestação de serviços públicos, para ser eficiente precisava parecer mais uma empresa. A regulamentação estatal sobre a prestação dos serviços públicos por entidades privadas

---

[15] Nesse momento a Europa passa também a rever seus conceitos de garantias de direitos sociais para concebê-los como direitos humanos, e a saúde a toda a sociedade começa a ser tomada como dever dos Estados que compunham o Comitê Europeu de Direitos Sociais de forma lenta, principalmente após as publicações de vários *Cases-Law* ali apreciados.

era exclusivamente no sentido da qualidade dos serviços prestados (VÁZQUEZ; DELAPLACE, 2011, p. 39).

Mas, juntamente com esse modelo sobrevieram muitas crises mundiais como por exemplo a mexicana de 1995; a asiática, de 1997; a russa, de 1998, a Argentina de 2001, até que chegou à mais crítica que até hoje se estende que foi a de Wall Street de dezembro de 2008, cujos efeitos na seara dos Direitos Humanos se tornou mais evidente com os relatores da ONU sobre direito à moradia, saúde e pobreza extrema (VÁZQUEZ; DELAPLACE, 2011, p. 39).

Passou-se, então, a se questionar se era a hora de se desvincular a Nova Gestão Pública das reformas neoliberais e de que forma isso deveria ser feito, considerando-se que o ponto fundamental dessa ideia de Nova Gestão Pública deveria permanecer, qual seja, a eficiência no funcionamento da administração pública (VÁZQUEZ; DELAPLACE, 2011, p. 39).

Essa eficiência, contudo, não esclarecia aos gestores dos países quais atividades deveriam ser afetadas aos entes públicos e quais caberiam aos organismos privados, bem assim, quais os valores substanciais que deveriam ser praticados por meio da atividade estatal. Daí que o que pareceu mais evidente foi a finalidade das políticas públicas ser estabelecida a partir da perspectiva dos Direitos Humanos, sendo os meios propostos pela Nova Gestão Pública (VÁZQUEZ; DELAPLACE, 2011, p. 40).

Atualmente a eficiência passou a ser concebida como um Princípio da Administração Pública no Brasil, tanto que o art. 37 da Carta Magna teve seu *caput* emendado em 1998 para passar a conter a eficiência como Princípio.

Essa eficiência passa a ser concebida também sob a perspectiva da equidade, ou seja, o ato público deve ser eficiente tanto quanto maior equilíbrio de distribuição de justiça conseguir, ou seja, é uma eficiência vinculada à eficácia na realização das políticas públicas, tudo sob a perspectiva de garantia dos Direitos Humanos.[16]

---

[16] A relação entre equidade, eficiência e tributação há muito é trabalhada pela doutrina especializada. Até mesmo os economistas cuidam da matéria. Krugman e Wells (2007, p. 433-436), por exemplo, defendem que embora a tributação progressiva seja em regra considerada como um sistema mais justo, por vezes pode dar ensejo a uma distorção entre equidade e eficiência, pois enquanto se pensa ser mais igual impor carga tributária àqueles que mais detém capacidade econômica para contribuir, essa política pode desencadear em ineficiência no desenvolvimento das atividades de cada um, pois esses que detêm maiores capacidades econômicas podem se ver compelidos a não se dedicar tanto a aumentar suas rendas, exatamente porque sabem que quanto mais trabalharem, mais

Vázquez e Delaplace (2011, p. 41) identificam duas características principais do que chamam de "políticas públicas na perspectiva dos Direitos Humanos", são elas: 1) o empoderamento das pessoas; e 2) o cumprimento dos padrões internacionais em matéria de Direitos Humanos.

O "empoderamento dos sujeitos" envolve a aceitação de que "o criador do poder político é o sujeito: o sujeito é o princípio e o fim do sistema político." Isso perpassa pelo reconhecimento do direito do cidadão e pelo dever do Estado em dar a ele conhecimento desse direito. Quer dizer, o cidadão precisa reconhecer a linguagem que o poder público está falando, não bastando o reconhecimento do direito por parte do Estado, mas igualmente que o administrado saiba reconhecer e cobrar esse direito, pois a solução para os problemas das políticas públicas deve ser o cumprimento de direitos que tem como critérios essenciais a "aceitabilidade" do direito de todos e o "princípio transversal de participação (VÁZQUEZ; DELAPLACE, 2011, p. 42).

O "cumprimento dos padrões internacionais de Direitos Humanos" envolve a necessidade dos Estados de pensarem políticas públicas a partir da obediência a todos os:

> tratados, declarações que gerem obrigações ao *jus cogens*, ao costume internacional, a todas as fontes de DIDH que incluem os comentários gerais, sentenças, documentos dos relatores especiais, programas e planos de ação provenientes das conferências de DH, bem como outros documentos que permitam estabelecer o conteúdo e os extremos das obrigações internacionais de DH. Assim, por exemplo, se estamos realizando uma análise da PP em matéria de saúde, é preciso recorrer a todos os documentos mencionados a fim de estabelecer as obrigações do Estado de respeitar, proteger, garantir e cumprir em matéria de saúde. Com esses elementos criaremos os padrões normativos internacionais que o Estado deve cumprir na matéria em questão (VÁZQUEZ; DELAPLACE, 2011, p. 34).

Portanto, as políticas públicas com foco nos Direitos Humanos devem envolver ações, e planejamentos inclusive orçamentários no sentido de agir coordenando políticas integrativas nacionais, estaduais e municipais, o que se chama de "intersetorialidade" e "intergovernabilidade (VÁZQUEZ; DELAPLACE, 2011, p. 47).

---

tributos pagarão e isso pode representar um aumento de carga laboral que não justifique o aumento remuneratório, exatamente em razão do crescimento da carga tributária sobre eles, gerando a ineficiência do sistema.

Assim é que agora se fala em uma perspectiva holística de formação das políticas públicas em Direitos Humanos, na qual ao Estado cabe buscar o "processo de positivação dos direitos" em todos os níveis, aí incluídos áreas administrativas, orçamentária e programáticas (VÁZQUEZ; DELAPLACE, 2011, p. 52), mas sempre se considerando a necessidade de cooperação entre os entes, garantindo-se, ao mesmo tempo, as características de cada região.

O Alto Comissariado das Nações Unidas para os Direitos Humanos (ACNUDH) elaborou um *Manual de Planos Nacionais de Direitos Humanos* explicando a importância da criação de planejamentos estratégicos que ultrapassem o nível nacional, encaminhando aos estaduais e municipais, inaugurando uma nova forma de planejamento de políticas públicas nacionais que possam diagnosticar os problemas a partir das "lógicas locais" (VÁZQUEZ; DELAPLACE, 2011, p. 52-53).

Tudo isso fica ainda mais ressaltado com o documento final da Conferência das Nações Unidas sobre o Desenvolvimento Sustentável (Rio+20) que em determinado trecho reconhece que para promover o desenvolvimento sustentável é fundamental que a governança local, subnacional, nacional, regional e mundial seja eficaz e represente as opiniões e interesses de todos.

Segundo o professor José Manuel Aliende, catedrático da Universidade de Alicante na Espanha (ALIENDE, 2012, p. 62-69), a atual gestão pública é fruto de uma reorientação do Estado, a partir da qual o modelo burocrático weberiano clássico, cujas características principais eram o formalismo, centralismo, hierarquização, estagnação normativa, impessoalidade no trato com os usuários dos serviços públicos e secretismo não mais servem ao novo contexto social e político.

Agora o que vige para Aliende (2012, p. 62-69) é o chamado "modelo pós-burocrático" que vai se solidificando a partir da década de 70 do século passado e traz como principais orientações:

a) a ênfase nos resultados e na capacidade de resposta dos cidadãos. O cidadão visto como cliente é a legitimação e a finalidade última da gestão pública;
b) a ênfase na eficiência que conduz a buscar situações de competitividade entre as distintas administrações públicas, e dentro dos seus diferentes departamentos e órgãos;
c) a busca de alternativas à regulação e à provisão pública, com mecanismos de contratação externa, privatização ou redução do número de funcionários;
d) estruturas organizativas mais reduzidas, ágeis e descentralizadas;

e) gestão mais flexível, desregulada, e mais próxima à provisão dos serviços públicos;
f) delegação e autonomia máxima possível, e aumento da capacidade de decisão e de atuação dos gestores;
g) reforço das capacidades estratégicas dos órgãos centrais e das instituições públicas e em particular de suas áreas de planejamento, decisão, assessoramento e coordenação.

Nesse sentido, defende Aliende (2012, p. 62-69) que a nova gestão não só implica conhecimentos, mas técnicas, habilidades e valores. Todos eles relacionados entre si.

Daí porque, atualmente, o debate em torno da nova gestão pública parte de alguns pressupostos como, por exemplo:
a) reconhecer suas limitações legais que não acontecem no setor privado; observar que os cidadãos não são exatamente iguais aos clientes no setor privado, pois, na verdade, são "proprietários" do setor público, o que resulta em direitos subjetivos públicos;
b) não se pode falar mais em dicotomia entre o público e o privado, pois com o aparecimento de organizações (ONGs), associações, movimentos, fundações etc, essas noções se misturaram; a privatização e a adaptação de modelos de gestão empresarial podem ser de forma total, ou parcial;
c) a coordenação entre a sociedade civil, setor público e mercado aparece como necessária, na forma de consórcios, empresas mistas e fundações;
d) o benefício não é sempre a última razão da ação pública; e o mercado não pode, nem deve, substituir as decisões políticas legítimas e democráticas.

Em estudo sobre o controle que os Tribunais de Contas devem exercer sobre as parcerias entre o poder público e o terceiro setor, Júlio César Schroeder Queiroz, técnico do Tribunal de Contas de Minas Gerais (TCEMG) contextualiza essa implantação do modelo weberiano na ação governamental brasileira afirmando que, antes mesmo da implantação completa do modelo, a noção de que ele impunha uma burocracia excessiva já disseminada, levou à realização do Plano Diretor da Reforma do Estado (QUEIROZ, 2011, p. 46-66).

A ideia era a administração pública apropriar-se dos conceitos de eficiência da iniciativa privada, passando a compor um modelo de Estado gerencial que envolve controle dos gastos públicos e melhoria da qualidade dos serviços públicos.

Segundo Queiroz (2011, p. 46-66), o Plano Diretor da Reforma do Estado tomou por base quatro setores de atuação estatal, considerando as atividades-fim da administração:
a) o núcleo-estratégico que define as leis e políticas;
b) as atividades exclusivas que envolvem as funções de regulamentação, fiscalização e fomento;
c) produção de bens e serviços para o mercado que corresponde às atividades econômicas desenvolvidas pelas empresas estatais e voltadas ao lucro; e
d) os serviços não exclusivos ou sociais, ou seja, aqueles que o Estado provê, mas cuja oferta pode advir de outros setores, cabendo ao ente estatal, nesses casos, financiá-los ou subsidiá-los.

Nesse viés aumenta a base de serviços públicos prestados por entidades que antes eram restritas às "Santas Casas", orfanatos e asilos, passando a integrá-la as chamadas "novas" entidades do terceiro setor da economia, tudo porque o controle das atividades estatais, nesse recente modelo de administração estatal, deixa de ser o weberiano, passando para o gerencial que foca não apenas na forma, mas também nos resultados.

3.4 Exemplos da nova gestão pública na área de saúde no Brasil

3.4.1 O *welfare state* no âmbito da saúde no Brasil e no Estado do Pará

Apesar da existência de instrumentos legais nacionais que possibilitam a administração pública a integrar o chamado terceiro setor nas políticas de saúde pública, ainda há vozes que repelem esse tipo de gestão, tanto que na 14ª Conferência Nacional de Saúde, ocorrida em Brasília-DF, em 2012, promovida pelo Conselho Nacional de Saúde do Ministério da Saúde, no Relatório Final, a Diretriz 5 que trata da "GESTÃO PÚBLICA PARA A SAÚDE PÚBLICA", surgiram as seguintes diretivas:[17]

---

[17] "As conferências nacionais de saúde são espaços destinados a analisar os avanços e retrocessos do SUS e a propor diretrizes para a formulação das políticas de saúde. Elas contam com a participação de representantes de diversos segmentos da sociedade e, atualmente, são realizadas a cada quatro anos." "Conferências estaduais e municipais antecedem a Conferência Nacional e são realizadas em todo o país. Elas tratam dos mesmos

a) garantir que a gestão do Sistema Único de Saúde (SUS) em todas as esferas de gestão e em todos os serviços seja 100% pública e estatal, e submetida ao controle social;
b) rejeitar a cessão da gestão de serviços públicos de saúde para as Organizações Sociais (OS), e solicitar ao Supremo Tribunal Federal que julgue procedente a Ação Direta de Inconstitucionalidade (ADIn) 1923/98, de forma a considerar inconstitucional a Lei Federal 9637/98, que estabelece essa forma de terceirização da gestão;[18]
c) rejeitar a cessão da gestão de serviços públicos de saúde para as Organizações da Sociedade Civil de Interesse Público (OSCIPs);
d) rejeitar a proposição das Fundações Estatais de Direito Privado (FEDP), contida no Projeto de Lei 92/2007, e as experiências estaduais/municipais que já utilizam esse modelo de gestão, entendido como uma forma velada de privatização/terceirização do SUS;
e) repudiar quaisquer iniciativas, em qualquer esfera de gestão, de gerar "dupla-porta"– acesso diferenciado para usuários com e sem planos de saúde privados – no Sistema Único de Saúde;
f) rejeitar a criação da Empresa Brasileira de Serviços Hospitalares (EBSERH), impedindo a terceirização dos hospitais universitários e de ensino federais;

---

temas já previstos para a etapa nacional e servem para discutir e aprovar propostas prévias que contribuam com as políticas de saúde e que serão levadas, posteriormente, para discussão mais ampla durante a Conferência Nacional." Texto extraído do Portal da Saúde do Ministério da Saúde. Cf. BRASIL. Ministério da Saúde. Disponível em: <http://portal.saude.gov.br/portal/saude/cidadao/area.cfm?id_area=1041>. Acesso em: 5 nov. 2012).

[18] Incluir como diretriz de uma Convenção Nacional de Saúde itens que importam em pleitos ao Poder Judiciário para fins de julgamento de ações judiciais envolvendo matérias sobre políticas públicas é um claro exemplo do fenômeno da "judicialização", conceituado por Luís Roberto Barroso como o fenômeno mundial que leva questões relevantes, políticas, sociais e morais, para serem decididas, em caráter final, pelo Poder Judiciário, em uma clara transferência de poder para as instituições judiciais em detrimento das instâncias políticas tradicionais, quais sejam o Legislativo e o Executivo. Segundo o autor, as causas desse fenômeno são várias, mas aponta como principais: 1) o fortalecimento do Poder Judiciário; 2) "desilusão com a política majoritária, em razão da crise de representatividade e de funcionalidade dos parlamentos em geral"; e 3) "atores políticos preferem que o Judiciário seja a instância decisória de certas questões polêmicas, em relação às quais exista desacordo moral razoável da sociedade". No Brasil, isso fica ainda maior "em razão da constitucionalização abrangente e analítica – constitucionalizar é, em última análise, retirar um tema do debate político e trazê-lo para o universo das pretensões judicializáveis [...]" (BARROSO, 2010, p. 1-39).

g) respeitar a constituição e as leis orgânicas do SUS, de forma a restringir a participação da iniciativa privada no SUS ao seu caráter complementar; que as três esferas de gestão garantam o investimento necessário para a redução progressiva e continuada da contratação de serviços na rede privada até que o SUS seja provido integralmente por sua rede própria.

Somando-se a essas vozes contrárias a esse tipo de parceria público-privada, o Ministério Público por vezes questiona contratos de gestão firmados entre as Secretarias de Estado de Saúde Pública com Organizações Sociais.

No Estado do Pará, por exemplo, por ocasião da implantação dessa forma de gestão compartilhada na área da saúde, cuja primeira experiência foi com a criação do Hospital Metropolitano de Ananindeua, construído já com o intuito da administração estadual de ser administrado por uma Organização Social, algumas ações civis foram propostas para se discutir exatamente a terceirização.

Entre elas destacam-se dois processos:
1. Ação Civil Pública nº 2005.39.00.009955: em trâmite na 1ª Vara Federal da Seção Judiciária do Estado do Pará, sentenciada em 19 de março de 2010, movida pelo Ministério Público Federal contra o Estado do Pará, a União Federal, a Associação Cultural (OS) vencedora do certame para administrar o Hospital e a Universidade Federal de São Paulo que por meio do Convênio 28/2005 celebrado com a Secretaria de Saúde do Estado do Pará prestou assessoria e consultoria ao Grupo Técnico, inclusive de acompanhamento a todos os processos de escolha, por ter sido a grande responsável pela condução de processos semelhantes desenvolvidos pelo Estado de São Paulo, onde atualmente mais de 30 estabelecimentos de Saúde são geridos por OSs. A sentença em sua parte final assim aduziu:

> Ante o exposto: a) não conheço do pedido de condenação do Estado do Pará a não conceder, por qualquer meio, a gerência do Hospital Metropolitano a pessoas jurídicas de direito privado, ainda que sem fins lucrativos e qualificadas como organizações sociais. b) não conheço do pedido de condenação da União a não transferir recursos do Sistema Único de Saúde para pagamento de ações e serviços de saúde realizados por pessoas jurídicas de direito privado que se encontrem eventualmente na administração do Hospital Metropolitano, bem como a fiscalizar a verba federal repassada pelo SUS ao Estado do Pará. c) julgo extinto o processo sem resolução do mérito em relação à UNIFESP, nos termos do art. 267, VI, do Código

de Processo Civil. d) no mais, julgo improcedentes os pedidos. Sem condenação em honorários, já que não houve litigância temerária por parte do MPF. Custas *ex leg*. Oficie-se ao relator do agravo de instrumento noticiado nos autos, comunicando-lhe a prolação da sentença (BRASIL, 2010).

Esse processo hoje se encontra em grau de Apelação para julgamento no Tribunal Regional Federal da 1ª Região em Brasília. Em sua inicial o Ministério Público Federal, em defesa de interesses coletivos titularizados pelo Sindicato dos Trabalhadores em Saúde no Estado do Pará (SINDSAÚDE) e o Sindicato dos Médicos do Estado do Pará (SINDMEPA), pleiteia ordem judicial para sustar os efeitos do contrato celebrado entre o Estado do Pará e a Associação Cultural e Educacional do Pará (ACEPA), uma organização social que iria gerir o Hospital Metropolitano de Ananindeua.

Pelo que se depreende de uma análise do processo, o requerimento inicial do *parquet* federal era para se decretar a nulidade do Contrato 98/2005 e do Termo de Cessão de Uso 04/2005 pelos quais a OS passaria a administrar o Hospital citado; a condenação do Estado do Pará a não conceder, por qualquer meio, a gerência do Hospital a pessoas jurídicas de direito privado, ainda que sem fins lucrativos e qualificadas como organizações sociais; e a condenação da União a não transferir recursos do Sistema Único de Saúde para pagamento de ações e serviços de saúde realizados por pessoas jurídicas de direito privado que eventualmente exerçam a administração do Hospital Metropolitano e ainda a fiscalizar a verba federal repassada pelo SUS ao Estado do Pará, evitando que este a utilize com essa finalidade.

Naquele momento o juízo concedeu a liminar impedindo o Estado do Pará de inaugurar o Hospital Metropolitano na data de 20 de janeiro de 2006 causando, segundo o Estado do Pará, "grave lesão econômica, administrativa e à saúde pública da população", o que o levou a obter no Tribunal Regional Federal da 1ª Região suspensão da liminar.

2. Ação Civil Pública por Improbidade Administrativa[19] nº 2009.39.00.011408-4: em trâmite na 5ª Vara Federal da Seção

---

[19] A apuração das responsabilidades por atos de improbidade administrativa está prevista na Lei nº 8.429/1992. Segundo Mattos (2012, p. 4-7): "Após o transcurso desses 20 (vinte)

Judiciária do Estado do Pará, sentenciada em 5 de agosto de 2013, movida pelo Ministério Público Federal contra o Secretário de Saúde do Estado do Pará à época. Nesse processo o *parquet* federal entende que o Requerido cometeu ato de improbidade administrativa por violação aos princípios da Administração Pública afirmando que, no Procedimento Administrativo que precedeu o Contrato de Gestão 98/2005 houve as seguintes irregularidades: inexistência de portaria instituindo comissão para avaliar as propostas dos concorrentes; utilização pelos técnicos da SESPA de critérios não previstos no Edital; e ausência de critérios objetivos para a pontuação. A sentença afirma que houve conduta ímproba por parte do Secretário, pois a contratação da OS deveria ter sido direta, na forma do art. 24, XXIV, da Lei 8.666/1993 (dispensa de licitação) e não mediante realização de espécie de certame não previsto nas Leis 8.666/1993 e 10.520/2001. Segundo a sentença, quando o Secretário de Saúde optou por não dispensar a licitação para realizar a contratação mediante convocação de interessados e análise de propostas isso feriu as citadas normas, implicando conduta ímproba, resultando em uma pena de multa civil no valor de 5 (cinco) vezes a remuneração do Secretário de Saúde à época (setembro de 2005) acrescida de juros de mora de 1% ao mês, e suspensão dos direitos políticos por 3(três) anos. A sentença está em grau de recurso (BRASIL, 2009).

Essas modalidades de ação proliferam em todo o país. Outro exemplo delas é a de nº 2009.51.01.012335-1 que tramita na 3ª Vara Federal do Rio de Janeiro – 2ª Região. Essa ação denominada pelo

---

anos da promulgação da Lei de Improbidade Administrativa, na vigência da Medida Provisória nº 2.225-45/2001, se constata uma maior preocupação do Poder Judiciário com o ajuizamento das ações de improbidade administrativa temerárias, visto que para a caracterização do ato ímprobo, como de regra, exige-se o elemento subjetivo doloso para a configuração dos tipos descritos no art. 9.o (enriquecimento ilícito) e no art. 11 (violação aos bons princípios da Administração Pública), ambos da Lei nº 8.429/92.

Não resta dúvida que é um grande avanço a exigência do dolo como forma de subsumir a conduta do agente público ao ato de improbidade administrativa descrito no artigo 11, visto que o objetivo da Lei de Improbidade Administrativa é punir o administrador público desonesto e não o inábil ou incompetente.

Com isso, é voz assente no STJ que o ato administrativo ilegal somente adquire *status* de improbidade administrativa quando a conduta antijurídica fere um dos tipos descritos na Lei nº 8.429/92, coadjuvados pela má-fé do agente público. Nos casos de enriquecimento ilícito e também na violação de princípios constitucionais da boa administração pública, o elemento subjetivo do tipo é o dolo."

Ministério Público Federal de "Ação Civil por ato de Improbidade Administrativa cumulada com Ação Civil Pública" movida contra doze réus, aí incluídos a INFRAERO, seus Superintendentes Regionais, e o Hospital Barra D'Or, discute o contrato de concessão de uso de terreno de propriedade da União, cuja administração é exercida pela INFRAERO (BRASIL1, 2009).

Versa a inicial sobre o fato de ter a INFRAERO, que é uma empresa pública administradora da área onde hoje funciona o Hospital Barra D'Or, na Barra da Tijuca, no Rio de Janeiro, cedido a área à empresa que administra o hospital sem processo licitatório (mediante Contrato nº 2.89.65.005-4, com início em 1º de maio de 1989 e prazo de vigência de 180 meses, até 30.04.2004) e ter realizado reiterados aditivos que prorrogaram a vigência do contrato originário, majorando a área inicialmente concedida, transferindo toda a responsabilidade de construção da área, inclusive do entorno para possibilitar o acesso ao local à empresa concessionária[20] (BRASIL1, 2009).

Sem qualquer justificativa, a Inicial afirma que o contrato discutido importa prejuízo ao Erário na ordem de mais de R$400.000.000,00 (quatrocentos milhões de reais), e que o Tribunal de Contas da União já julgou os contratos no Processo nº TC-020.933/2005-9, concluindo que apesar das ilegalidades vislumbradas no processo de concessão, não considera a rescisão contratual a melhor solução, pois diante da presunção de legalidade do compromisso firmado com a Administração, a empresa concessionária deve ter planejado os seus investimentos considerando o termo final do contrato em 2014, opinando a Corte de Contas, por fim que a INFRAERO fizesse constar no instrumento contratual a real destinação dada ao terreno e, após o fim do último termo aditivo, qual seja 2014, realize processo licitatório para ceder a área a terceiros (BRASIL1, 2009).

Mesmo com a manifestação do TCU contrária à suspensão do contrato de concessão, o Ministério Público Federal pleiteou medida de urgência para declarar a suspensão e nulidade do contrato, e após, em aditamento à exordial, o bloqueio de bens e contas dos envolvidos. O primeiro pleito foi indeferido, mas o segundo deferido pelo juízo da vara federal, permanecendo até hoje todos os envolvidos com

---

[20] O próprio Ministério Público Federal divulgou em seu site na internet a notícia sobre a propositura da Ação, na época, (04.06.2009), sob o título *Hospital funciona em área destinada a polo industrial*. Notícia extraída do endereço: BRASIL Ministério Público Federal. Disponível em: <http://www/prrj.mpf.gov.br/noticias/noticia_corpo.php?idNoticia623>. Acesso em: 4 jul. 2009.

o patrimônio constrito por força dessa decisão judicial. O processo encontra-se agora em fase de instrução. (BRASIL1, 2009)

Na verdade, repudiar toda e qualquer forma de gestão de serviços públicos de saúde por entidades do terceiro setor, mesmo as filantrópicas, é negar a própria Constituição Federal que, ao vedar a transferência integral do serviço às entidades privadas, autoriza a utilização pelo SUS dessas entidades em caráter complementar.

A professora Sueli Dallari, em obra específica sobre a matéria, esclarece que o art. 199 da Carta Magna prevê que a assistência à saúde é livre à iniciativa privada, sendo necessária a convivência do serviço público com as entidades privadas. Esclarece a importância do discernimento de que a iniciativa privada na área da saúde tem uma disciplina jurídica específica para atuação no SUS e outra apartada dele. (2010, p. 96).

A atuação da iniciativa privada no SUS deve ser de forma complementar, ou seja, no sentido de "completar eventuais necessidades de atendimento", na forma do §1º do art. 199 da CF/88.

A Constituição deixa evidente que a sua intenção foi a de deixar o sistema ao encargo direto do Poder Público, sendo entretanto admissível a atuação da esfera privada, "preenchendo espaços necessários para que o atendimento se viabilize" (DALLARI, 2010, p.96).

Nesse sentido, não resta dúvida da impossibilidade do Poder Público "franquear a entidades privadas, ainda que filantrópicas, a absorção das atividades prestacionais", mas é cabível o atendimento suplementar. Em sendo essas entidades privadas filantrópicas ou sem fins lucrativos, deve ainda o gestor público sempre optar por estas em detrimento daquelas com fins lucrativos, pois, segundo Sueli Dallari, "essa preferência vem reforçada pela dicção do §2º, do art. 199, que proíbe a destinação de recursos públicos para auxílios ou subvenções às instituições privadas com fins lucrativos"[21] (2010, p. 196).

A plausibilidade constitucional para a saúde pública ser prestada de forma suplementar pelo setor privado, sobremaneira quando essa

---

[21] Fora do SUS o regime jurídico da iniciativa privada é diverso, sem restrições quanto à atuação nos diversos níveis de complexidade, estando, contudo, por força do art. 197 da Constituição Federal, submetida ao controle do Poder Público, por se tratar de serviço de relevância pública, sendo vedado pelo §3º do art. 199 a participação direta ou indireta de empresas ou capitais estrangeiros, salvo nos casos previstos em lei. Esse controle estatal, por força da Lei 9.656/98, está atualmente ao encargo da Agência Nacional de Saúde Suplementar (ANS), que foi criada pela Lei federal 9.961, de 38.01.2000, vinculada ao Ministério da Saúde com a função de regular, normatizar, controlar e fiscalizar as atividades que garantam a assistência suplementar à saúde (art.1º) (DALLARI, 2010, p. 97).

prestação se dá por meio do terceiro setor, já vem sendo atestada pelo Supremo Tribunal Federal, principalmente na Ação Direta de Inconstitucionalidade a que se refere o item 2 do Relatório Final da última Conferência Nacional de Saúde acima identificado, a de número 1.923/DF, em que figuram como requerentes o Partido dos Trabalhadores (PT) e o Partido Democrático Trabalhista (PDT), requeridos o Presidente da República e Congresso Nacional, e interessados a Sociedade Brasileira para o Progresso da Ciência, Academia Brasileira de Ciência e Sindicato dos Trabalhadores e Servidores em Serviços de Saúde públicos, conveniados, contratados e/ou consorciados ao SUS e previdência do Estado do Paraná – SINDSAÚDE/PR.

Essa ADIN, sob a relatoria até a aposentadoria do Min. Carlos Ayres Britto, teve a liminar indeferida em julgamento de 1º de agosto de 2007, cujo Acórdão que fora publicado no DJe 106 de 21.9.2007, e da leitura do voto do então Ministro Relator e do Ministro Luiz Fux, já era possível identificar qual seria o resultado do julgamento, confirmado pelo Pleno do Tribunal em 16.4.2015, pela procedência parcial da Ação no sentido de que (BRASIL, 2011):

> A Lei das Organizações Sociais não cria delegação de serviços públicos, mas, ao contrário, fomenta, incentiva que atividades que não são de competência exclusiva constitucionalmente falando do Poder Público, mas que podem ser exercidas pelo particular, o sejam de forma eficiente através da colaboração "público-privada" instrumentalizada no contrato de gestão. O Estado pela Lei das OSs estaria na hipótese intervindo indiretamente na economia e no domínio social ao estimular a execução de atividades de interesses públicos pelo particular, cabendo aos agentes públicos eleitos a "definição de qual modelo de intervenção, direta ou indireta, será mais eficaz no atingimento das metas coletivas conclamadas pela sociedade brasileira [...].

Portanto, entendeu o então relator da ADIN que, como a Constituição Federal não obriga ao Poder Público que atue no campo da saúde exclusivamente de forma direta, cabe aos agentes políticos elegerem se essa atuação será direta ou indireta, sendo a Administração controlada do ponto de vista do resultado.

Segundo o Min. Luiz Fux, ao acompanhar o voto do relator, a Lei das OSs em seu art. 21 conjuga a decisão de escolha pelo gestor se vai atuar em regime de fomento por meio do contrato de gestão ou se o fará de forma exclusiva, submetendo a qualificação e celebração do contrato de gestão às demais normas infraconstitucionais. Daí entender que declarar a inconstitucionalidade desse dispositivo seria "incoerente com a chancela do marco legal das Organizações Sociais".

Afasta ainda o voto do relator a necessidade de incidência do art. 37, XXI da Constituição Federal durante o processo de qualificação como OS, pois, segundo ele, não acontece na hipótese a "contraposição de interesses com feição comutativa e com intuito lucrativo" que justifique se denominar esse tipo de avença de contrato administrativo. Isso, contudo, não afasta, segundo o Min. Luiz Fux, a obrigatoriedade de, ao analisar a conveniência e oportunidade na qualificação da empresa como OS, o administrador público seguir os princípios do *caput* do art. 37 da Carta Magna, quais sejam, *impessoalidade, moralidade, publicidade e eficiência*, quer dizer, "discricionariedade não pode significar arbitrariedade" e esse exercício da competência discricionária será norteado não apenas por esses princípios, como pelo controle exercido pelo Ministério Público e pelo Tribunal de Contas.

As OSs, segundo o Min. Luiz Fux, não precisam seguir processos licitatórios para contratação, por se tratarem de Terceiro Setor; contudo, como recebem verbas públicas "devem editar um regulamento próprio para contratações, fixando regras objetivas e impessoais para o dispêndio de recursos públicos."

Assim, os votos foram no sentido de "julgar parcialmente procedente o pedido" para que:

a) o procedimento de qualificação seja conduzido de forma pública, objetiva e impessoal, com observância dos princípios do *caput* do art. 37 da CF, e de acordo com parâmetros fixados em abstrato segundo o que prega o art. 20 da Lei nº 9.637/98;

b) a celebração do contrato de gestão seja conduzida de forma pública, objetiva e impessoal, com observância dos princípios do *caput* do art. 37 da CF;

c) as hipóteses de dispensa de licitação para contratações (Lei nº 8.666/93, art. 24, XXIV) e outorga de permissão de uso de bem público (Lei nº9.637/98), art. 12, §3º) sejam conduzidas de forma pública, objetiva e impessoal, com observância dos princípios do *caput* do art. 37 da CF, e nos termos do regulamento próprio a ser editado por cada entidade;

d) a seleção de pessoal pelas Organizações Sociais seja conduzida de forma pública, objetiva e impessoal, com observância dos princípios do *caput* do art. 37 da CF, e nos termos do regulamento próprio a ser editado por cada entidade; e

e) para afastar qualquer interpretação que restrinja o controle, pelo Ministério Público e pelo TCU, da aplicação de verbas públicas.

Segundo dados fornecidos por Eduardo Escudeiro da Secretaria de Saúde do Estado, em entrevista (ESCUDEIRO, 2013), após a publicação no Diário Oficial do Estado nº 30.714 de 30.06.2006, da Lei nº 6.877, de 29 de junho de 2009, que regulamenta a administração de hospitais por Organizações Sociais no âmbito do Estado do Pará, hoje existem seis hospitais nessa situação, são eles:
   a) Hospital Metropolitano de Urgência e Emergência de Ananindeua/PA
   b) Hospital Regional do Sudeste do Pará Dr. Geraldo Veloso (em Marabá/PA)
   c) Hospital Regional Público da Transamazônica (em Altamira/PA)
   d) Hospital Regional Público de Redenção
   e) Hospital Regional Público do Baixo Amazonas Dr. Waldemar Penna (em Santarém)
   f) Hospital Regional Público do Marajó (em Breves)

3.4.2 Formas Jurídicas do Terceiro Setor: De que forma o setor privado pode se estruturar para ser incluído no chamado Terceiro Setor. Órgãos previstos no Decreto-Lei 200, de 25 de fevereiro de 1967 e entidades paralelas

À luz do que preleciona Souza (2004, p. 137), atualmente o Terceiro Setor deve ser considerado, em suma, "como o conjunto de ações praticadas pela iniciativa privada sem intuito lucrativo e que tenham por finalidade a promoção de um direito social ou seus princípios".

Nesse contexto, faz-se necessário aduzir que os direitos sociais estão disciplinados nos artigos 6º a 11 da Constituição Federal, dentre os quais merecem destaque os seguintes: educação, saúde, trabalho – no qual estão incluídos os sindicatos e as associações profissionais –, moradia, lazer, segurança, previdência social, proteção à maternidade e à infância, assistência aos desamparados, cultura, desporto, ciência e tecnologia, comunicação social, meio ambiente e índio.

Verifica-se que o direito ao trabalho, ao ser homenageado no rol de direitos acima mencionado, engloba os sindicatos e as associações profissionais. De outra banda, excluem-se do elenco de entidades que compõem o Terceiro Setor as igrejas e templos de qualquer culto, exceto aqueles que prestem assistência social.

Impende ressaltar que não cabe ao Terceiro Setor substituir o Estado no desenvolvimento de suas funções típicas, devendo apenas servir como complemento para tanto, assumindo dessa forma a corresponsabilidade na efetivação dos direitos sociais (SOUZA, 2004, p. 101).

O Terceiro Setor é também assim designado porque é classificado como Primeiro Setor a Administração Direta[22] e como Segundo Setor a Administração Indireta.[23]

---

[22] "Administração Direta é o conjunto de órgãos que integram as pessoas federativas, aos quais foi atribuída a competência para o exercício, de forma centralizada, das atividades administrativas do Estado. Em outras palavras, significa que 'a Administração Pública é, ao mesmo tempo, a titular e a executora do serviço público." (CARVALHO FILHO, 2012, p. 449).
"Na esfera federal, temos que a Administração Direta da União, no Poder Executivo, se compõe de órgãos de duas classes distintas: a Presidência da República e os Ministérios [...]. Nela se agregam ainda vários órgãos tidos como essenciais (v.g. a Casa Civil e a Secretaria-Geral), de assessoramento imediato (v.g. a Assessoria Especial e o Advogado-Geral da União) e de consulta (Conselho da República e Conselho de Defesa Nacional) [...]. Cabe aos Ministros auxiliar o Presidente da República na direção da administração, conforme consta do mesmo art. 84, II, da Constituição" (CARVALHO FILHO, 2012, p. 450-451).
"Os poderes Legislativo e Judiciário têm sua estrutura orgânica definida em seus respectivos atos de organização administrativa [...]"
Na esfera estadual, temos organização semelhante à federal, guardando com esta certo grau de simetria. Assim, teremos a Governadoria do Estado, os órgãos de assessoria ao Governador e as Secretarias Estaduais, com os vários órgãos que as compõem, correspondentes aos Ministérios na área federal. O mesmo se passa com o Legislativo e Judiciário estaduais."
"Por fim, a Administração Direta na esfera municipal é composta da Prefeitura, de eventuais órgãos de assessoria ao Prefeito e de Secretarias Municipais, com seus órgão internos. Os Municípios não têm Judiciário próprio, mas tem Legislativo (Câmara Municipal), que também poderá dispor sobre sua organização, à símile do que ocorre nas demais esferas" (CARVALHO FILHO, 2012, p. 451).
"Administração Indireta do Estado é o conjunto de pessoas administrativas que, vinculadas à respectiva Administração Direta, têm o objetivo de desempenhar as atividades administrativas de forma descentralizada" (CARVALHO FILHO, 2012, p. 453).

[23] "Enquanto a Administração Direta é composta de órgãos internos do Estado, a Administração Indireta se compõe de pessoas jurídicas, também denominadas de entidades." (CARVALHO FILHO, 2012, p. 454)
"De acordo com o art. 4º, II, do Decreto-lei nº 200/1967, a Administração Indireta compreende as seguintes categorias de entidades, dotadas, como faz questão de consignar a lei, de personalidade jurídica própria:
a) as autarquias;
b) as empresas públicas;
c) as sociedades de economia mista; e
d) as fundações públicas" (CARVALHO FILHO, 2012, p. 455).
"Com o advento da Lei nº 11.107/05 surgem os consórcios públicos que podem ser formalizados entre os entes políticos: a União, os Estados, o Distrito Federal e os Municípios,

Em função do crescimento vertente desse segmento de complementação, houve a necessidade de formulação e edição de leis que regulamentassem as entidades do Terceiro Setor, sem prejuízo das normas pré-existentes, originando-se assim a reforma do marco legal, que proporcionou a promulgação das Leis nº 9.637, de 15 de maio de 1998, e 9.790, de 23 de março de 1999.

Esse último diploma legal, usualmente denominado de "Lei das OSCIP", "Nova Lei do Terceiro Setor" ou "Regulamento do Terceiro Setor", foi editado, segundo Souza (2004, p. 105) com o condão de distinguir as "categorias de entidades pertencentes ao Terceiro Setor, diferenciando-as para fins de obtenção do título de Organização da Sociedade Civil de Interesse Público (OSCIP)".

Além da OSCIP, que será abordada mais pormenorizadamente adiante, há outras formas jurídicas do Terceiro Setor, tais como fundações – públicas e privadas –, associações civis e cooperativas sociais.

As fundações privadas, consideradas sociedades civis *sui generis*, "são organizações dotadas de personalidade jurídica legalmente instituída, cujo patrimônio é afetado para uma finalidade específica" (SOUZA, 2004, p. 107-108). Com o advento do Código Civil de 2002, absorveu-se o regime geral das fundações previsto na lei civil anterior, sendo introduzidas algumas alterações pela legislação vigente.

Atualmente, os artigos 62 e seguintes do Código Civil regulam o regime jurídico das fundações privadas e estabelecem, dentre outros fatores, os elementos que configuram a personalidade jurídica dessas entidades, quais sejam, o patrimônio, a finalidade e o vínculo (SOUZA, 2004, p. 109).

No que tange ao patrimônio, vale frisar que os bens fundacionais devem ser desembaraçados, isto é, livres de quaisquer ônus ou encargos que ameacem a sua destinação precípua, vislumbrando-se sempre a garantia da finalidade da instituição da fundação. Ademais, a dotação patrimonial inicial deve ser suficiente à manutenção da entidade e o responsável pela fiscalização da suficiência do patrimônio dotado das fundações é o Ministério Público (SOUZA, 2004, p. 110-111).

---

para gestão associada de serviços públicos de interesse comum. Todavia, essa união ganha uma nova personalidade jurídica que pode ser de direito público, formando-se uma associação pública, ou de direito privado. Ressalte-se que essa nova pessoa jurídica não constitui um novo ente federativo porque, se contrário fosse, violaria a própria estrutura federativa do Brasil" (MARINELA, 2011, p.101).

Acerca da finalidade, outro elemento essencial à configuração da personalidade jurídica da entidade ora abordada tem-se a dizer que o próprio artigo 62 do Código Civil é claro ao dispor que "para criar uma fundação, o instituidor fará especificando o fim a que se destina" (BRASIL, 2002. Código Civil), afirmando a finalidade como requisito indispensável à instituição de qualquer fundação no ordenamento jurídico pátrio.

Souza (2004, p. 112) aduz que a finalidade, enquanto elemento essencial, deve apresentar determinadas características, sem as quais não alcançará a legitimidade. São elas: possibilidade, licitude, determinabilidade e inalterabilidade.

Já o elemento vínculo pressupõe uma afetação pela vontade do instituidor da fundação e se faz presente quando há uma limitação à sua pretensão, observando-se o disposto no parágrafo único do artigo retromencionado, segundo o qual "a fundação somente poderá constituir-se para fins religiosos, morais, culturais ou de assistência" (BRASIL, 2002. Código Civil).

Em termos mais simplificados, há vínculo quando o instituidor opta por criar uma fundação voltada para a promoção da religião, da moral, da cultura ou do assistencialismo, não podendo a entidade jamais destoar do fim colimado.

Feitas essas breves ponderações acerca das fundações privadas, passa-se à análise das fundações públicas, que, por sua vez, são reguladas pelo Decreto-Lei nº 200, de 25 de fevereiro de 1967 – com a alteração da Lei nº 7.596, de 10 de abril de 1987 – e pelo Decreto-Lei nº 900/1969 e cujo patrimônio está afetado a um fim público.

Tomando por base as lições de Mello (2004, p. 169-172), é possível inferir que as fundações públicas originam-se na vontade do Poder Público, com finalidade não lucrativa, de interesse coletivo (como educação, cultura, pesquisa), destituída de liberdade na fixação ou modificação de finalidades, impossibilitada de se extinguir por vontade própria, sujeita à tutela e vigilância do Estado.

Estabelecendo um cotejo entre as fundações públicas e privadas, ambas possuem autonomia administrativa e financeira e são instituídas visando à promoção de interesse público, nunca privado. O que as diferencia, principalmente, é que as entidades de cunho privado possuem patrimônio público, seguindo regras de direito privado, enquanto as fundações públicas possuem patrimônio público, e seguem regras de direito público.

Ademais, as fundações públicas se submetem ao regime jurídico das autarquias e são vinculadas ao Ministério cuja área de competência esteja enquadrada à sua atividade principal, nos termos do parágrafo único do artigo 4º do Decreto-Lei federal nº 200/1967.

Outra forma jurídica do Terceiro Setor é representada pelas associações civis, disciplinadas no Código Civil Brasileiro, a partir do artigo 53, que as conceitua da seguinte forma: "constituem-se as associações pela união de pessoas que se organizem para fins não econômicos" (BRASIL, 2002. Código Civil).

Essas entidades são criadas por meio de contratos, pelos quais um número de pessoas coloca serviços, atividades, conhecimentos, etc., em ações comuns, objetivando um fim econômico ou não, com ou sem capital e sem intuito lucrativo.

Ressalte-se que o legislador cuidou de apartar as associações civis das sociedades empresárias, agora previstas em outra Seção do Código Civil, disposições dos art. 981 e seguintes. Imperioso mencionar também que as entidades ora estudadas podem ter fins econômicos, apenas não podem dividir o resultado das atividades e precisam ser sem fins lucrativos (SOUZA, 2004, p.117-118).

Afora isso, as associações civis englobam os Sindicatos, por força do art. 511 da CLT, que prevê:

> Art. 511. É lícita a associação para fins de estudo, defesa e coordenação dos seus interesses econômicos ou profissionais de todos os que, como empregadores, empregados, agentes ou trabalhadores autônomos, ou profissionais liberais, exerçam, respectivamente, a mesma atividade ou profissão ou atividades ou profissões similares ou conexas (BRASIL, 1973. Código de Processo Civil).

Mais uma forma jurídica do Terceiro Setor é formada pelas cooperativas sociais, reguladas pela Lei nº 9.867, de 10.11.1999, cujo objetivo é promover a integração social dos cidadãos em desvantagens no mercado de trabalho (SOUZA, 2004, p. 118-119).

Além de sua notória ligação com o direito social do trabalho, as cooperativas são formadas por sócios voluntários, não remunerados, sendo observados os termos do artigo 3º do diploma legal supracitado, que elenca o rol de sujeitos impedidos de constituir as cooperativas sociais, quais sejam:

> I – os deficientes físicos e sensoriais;
> II – os deficientes psíquicos e mentais, as pessoas dependentes de acompanhamento psiquiátrico permanente, e os egressos de hospitais psiquiátricos;

III – os dependentes químicos;
IV – os egressos de prisões;
V – (vetado);
VI – os condenados a penas alternativas à detenção;
VII – os adolescentes em idade adequada ao trabalho e situação familiar difícil do ponto de vista econômico social ou afetivo. (BRASIL, Lei nº 9.867, de 10 de novembro de 1999).

Sejam as cooperativas sociais, sejam as associações civis, sejam as fundações, todas as entidades necessitam receber uma qualificação para compor o terceiro setor. Dentre as principais qualificações estão as seguintes: Utilidade Pública Federal e Certificado de Entidade Beneficente de Assistência Social (CEBAS).

Conforme expressa em seu próprio preâmbulo, a Lei nº 91/1935 determina as regras a serem seguidas pelas sociedades civis, associações e fundações para que recebam a qualificação de utilidade pública. A concessão dessa qualificação, "tem a intenção de diferenciar a característica das atividades prestadas pelas pessoas jurídicas, fazendo jus à titulação aquelas que [...] prestem-se a servir a coletividade no desenvolvimento de atividades de interesse público" (SOUZA, 2004, p. 123).

O diploma legal supramencionado é regulamentado pelo Decreto nº 50.517/1961, cujo artigo 2º elenca os requisitos indispensáveis à obtenção da qualificação em comento, quais sejam: constituir-se no país, ter personalidade jurídica, estar em efetivo funcionamento e servindo desinteressadamente à sociedade, ausência de remuneração aos cargos de sua diretoria, conselhos fiscais, deliberativos ou consultivos, etc. (BRASIL, 1961. Decreto nº 50.517, de 02 de maio de 1961).

Em 18 de agosto de 2011, o Ministério da Saúde editou Portaria definindo novas regras para a certificação CEBAS das Entidades prestadoras de serviço ao Sistema Único de Saúde. Segundo notícia extraída do portal da saúde do Ministério da Saúde na internet, essa medida simplificou e atribui maior clareza ao cálculo do percentual de serviços prestados que agora passa a ser de, no mínimo, 60% de atendimento pelo SUS para obtenção da certificação ou para a sua renovação.[24]

Ainda segundo a notícia do Portal da Saúde, os procedimentos ambulatoriais passariam a compor, em até 10%, o total de atendimentos

---

[24] Cf. BRASIL. Ministério da Saúde. Disponível em: <http://portal.saude.gov.br/portal/aplicacoes/noticias/default.cfm?pg>. Acesso em: 4 jun. 2013.

contabilizados pelas Santas Casas e hospitais filantrópicos, que em 2010 eram responsáveis por mais de 128 milhões de procedimentos ambulatoriais em todos o país.

Após a comprovação de todos os requisitos legais, o pedido de declaração de utilidade pública será submetido à análise do Ministro da Justiça, a quem cabe a outorga, por força do Decreto nº 3.415/2000. Caso o pedido seja denegado, a entidade interessada poderá requerer reconsideração, obedecendo ao prazo de 120 dias contados da data da publicação, aguardando-se mais dois anos para renová-lo (SOUZA, 2004, p. 124).

Afora os requisitos ao norte elencados, o artigo 2º do Decreto nº 50.517/1961 também impõe determinadas obrigações às entidades que obtiverem a qualificação de utilidade pública, tais como: apresentação de relatórios dos serviços prestados à sociedade, prestação dos serviços previstos como finalidade no Estatuto, impossibilidade de concessão de lucros, bonificações ou vantagens aos dirigentes, mantenedores ou associados (BRASIL, 1961. Decreto nº 50.517, de 2 de maio de 1961).

Vale ressaltar que o descumprimento de qualquer uma dessas obrigações configura causa de cassação do título concedido e que embora o artigo 3º da Lei nº 91/1935 vede a prestação de "favores" estatais em virtude da concessão do título ora abordado, verifica-se a existência de algumas vantagens decorrentes da outorga da qualificação de utilidade pública, como, por exemplo, dedução fiscal no IR em doações de pessoas jurídicas; acesso a subvenções e auxílios da União Federal e autarquias; realização de sorteios autorizados pelo Ministério da Fazenda, dentre outras (SOUZA, 2004, p. 124-125).

Outra conhecida qualificação concedida às entidades do Terceiro Setor refere-se ao Certificado de Entidade Beneficente de Assistência Social (CEBAS), cuja origem se deu em razão da Lei nº 8.742, de 7 de dezembro de 1993, denominada Lei Orgânica da Assistência Social, segundo a qual compete ao Conselho Nacional de Assistência Social (CNAS) a outorga desse título.

Imperioso aduzir que esse diploma legal foi regulamentado pelo Decreto nº 2.536, de 06 de abril de 1998, que por sua vez foi revogado pelo Decreto nº 7.327, de 20 de julho de 2010, havendo ainda a Lei nº 12.101, de 27 de novembro de 2009. Estas duas últimas espécies normativas estabelecem os requisitos e documentos indispensáveis à concessão do CEBAS.

Dentre os requisitos legais, salienta-se a prestação de serviços gratuitos, correspondentes a, no mínimo, 20% da receita bruta, de forma permanente, apresentando plano de trabalho para aprovação no CNAS.

Em caso de deferimento, a aprovação é válida por três anos, podendo ser renovada periodicamente. Contudo, se houver denegação, caberá recurso ao Ministério da Previdência e Assistência Social em 10 dias (SOUZA, 2004, p. 127).

Outra exigência que merece destaque, à luz do que preleciona Souza (2004, p. 127), é a necessidade de que as demonstrações contábeis e financeiras das entidades que tenham atingido receita bruta igual ou superior a R$1.200.000,00 (um milhão e duzentos mil reais) sejam auditadas por auditor independente, com habilitação no Conselho Regional de Contabilidade. De outra sorte, se a receita bruta for superior a R$2.400.000,00 (dois milhões e quatrocentos mil reais), o auditor independente deverá ser registrado perante a Comissão de Valores Mobiliários.

As entidades qualificadas com o CEBAS, diferentemente das que possuem o título de utilidade pública, desenvolvem atividades mediante prestações remuneradas e detêm a vantagem de isenção tributária, prevista no art. 55 da Lei nº 8.212/1991, cuja previsão de imunidade já a supera, nos termos do art. 195, §7º da CF/1988.

Além dos institutos já analisados alhures, o Terceiro Setor também é composto por entidades paralelas, que representam, na verdade, práticas administrativas recorrentes, sendo as figuras jurídicas mais conhecidas dessa modalidade as Organizações Sociais (OS) e as Organizações da Sociedade Civil de Interesse Público (OSCIP) (MELLO, 2004, p. 207).

O elo entre as Organizações Sociais e a administração pública é o chamado *contrato de gestão*.

Embora careçam de definição legal, os *contratos de gestão* subdividem-se em duas modalidades: os realizados com pessoas jurídicas integrantes da própria Administração e os travados com pessoas alheias ao Estado.

De acordo com as lições de Mello (2004, p. 208), a primeira modalidade contratual ainda não possui previsão legal, o que poderá ocorrer futuramente, a partir do disposto no §8º do artigo 37 da Constituição Federal, a seguir reproduzido, *in verbis*:

Art. 37. *Omissis*

§8º A autonomia gerencial, orçamentária e financeira dos órgãos e entidades da administração direta e indireta poderá ser ampliada mediante contrato, a ser firmado entre seus administradores e o poder público, que tenha por objeto a fixação de metas de desempenho para o órgão ou entidade, cabendo à lei dispor sobre: (BRASIL, 1988. Constituição Federal).

Ressalte-se que apesar dessa ausência de previsão legal expressa, já existem algumas normas que citam os *contratos de gestão* entre elas. A primeira Lei foi a de nº 8.246/1991, que autorizou o Poder Executivo a instituir o "Serviço Social Autônomo Associação das Pioneiras Sociais". Mais recentemente, a Lei nº 9.427/1996 que prevê a celebração de *contrato de gestão* com a autarquia ANEEL, entre outros (MELLO, 2004, p. 209).

A outra modalidade de *contrato de gestão* refere-se àqueles travados com pessoas alheias ao Estado, em regra, Organizações Sociais. Essa espécie, sim, é amparada legalmente pelo que prevê o artigo 5º da Lei nº 9.637/1998, que a define como "o instrumento firmado entre o Poder Público e a entidade qualificada como organização social, com vistas à formação de parceria entre as partes para fomento e execução de atividades relativas às áreas relacionadas no art. 1º" (BRASIL, 1998. Lei nº 9.637 de 15 de maio de 1998).

Segundo Mello (2004, p. 208), as atividades mencionadas pelo dispositivo legal que devem ser fomentadas e executadas a partir da celebração do contrato de gestão em comento, são: ensino, pesquisa científica, desenvolvimento tecnológico, cultura, saúde e proteção e preservação do meio ambiente. Em suma, essa espécie contratual pode ser entendida como os contratos administrativos travados com entidades privadas, sem fins lucrativos, que atendam a alguns requisitos de lei.

As OS, que decorrem da Lei nº 9.637/1998 e consoante define Mello (2004, p. 219), são entidades privadas, cuja qualificação é outorgada livremente pelo Ministro correspondente a sua área de atuação, devendo atender aos requisitos legais, não possuir fins lucrativos e desenvolver as atividades acima enumeradas (ensino, pesquisa científica, etc.).

As previsões normativas iniciais acerca das OS configuraram-se a partir do artigo 206 do Decreto nº 2.172/1997 – o qual afirmava simplesmente que o INSS poderia firmar convênios, contratos ou acordos com essas entidades, sem, no entanto, conceituá-las – e da Medida Provisória nº 1.591/1997 que teve o condão de regular a matéria e, após sucessivas reedições, converteu-se finalmente na Lei nº 9.637/1998 (MELLO, 2004, p. 219).

Essas entidades vinham recebendo publicidade pelo Governo Federal desde o lançamento do Plano Diretor da Reforma do Aparelho do Estado, em 21 de setembro de 1995, mas alguns Estados já vinham disciplinando a matéria por meio de leis (DI PIETRO, 2011b, p. 266). Esse Plano Diretor tratava das Organizações Sociais asseverando:

A transformação dos serviços não exclusivos estatais em organizações sociais se dará de forma voluntária, a partir da iniciativa dos respectivos ministros, através de um Programa Nacional de Publicização. Terão prioridade os hospitais, as universidades e escolas técnicas, os centros de pesquisa, as bibliotecas e os museus. A operacionalização do Programa será feita por um Conselho Nacional de Publicização, de caráter interministerial (DI PIETRO, 2011b, p. 267).

Maria Sylvia Zanella Di Pietro comenta ser curioso falar em Programa Nacional de Publicização quando o que acontece é a privatização, pois a qualificação como Organização Social importa em extinção de um órgão público ou de uma pessoa jurídica de direito público (autarquia ou fundação) para ser criada uma pessoa jurídica de direito privado não enquadrada no conceito de Administração pública direta ou indireta (DI PIETRO, 2011b, p. 267-268).

Seguindo a mesma sorte das demais entidades do terceiro setor, as OS, para receberem tal qualificação devem atender a requisitos específicos, *in casu*, elencados no artigo 2º do diploma legal supracitado, devendo, principalmente: não ter fins lucrativos, possuir um Conselho de Administração com competência normativa e controladora, com composição de 50% repartidos entre representantes do Governo e de entidades da sociedade civil, definidas no Estatuto, e firmar contrato de gestão que discriminará atribuições, responsabilidades e obrigações (BRASIL, 1998. Lei nº 9.637 de 15 de maio de 1998).

Concomitantemente à outorga da qualificação de OS, essas entidades recebem também algumas benesses frente ao Estado. Os benefícios tidos como mais importantes são: o recebimento de verbas, móveis e imóveis estatais, sem licitação; utilização de servidores públicos cedidos, tudo sob fiscalização do cumprimento das metas e finalidades previstas no contrato de gestão – sob pena de desqualificação –, mediante prévio processo administrativo, respondendo os seus dirigentes, individual e solidariamente, pelos danos decorrentes de sua ação ou omissão. Essa desqualificação importa em reversão dos bens permitidos a outra Organização Social, ou aos cofres públicos (MELLO, 2004, p. 221).

Ademais, os serviços públicos obrigatórios ao Estado como a saúde e educação só podem ser exercidos nessas circunstâncias pelas OS quando isso não significar que por elas o Poder Público esteja se eximindo de prestar esses serviços, ou seja, aqui elas apenas complementam o serviço essencialmente estatal (MELLO, 2004, p. 223).

Anote-se ainda que, conforme leciona Mello (2004, p. 224), os serviços públicos passíveis de transferência de execução por concessão ou permissão jamais poderão ser exercidos por OS porque igualmente se constituem em dever do Estado.

É importante, por oportuno, não confundir o Contrato de Gestão firmado entre a Administração Pública e as Organizações Sociais com os Contratos de Gestão firmados entre os órgãos da Administração Pública Direta e entidades da Administração Indireta.[25] Estes últimos, embora denominados pelas próprias normas pertinentes como "Contrato de Gestão" são considerados por parte da doutrina como da natureza dos convênios e não dos contratos, desde que a natureza contratual deriva da existência de interesses opostos, e não seria razoável entender que Administração Direta e Indireta visem a interesses diversos (DI PIETRO, 2011b, p. 266).

O Contrato de Gestão celebrado com entidades da Administração Indireta, segundo Di Pietro (2011b, p. 269) tem a finalidade de ampliar a sua autonomia, ao passo que quando celebrado com Organizações Sociais restringe a autonomia de entidades privadas que passarão a se submeter às exigências nele contidas.

Um dos primeiros Contratos de Gestão envolvendo a área de saúde no Brasil foi o firmado com o Serviço Social Autônomo Associação das Pioneiras Sociais pela Lei nº 8.246, de 22 de outubro de 1991, tendo havido a substituição de uma fundação de direito privado instituída pelo Governo Federal por uma pessoa jurídica de direito privado sem fins lucrativos, de interesse coletivo e de utilidade pública, com o objetivo de prestar assistência médica qualificada e gratuita a todos os níveis da sociedade e desenvolver atividades de educação e pesquisa na área da saúde em cooperação com o Poder Público (DI PIETRO, 2011b, p. 276).

Segundo ainda Di Pietro (2011b), o Ministério da Saúde, por força do art. 30 da Lei nº 8.246/1991, tem competência para supervisionar a gestão da entidade por meio do contrato de gestão, o que faz deste

---

[25] Os primeiros Contratos de Gestão firmados com entidades da Administração Indireta o foram com a Companhia Vale do Rio Doce e com a Petrobrás, baseados no Decreto 137, de 27 de maio de 1991, que criou o Programa de Gestão das Empresas Estatais (DI PIETRO, 2011b, p. 261). Afora esses, por meio dos Decretos 2.487 e 2.488, de 2 de fevereiro de 1998, que, consubstanciados nos arts. 51 e 52 da Lei 9.649/1998, preveem a possibilidade de autarquias e fundações receberem a qualificação de agências executivas, há a previsão de que essa qualificação depende da celebração de contrato de gestão com o Ministério Supervisor a que a entidade se vincula e da criação de um plano estratégico de reestruturação e desenvolvimento institucional destinado a melhorar a qualidade da gestão e reduzir os custos (DI PIETRO, 2011b, p. 264).

um mecanismo que, ao mesmo tempo em que visa a dar autonomia à entidade, intenta estabelecer prazos e responsabilidades objetivas para sua execução, mas isso gera uma entidade com características próprias daquelas da Administração Interna, sem o ser, elencando no caso do Serviço Social Autônomo as seguintes características típicas da Administração Indireta:

a) foi instituída por lei;
b) vive de dotação orçamentária da União;
c) está sujeita a processo seletivo para admissão de pessoal;
d) está sujeita a licitação, ainda que observando manual próprio;
e) tem que prestar contas ao Tribunal de Contas da União;
f) depende de aprovação de seu orçamento pelo Ministério da Saúde;
g) está vinculada, para fins de controle, ao mesmo Ministério (DI PIETRO, 2011b, p. 277).

Daí porque Di Pietro (2011b, p. 276-279) critica a adoção das OSs como rotineiramente é feito no Brasil, alertando para o fato de que a celebração de contratos de gestão com entidades privadas (chamadas de paraestatais) é possível, contanto que seja observado o direito positivo, sobremaneira as normas constitucionais e legais pertinentes, especialmente as que tratam de repasse de verbas públicas.

Para Di Pietro (2011b, p. 271), critérios mínimos devem ser exigidos para que as Organizações Sociais se enquadrem nos Princípios Constitucionais, são eles:

a) exigência de licitação para escolha da entidade;
b) comprovação de que a entidade já existe, tem sede própria, patrimônio, capital, entre outros requisitos exigidos para que uma pessoa jurídica se constitua validamente;
c) demonstração de qualificação técnica e idoneidade financeira para administrar o patrimônio público;
d) submissão aos princípios da licitação;
e) imposição de limitações salariais quando dependam de recursos orçamentários do Estado para pagar seus empregados;
f) prestação de garantia tal como exigida nos contratos administrativos em geral, exigência essa mais aguda na organização social, pelo fato de ela administrar patrimônio público.

Segundo a autora, no intuito da moralização do uso das verbas públicas por entidades privadas, foi editado o Decreto nº 5.504, de 5 de agosto de 2005, exigindo instrumentos de formalização, renovação ou aditamento de convênios, instrumentos similares ou consórcios públicos no que diz respeito aos recursos por elas administradas advindos de repasses da União a fim de que nesses casos fossem realizadas licitações para obras, compras, serviço e alienações, impondo ainda na aquisição de bens e serviços a modalidade pregão, preferencialmente na forma eletrônica[26] (DI PIETRO, 2011b, p. 271).

Entretanto, o Decreto nº 6.170, de 25 de julho de 2007 (alterado pelo Decreto 6.428, de 4 de abril de 2008), modificou parcialmente o Decreto anterior passando a exigir para aquisição de produtos e contratação de serviços a "cotação prévia de preços no mercado antes da celebração do contrato" (DI PIETRO, 2011b, p. 271).

Essas regras, contudo, dizem respeito apenas à União Federal, cabendo aos Estados e Municípios regularem essa relação em normas próprias.

O Estado de São Paulo, por exemplo, disciplinou por meio da Lei Complementar 846, de 4 de junho de 1998, que as Organizações Sociais só podem atuar nas áreas da cultura e saúde e:

a) não podem absorver atividades exercidas por entes públicos;
b) não podem utilizar bens do patrimônio público que já estejam sendo utilizados por entidades públicas;
c) não contam com representantes do Poder Público em seus órgãos de administração;
d) existe um procedimento para escolha da entidade (DI PIETRO, 2011b, p. 271).

Por outro lado, as Organizações da Sociedade Civil de Interesse Público (OSCIP), reguladas pela Lei nº 9.790/1999, consistem em organizações particulares com as quais o Poder Público se propõe a manter "parcerias" e representam a terceira forma jurídica considerada entidade paralela do terceiro setor.

---

[26] O pregão é mais uma modalidade de licitação. Pode ser realizado na forma presencial ou eletrônica. Instituído pela Lei 10.520, de 17 de julho de 2002, foi regulamentado em âmbito federal pelo Decreto 5.450, de 31 de maio de 2005, e dentre as principais diferenças com as demais modalidades licitatórias já previstas na Lei 8.666/1993 que regula as licitações e contratos, o fato de que primeiro são apresentadas as propostas que podem resultar em lances de valores menores e após essa fase é que se passa à fase de habilitação, ou seja, verificação das capacidades legais do vencedor da proposta de menor preço. Adicionado a isso, é nessa modalidade que surge a possibilidade de se realizar um certame licitatório virtual, todo pela rede mundial de computadores, sem a necessidade da presença física dos concorrentes.

Os requisitos essenciais à concessão do título de OSCIP encontram-se dispostos nos artigos 2º a 3º do diploma legal *suso* referido, ressalvando-se o caráter negativo das disposições do artigo 2º. Além da exigência óbvia de não possuírem fins lucrativos, essas entidades devem desenvolver atividades sociais destinadas à promoção da assistência social, combate à pobreza, promoção gratuita da saúde, da cultura, da cidadania, dos direitos humanos, entre outras. Afora isso, as OSCIP necessitam prever em seus estatutos normas de estrutura, funcionamento e prestação de contas, na forma da lei, e não podem ostentar impedimentos legais, tais como, as sociedades comerciais, cooperativas, sindicatos, instituições religiosas, etc. (BRASIL, 1999. Lei nº 9.790 de 23 de março de 1999).

Merece destaque a questão pertinente à remuneração aos dirigentes atuantes na gestão executiva dessas entidades. O problema é que essas instituições, contudo, não requeriam suas qualificações como OSCIP, ou porque temiam a perda da imunidade do artigo 150, VI, "c" da Constituição Federal; ou, quando a requeriam, não se valiam da prerrogativa de remunerar seus dirigentes, exatamente pela vedação dessa remuneração prevista no §2º do artigo 12 da Lei nº 9.532/1997 (SOUZA, 2004, p. 188).

Nesse diapasão, vale esclarecer que o artigo 37 da Medida Provisória nº 66/2002, ratificado pela Lei nº 10.637/2002, elucidou mas retrocedeu ao vincular a possibilidade de remuneração ao fato de os dirigentes terem vínculo empregatício com a entidade.

Ocorre que o vínculo é, em regra, estatutário, inexistindo subordinação, pois são eles eleitos em mandatos pré-estabelecidos pelos estatutos, e, sendo contrário à natureza, acarreta ainda pesados encargos sociais até à rescisão contratual ao fim do mandato. É o que se vê do artigo 34 do diploma legal retromencionado a seguir colacionado:

Art. 34. A condição e a vedação estabelecidas, respectivamente, no art. 13, §2º, III, "b", da Lei 9.249/1995 e no art. 12, §2º, "a", da Lei 9.532/1997, não alcançam a hipótese de remuneração de dirigente, em decorrência de vínculo empregatício, pelas Organizações da Sociedade Civil de Interesse Público (Oscip), qualificadas segundo as normas estabelecidas na Lei nº 9.790, de 23 de março de 1999, e pelas Organizações Sociais (OS), qualificadas consoante os dispositivos da Lei nº 9.637, de 15 de maio de 1998 (BRASIL, 2002. Lei nº 10.637, de 30 de dezembro de 2002).

Finalmente, para melhor compreensão do estudo ora desenvolvido, é necessário estabelecer um breve cotejo entre as entidades paralelas do terceiro setor mais conhecidas e aparentemente semelhantes, OS e OSCIP. A outorga de qualificação das OS decorre do poder discricionário, é obrigatória a celebração de contratos de gestão, há participação efetiva do Poder Público na direção da entidade e seu objeto é restrito.

De outra banda, a atribuição da qualidade OSCIP é vinculada aos requisitos de Lei, essas entidades devem possuir metas e prazos fiscalizados, é obrigatória a apresentação de relatório final, não há previsão de cessão de servidor público, o Poder Público não participa da sua direção, além de possuir objeto mais amplo.

É bem verdade que existem vozes dentro da doutrina nacional que entendem as OSCIPs como parte do "terceiro setor", mas não as OS, por entenderem que estas "embora formalmente constituídas como pessoas jurídicas de direito privado sem fins lucrativos, as OSs, tal como disciplinadas pela Lei 9.637/1998, atuam em uma lógica – por assim dizer – 'quase' governamental" (BARBOSA, 2005), isso em função do contrato de gestão gerar dependência dos recursos públicos.

Talvez exatamente por essa razão, no âmbito da saúde pública, sejam as OS muito mais utilizadas do que as OSCIPs para fins de administração hospitalar, pois o Estado consegue manter uma ingerência muito maior em razão da sua forma de constituição e do repasse de recursos públicos que as sustenta.

Assim é que essas mesmas doutrinas veem nas OSCIPs uma outra tendência, também internacional, caracterizada pelo surgimento de uma nova forma de associação, pois envolve um movimento de mobilização da sociedade civil, isso porque asseveram que "ao lado da tradicional atuação das associações e fundações privadas sem fins lucrativos em áreas como educação, saúde, cultura ou assistência, percebe-se a atuação em áreas emergentes – ambientalismo, voluntariado, direitos humanos, também no interesse público".

Sendo importante ressaltar que as OSCIPs recebem essa qualificação independentemente de terem firmado os Termos de Parceria com os setores públicos (entendidos como convênios, o que dispensa o processo licitatório na opinião da doutrina majoritária – seguida por Maria Sylvia Zanella Di Pietro e Marçal Justen Filho, ou requer a licitação nos casos em que haja várias entidades cujas atividades sejam as mesmas como quer Odete Medauar) (BARBOSA, 2005).

Isso porque a qualificação como OSCIP não resulta dos Termos de Parceria, ela é antecedente a eles e em razão dela é que eles serão firmados na forma da lei correlata.

Mas apesar da nomenclatura estabelecida pela Lei das OSCIPs, "Termo de Parceria", todas as formas de relação entre os setores público e privado, com ou sem fins lucrativos, atualmente, são concebidos pela doutrina como resultantes de parcerias entre eles quando firmados em prol de um resultado para a sociedade.

CAPÍTULO 4

A APLICAÇÃO DOS PRINCÍPIOS JURÍDICOS COMO FORMA DE ESCOLHA DE POLÍTICA DE INCENTIVO FISCAL NA ÁREA DE SAÚDE

4.1 A ponderação de princípios jurídicos e o positivismo inclusivo de Riccardo Guastini

Ao tratar do que entende como Princípio de Direito, Riccardo Guastini afirma que, embora costumeiramente se caracterize Princípios em contraposição às normas, não entende ele dessa forma.

Isso porque defende que os Princípios são uma espécie do gênero normas jurídicas que não possui propriedades absolutamente definidas capazes de indicar quando uma norma merece ser tratada como Princípio (GUASTINI, 2005, p. 185,203).

Nesse raciocínio, identifica o autor no conceito de princípio três características distintas (GUASTINI, 2005, p. 185,203):

Quadro 2 – Características no Conceito de Princípio

Características	Sentidos	Sentidos	Sentidos
Princípios como fundamento de outras normas	a) Uma norma N1 é fundamento de outra norma N2 quando N1 é mais geral que N2. Aqui a norma N2 é "expressão", "especificação" ou "aplicação" do Princípio N1.	b) Uma norma N1 é fundamento de outra norma N2 quando N2 constitui "atuação" de N1. Sempre que N1 prescreve um fim e N2 é um meio para atingir esse fim.	c) Uma norma N1 é fundamento de uma outra norma N2 quando N1 é uma norma de competência, e N2 emana da autoridade instituída por N1. Nesse caso, contudo, o termo 'princípio' com referência a N1 não é apropriado.
Princípios do ponto de vista linguístico como enunciado elástico ou indeterminado	a) Princípio é vago porque não possui campo exato de aplicação.	b) Princípio é vago porque possui um conteúdo teleológico ou programático. Exprime valor ou recomenda a realização de um programa.	
Princípio como norma genérica	Aqui o problema é que tanto regras quanto princípios podem ser mais ou menos gerais.		

Mais adiante, passa Guastini (2005, p. 191-193) a distinguir princípios expressos e não expressos ou implícitos:

São princípios expressos os que são explicitamente formulados numa adequada disposição constitucional ou legislativa.

....

São princípios não expressos, pelo contrário, os que são desprovidos de disposição, ou seja, não explicitamente formulados em alguma disposição constitucional ou legislativa, mas elaborados ou construídos por intérpretes.
[...] São fruto da integração do direito à obra dos operadores do direito. Esses princípios são deduzidos pelos intérpretes, ora de normas singulares, ora de conjuntos mais ou menos amplos de normas, ora do ordenamento jurídico no seu conjunto.

Deduz-se um princípio de uma norma singular toda vez que se supõe uma *ratio*, a saber, uma meta a que a norma é dirigida a visar, ou um valor do qual a norma é justificada. (A individualização da *ratio* de uma norma, entre outras coisas, constitui um passo indispensável em vista da eventual aplicação analógica da própria norma).

Guastini (2005, p. 194) dá como exemplo de princípios implícitos a "norma geral exclusiva", a "certeza do direito", "a conservação dos documentos normativos", e afirma:

> Um princípio (implícito) seria, então, uma norma geral da qual muitas normas particulares (explícitas) poderiam ser deduzidas. Convém observar, a título de inciso, que o procedimento intelectual que responde pelo nome de indução não é um procedimento lógico e, portanto, conduz a resultados fatalmente discutíveis.

Então, defende Guastini (2005, p. 185-203) que o princípio para ser assim identificado depende da valoração normativa realizada pelo intérprete, mas esclarece que este não está autorizado a "preencher lacunas recorrendo ao chamado 'direito natural' (ou seja, a princípios de justiça não positivados na legislação vigente). Pode-se dizer que são princípios de direito positivo todos e apenas os persuasivamente deduzíveis de disposições positivamente formuladas", portanto "os princípios são usados na produção, na interpretação e na integração do direito".

Finalmente, para o autor o princípio funciona como parâmetro de legitimidade da fonte subordinada, logo, leis regionais não poderão se opor a princípios fundamentais. Já no campo da interpretação as disposições que admitam duas interpretações conflitantes deverão obedecer aos princípios; logo, a interpretação da lei deve ser adequada aos princípios constitucionais, o que importa na assunção da superioridade dos princípios relativamente a outras espécies normativas e, nesse mesmo sentido, seguem as integrações do direito, ou seja, sempre que o direito apresentar uma lacuna, o intérprete está autorizado a preenchê-la por meio da utilização de um princípio, seja geral, seja específico.

Partindo com Riccardo Guastini no sentido de que Princípios e normas se constituem partes da mesma estrutura de linguagem[27]

---

[27] Nesse sentido, elucida Vilanova (2000, p. 139-141) que "a norma válida e vigente pertence a um sistema de normas", mas "As normas não são postas para permanecer como estruturas de linguagem, ou estruturas de enunciados, bastantes em si mesmas, mas reingressam nos

para se ponderar a escolha de políticas de incentivos fiscais, e como no segundo capítulo já foram tecidos esclarecimentos acerca das espécies de incentivos fiscais existentes no espectro de escolha do administrador – que teve como objetivo a obtenção de um alto "grau de clareza linguístico-conceitual"[28] –, agora buscar-se-ão algumas informações empíricas acerca da necessidade do Estado em usar desses mecanismos de intervenção indireta na economia para atrair o setor privado que atua na área da saúde à prestação de serviços em conjunto com a administração pública.

No momento seguinte, passar-se-á aos dois últimos itens do procedimento de ponderação, quais sejam: o alto grau de universalidade a partir de exemplos práticos do que pode vir a gerar uma melhor escolha de incentivos para a maior parte da sociedade, com um alto grau de ausência de preconceito, abstraindo-se da noção por vezes preconceituosa de que o Estado não pode mesclar suas políticas públicas com o setor privado da economia.

4.2. Informações empíricas sobre a necessidade do estado de atrair o setor privado na área de saúde para participar de ações do SUS

Desde a promulgação da Constituição Federal de 1988, o Estado brasileiro passou a admitir juridicamente o chamado modelo social "Welfare State". Isso porque com o novo sistema constitucional surge também um novo paradigma de políticas de saúde no País com a criação do SUS – Sistema Único de Saúde que inclui com a Emenda Constitucional 19/1988 o modelo administrativo que legitima o ingresso do "terceiro setor" para trabalhar ao lado e com a administração pública.

Essa introdução do "welfare state" no ordenamento jurídico nacional na área da saúde pública é comentado por Barzotto (2011, p. 209-210):

---

fatos, de onde provieram, passando do nível conceptual e abstrato para a concrescência das relações sociais, onde as condutas são como os pontos ou pespontos do tecido social."

[28] Aliás, "clareza linguístico-conceitual" é bem trabalhada por Paulo de Barros Carvalho em seu *Direito Tributário Linguagem e Método*, no qual enriquece seus estudos do "Fundamentos Jurídicos da Incidência" para defender a partir de teorias da linguagem de Lourival Vilanova que "o direito é um fato comunicacional", daí que, como: "sistema de comunicação, impõe que qualquer iniciativa para intensificar o estudo desses fenômenos leve em conta o conjunto, percorrendo o estudo do emitente, da mensagem, do canal e do receptor, devidamente integrados no processo dialético do acontecimento comunicacional" (CARVALHO, 2009, p. 165-168).

Com o advento da CF/88 consolidou-se o movimento denominado 'Reforma Sanitária', novo paradigma das políticas públicas na área da saúde. A Reforma Sanitária criou um sistema unificado de saúde, fundamentalmente estatal, descentralizado e universal, com um setor privado suplementar e complementar. Essa reforma foi desenvolvida constitucionalmente à chamada 'Reforma Administrativa' trazida pela Emenda Constitucional nº 19, de 1988, instituindo o modelo da administração gerencial, legitimou o ingresso do chamado terceiro setor na administração pública. Isso porque a participação do terceiro setor é vista como uma forma de ampliar a eficácia do Estado, precisamente o núcleo duro da concepção gerencial da administração. Acentua-se a cooperação privada nos setores não exclusivos do Estado, nos quais se insere a saúde. Revelando uma tendência global, o Informe do Banco Mundial, de 1995, recomendava aos países em desenvolvimento a adoção do sistema de saúde nos quais compete ao Estado a responsabilidade da universalização da assistência básica à saúde, produzindo serviços em parcerias com ONGs. A Constituição Federal traça parâmetros de inserção dessas parcerias ao estabelecer, no art. 196, que a saúde é direito de todos e dever do Estado: o macro princípio da subsidiariedade autoriza a participação do terceiro setor na área da saúde de forma complementar ao agir estatal.

Logo, o terceiro setor desde então passa a ter atuação conjunta com o Estado na prestação dos serviços de saúde pública; são exemplos o fornecimento de medicamentos para portadores de HIV, o programa saúde da mulher e ações judiciais para aquisição de remédios, como descreve Barzotto (2011, p. 220-222).

a) AIDS
Na universalização de fornecimento de medicamentos para os portadores de HIV, entre 85 e 89, essencial foram as lutas travadas pela movimentação de ONGs. Criou-se um modelo jurídico de assistência às vítimas, chamado *advocacy*, fundado na ideia de pressão política e pesquisa aplicada. Em 1998, havia 587 ONGs trabalhando em soluções para o problema da prevenção e tratamento da AIDS. Nesse campo é relevantíssima a contribuição das ONGs, quando se obteve o financiamento do Banco Mundial ao governo brasileiro, entre 92 /93, bem como quando se deu o acesso de forma gratuita e universal, na rede pública de saúde, dos medicamentos antirretrovirais, em 96. As ONGs contrariaram orientação da OMS no sentido de que países pobres deveriam investir na prevenção e não na cura dos doentes de HIV, revertendo, dessa forma, a política global para esse campo. O universo dos embates travados por entidades envolvidas na questão do HIV resume-se, de forma homogênea, em busca de políticas de prevenção e tratamento da doença.

b) Saúde da mulher
O desempenho das ONGs na saúde da mulher teve, ao contrário dos movimentos vinculados com AIDA, demandas mais heterogêneas e linhas de ação política menos precisas. No Brasil, a partir dos anos 70 até o ano 2000, participaram na área da saúde feminina cerca de 1.000 ONGs. Resultados disso são políticas promocionais de saúde e proteção da mulher em diversas frentes [São exemplos dessas ONGs Casa da Mulher Trabalhadora (CAMTRA) que é uma instituição feminista, foi fundada em 1997 no Rio de Janeiro, com o intuito de mostrar a importância da mulher na construção de uma sociedade mais justa e igualitária; ONG Amigas do Parto que foi fundada em 9 de junho de 2003 em São Paulo; ONG Bem Nascer, de Belo Horizonte, em atividade desde 2001, defende e divulga a assistência humanizada à mulher durante a gestação, o parto, o nascimento e a amamentação]. Embora as demandas representadas pela ONGs nessa área sejam até opostas, têm o efeito de levar à esfera pública os problemas relacionados à saúde do gênero feminino.

c) Ações judiciais para aquisição de remédios
Uma pesquisa acadêmica, realizada em 2007, na USP, analisou por amostragem o caso de 160 pessoas do Estado de São Paulo, vencedoras de ações judiciais para aquisição de medicamentos. A pesquisa envolveu estes doentes que buscavam mensalmente seus remédios na Secretaria Estadual da Saúde no espaço denominado (FAJ – Fornecimento para Ação Judicial) e concluiu que 21% dos demandantes tiveram suas ações patrocinadas de forma gratuita por ONGs as quais relatam desconhecer o nome. Na maioria, as pessoas entrevistadas eram de bom nível de escolaridade e renda, além de serem provenientes da rede de saúde privada.

Aliás, a questão da judicialização das aquisições de medicamentos mediante levantamento do CNJ apresentado em São Paulo em novembro de 2010 no Fórum Nacional do Judiciário para assuntos de saúde demonstrou que representa 1% do volume de ações em trâmite em todo o Poder Judiciário, conforme Timm (2011, p. 255).

Nesse mesmo estudo, Timm (2011) demonstra que o Poder Judiciário, ao tratar das questões envolvendo saúde quer pública quer privada, via de regra propende apenas à observância das garantias individuais, não sopesando na análise judicial qualquer questão envolvendo a tão comentada "reserva do possível" ou se garantir um tratamento demasiado caro para alguém em detrimento da atuação de uma gama maior de serviços públicos é ter mais atenção aos direitos fundamentais ou não.

Por isso é que nesse trabalho Timm (2011, p. 264/267) defende que o "melhor mecanismo de justiça social" é a tributação que perpasse pela melhor ponderação dos Princípios Constitucionais, não para uma política de mera transferência de riqueza, como acontece com a "publicização do direito privado, principalmente nos casos de planos e seguros saúde".

Nesse caminho, Timm (2011, p. 265/267) sustenta a "desconstitucionalização do direito privado", ou seja, a permissão de uma maior liberdade do mercado o que, segundo ele, geraria mais renda, e, ao fim, maior "base de cálculo tributável", devendo as "falhas do mercado" ser menor levada ao crivo constitucional e mais à regulação via CADE, ANS etc. Para Timm, a justiça distributiva por meio do direito privado acaba sempre gerando a necessidade da intervenção do Poder Judiciário, o que encarece o sistema distributivo, pois as partes precisarão arcar com o ônus dos processos judiciais.

Assim, Timm (2011, p. 266), defendendo que as políticas públicas devem ser regidas por um Poder Executivo com lastro fiscal, via arrecadação tributária e com isso poder escolher qual a melhor política a garantir os direitos fundamentais, expõe que recente estudo do Instituto de Planejamento Econômico Aplicado do Ministério do Planejamento sobre os últimos dados demográficos e estatísticos colhidos pelo IBGE de 2006:

> demonstra o efeito redistributivo da assistência e da seguridade social no Brasil, que sabidamente é sustentada pela iniciativa privada (empresas e trabalhadores). Segundo a conclusão do IPEA, esse sistema de bem-estar social sustenta mais de dezessete milhões de brasileiros acima da linha de pobreza (ou seja, sem esse auxílio do governo, essas pessoas seriam miseráveis).

No caso do Estado do Pará, ainda como exemplo, pelo que se depreende da Contestação apresentada nos Autos da Ação Civil Pública nº 2005.39.00.009955-0 que tramitou na 1ª Vara Federal da sua Seção Judiciária, foram investidos R$55.354.000,00 (cinquenta e cinco milhões, trezentos e cinquenta e quatro mil reais, dos quais R$28.754.000,00 (vinte e oito milhões, setecentos e cinquenta e quatro mil reais) em obras e R$26.600,00 (vinte e seis milhões e seiscentos mil reais) em aquisição de equipamentos, mas o Estado ali afirma não ter condições de gerir diretamente o Hospital, seja pela inexistência nos quadros de servidores estaduais que atendam aos requisitos necessários ao desempenho das atividades hospitalares, que se tratam de "atividades de referências", desde que foi o primeiro hospital da região norte do Brasil a ter um centro de queimados, atendido por um banco de pele e o primeiro a oferecer tratamento especializado em traumatologia; seja ainda pela necessidade de previsão orçamentária de todas as despesas inerentes aos serviços e ainda para pagamento dos servidores, o que também geraria a necessidade de aprovação de lei com criação de novos cargos para alocação desse pessoal, inchando cada vez mais a máquina estatal.

Pelas citações feitas é perceptível que hoje já existem autores que defendem a necessidade de o Estado deixar de pensar apenas em ele próprio procurar sozinho políticas públicas garantidoras do direito fundamental à saúde e pensar em atuar em conjunto com entidades privadas, autorizadas constitucionalmente desde o advento da Constituição de 1988 e da Lei 8.080/90 – Lei Orgânica do SUS – para proporcionar um serviço de saúde mais eficiente, e, certamente, um mecanismo facilitador dessa comunhão de interesses é via tributação, mais precisamente pela concessão de incentivos fiscais.

Com esse tipo de política tributária, o Estado estaria não apenas garantindo a liberdade do mercado, tornando-o inclusive mais atrativo, como possibilitando um maior acesso dos cidadãos a um tipo de serviço sanitário que ele sozinho não teria como fornecer.

4.3 Universalidade das medidas de incentivo

Para uma ideia da necessidade de aumento dos incentivos para que o setor privado dê as mãos ao setor público na questão da saúde vale citar a análise de Barzotto (2011, p. 222) sobre o Estudo de Programa de Voluntários das Nações Unidas que demonstra que o terceiro setor no Brasil cresceu 71% entre 1995 e 2002:

> Embora se possa, em um primeiro momento, pensar que a ação das ONGs dispense a intervenção estatal no seu financiamento, é importante constatar o fomento governamental na manutenção destas entidades quando recebem a titulação de utilidade pública e filantropia. São investimentos indiretos do Estado, medidos pela renúncia fiscal e previdenciária. Na Lei Orçamentária Anual de 2009 esse custo para os cofres públicos foi contabilizado em 14 bilhões. Ao contrário, o financiamento voluntário privado, nessa área, é pequeno. Empresas brasileiras, cujo objeto social não é a saúde, entre as 59% que declaram realizar atuações voluntárias de responsabilidade social, apenas 17% referem investir em ações de saúde, conforme dados de 2002. Ou seja, há pouco interesse do investimento voluntário do setor privado em doações ou subvenções para ONGs com empenho em saúde.

O que o texto acima está indicando é a existência de três formas de o Estado atuar para "universalizar" os incentivos:
1) para que uma ONG esteja apta a receber ela própria incentivos fiscais como os tratados no tópico 3, de acordo com Souza (2004, p. 107, 119, 121, 136), precisa estar regularmente constituída na forma de sociedade empresária, fundação privada (art. 62 do Código Civil de 2002), associação civil (art. 44 do Código Civil de 2002), sindicato (art. 511 da CLT) ou cooperativa social (Lei 9.867, de 10.11.1999) e, munida dos documentos que comprovem os requisitos do art. 14 do Código Tributário Nacional, solicite, por exemplo, ao Ministério da Fazenda a declaração de que seu patrimônio é imune de impostos, ou consiga obter títulos como declaração de utilidade pública e filantropia (Certificado de Entidade Beneficente de Assistência Social – Lei nº 8.742, de 7 de dezembro de1993, alterada pela Lei 12.101/09), ou obter qualificações como Organização Social, regulada pela Lei 9.637/1998 ou ainda como Organização da Sociedade Civil de Interesse Público (OSCIP), regulamentada pela Lei nº 9.790/99 e pelo Decreto 3.100/99.

Assim, é importante a universalização dos procedimentos de obtenção dessas qualificações e a ampla publicidade delas seja para as próprias ONGs, que muitas vezes desconhecem essa estruturação jurídica, seja para diminuir o "preconceito" que vigora no setor privado para investir nessas estruturas do denominado "terceiro setor";

2) no Brasil não se tem, como afirma Barzotto (2011, p. 222), tradição de prestação de serviços voluntários por parte das ONGs em parcerias ou colaborações com o Estado, e isso acontece muito pelo desconhecimento dessas entidades de que trabalhar com o Estado pode resultar em melhoria no desenvolvimento de suas próprias atividades, em mais concessões de incentivos, e finalmente em melhoria da prestação do serviço público, sem que isso resulte em "ausência de autonomia" por parte das entidades, e esse é igualmente um trabalho que o Estado precisa enfrentar;

3) o Estado não pode pensar em, tendo em vista a concessão de benefícios fiscais, transferir excessivamente e completamente toda a sua responsabilidade social em uma determinada área para o setor privado, sobretudo na área da saúde que

admite a atuação privada, mediante regulamentação, mas é prevista constitucionalmente como atividade de cunho público essencialmente.

Por tudo isso é de grande importância que o Estado, ao buscar atrair o setor privado, seja para junto com ele atuar diretamente na prestação dos serviços de saúde pública, seja para investir em entidades que já estão aptas a desenvolver essas atividades, não se afaste da ponderação principiológica, sobremaneira no que se refere à subsidiariedade, chamada por muitos doutrinadores de Princípio, que autoriza a entidade maior a agir apenas em caso de omissão do órgão de hierarquia inferior, ou quando a atuação deste é insuficiente para o fim a que se destina.

Isso porque no âmbito da saúde pública, embora muito se propague a subsidiariedade do setor privado, na verdade, o que se deve ter em consideração é a complementariedade que acontece dentro do Sistema Único de Saúde.

Sobre essa questão, Barzotto (2011, p. 211) assim se manifesta:

> A concorrência de ações tendentes à efetivação dos direitos sociais não é vista como um mal a ser superado pela delimitação estanque das esferas de competência, mas, geralmente deve ser vista como algo benéfico. Se o princípio da subsidiariedade se redimensiona, as entidades menores (entidades do terceiro setor, sociedade civil) são autorizadas a assumir iniciativas na execução de políticas que, inicialmente, com a emergência do *Welfare State*, foram vistas como de competência exclusiva do ente estatal. Desse modo, quando o princípio da subsidiariedade é examinado no campo da saúde, interagem outros princípios que informam a ação administrativa, a publicidade e a eficiência (este incluído pela EC nº 19/980), em função do interesse público indisponível que está envolvido.

Aliás, também a Lei de Responsabilidade Fiscal, LC 101/2000, veda a terceirização integral dos serviços de saúde, sob pena de os gestores responderem por crime de responsabilidade.

Logo, no caso da saúde no Brasil, setor público e setor privado podem e devem se complementar, sem que isso represente a substituição do estatal pelo privado, mas cooperação nos termos da noção de subsidiariedade ao norte esclarecida.

Atualmente, as entidades privadas que vêm sendo mais utilizadas pelo Estado brasileiro são as Organizações Sociais, criadas a partir do modelo de absorção de serviços não exclusivamente estatal, com formalização por meio de contrato de gestão, e as fundações estatais, conforme Tourinho (2011, p. 76-77):

entes instituídos pelo Poder Público, através de autorização legislativa, com personalidade de direito privado, para realização de serviços de natureza social. No Estado da Bahia, bem como no Estado de Sergipe, foram criadas fundações estatais voltadas à prestação de serviços de saúde. No caso da Bahia, a fundação estatal atua exclusivamente na prestação de serviços de saúde. No caso da Bahia, a fundação estatal atua exclusivamente na prestação de serviços relacionados ao Programa Saúde da Família.

Entretanto, ainda há muito que se esclarecer sobre essas possibilidades jurídicas, pois não raro são os contratos de gestão das Organizações Sociais ou mesmo as leis que criam as fundações objeto de questionamentos no Poder Judiciário, seja porque por vezes os administradores públicos de fato não conseguem organizar de acordo com o ordenamento pátrio os processos para formalização desses organismos, seja porque os órgãos incumbidos da aplicação da lei igualmente já observam a criação desses entes com o preconceito oriundo de uma época em que o privado não podia, sob qualquer forma, cooperar com o público.

Mas, vale lembrar as lições de Paulo Affonso Leme Machado sobre as ONGs que também repercute:

> As ONGS não têm por fim o enfraquecimento da democracia representativa. As ONGS não são – e não devem ser – concorrentes dos Poderes Executivo e Legislativo, mas intervêm de forma complementar, contribuindo para instaurar e manter o Estado Ecológico de Direito. Há matérias que interessam ao meio ambiente que devem permanecer reservadas para o Poder Legislativo.
> A participação dos cidadãos e das associações não merece ser entendida como uma desconfiança contra os integrantes da Administração Pública, sejam eles funcionários públicos ou pessoas exercendo cargos em caráter transitório ou em comissão. Essa participação também não é substitutiva da atuação do Poder Público. A proteção dos interesses difusos deve levar a uma nova forma participativa de atuação dos órgãos públicos, desde que não seja matéria especificamente de segurança dos Estados.
> [...] Disse a *Agenda 21*: 'As organizações não-governamentais desempenham um papel fundamental na modelagem e implementação da democracia participativa. A natureza do papel independente desempenhado pelas organizações exige uma participação genuína; portanto, a independência é um atributo essencial dessas organizações e constitui condição prévia para a participação genuína' (item 27, §1º).
> [...] A Declaração de Johannesburg/2002, em seu item 23, afirma: 'O desenvolvimento sustentado supõe uma perspectiva de longo prazo

e uma larga participação na elaboração das políticas, na tomada de decisões e na implementação em todos os níveis. Como parceiros sociais, nós continuaremos na ação em prol das parcerias estáveis, que reúnam os principais grupos interessados, respeitando sua independência, tendo cada um importante papel a desempenhar (MACHADO, 2011, p. 107-108).

Finalmente, não se podem esquecer os consórcios públicos que surgem no texto constitucional de 1988, precisamente no art. 241, para prever a cooperação entre os entes federados, e mais adiante ao serem regulados pela Lei nº 11.107, de 6 de abril de 2005, regulamentada pelo Decreto nº 6.017, de 7 de janeiro de 2007, que tratam de propiciar a criação, outrora não permitida, de um ente com personalidade jurídica própria, por meio de um "protocolo de intenções" que, após publicado na imprensa oficial, deve conduzir a promulgação de uma lei por cada ente federado participante, seguida de um contrato, e que segundo Di Pietro (2011a, p. 485-496), pode se constituir em pessoa jurídica de direito público ou de direito privado, desde que criadas com autorização legislativa com vistas a uma gestão associada de serviços públicos.

Aliás, vale citar que esses organismos, se considerados parte da administração indireta, certamente gozarão da imunidade recíproca prevista no art. 150, VI, "a", da Carta Magna que impede a cobrança de tributos entre os Entes que compõem a Federação justamente para garantir a isonomia dos Entes constitucionais e que, conforme comentário de Carvalho (1999, p. 182-183) se estende às autarquias em todas as esferas (federal, estadual e municipal), pelo §2º do mesmo artigo relativamente ao patrimônio, renda e serviços vinculados a suas finalidades essenciais.

Contudo, também esses consórcios não são muito bem vistos, seja pela administração pública que tem grande dificuldade em manter um "administração coletiva", seja novamente pelos órgãos incumbidos da aplicação da lei ante às desconfianças de práticas de contratação de pessoal e serviços ao arrepio da CLT que rege a primeira ou das normas da Lei 8.666/1993 (licitações e contratos) que regula as últimas.

CAPÍTULO 5

OS INCENTIVOS DIRETOS E INDIRETOS À SAÚDE

5.1 As renúncias de receita no âmbito da saúde em uma análise comparada

5.1.1 As renúncias de receita a partir de dados da OCDE

No ano 2000, a Agência Nacional de Saúde Suplementar (ANS) publicou estudo realizado a partir de um projeto de pesquisa sobre "Regulação de Planos e Seguros Privados de Saúde", que teve como enfoque a utilização de formas de renúncias de receita, também chamadas de despesas tributárias, como mecanismos de incentivo a melhor e mais eficiente prestação de serviços de saúde (QUADROS, 2000, p. 1-14).

O estudo fez uma comparação entre esse denominado "gasto indireto do governo" no Brasil com outros países da Europa e Estados Unidos, observando as diferentes concepções de *welfare state* entre eles (QUADROS, 2000, p. 1-14).

Segundo o citado estudo, o termo "renúncia de receita" não usufrui de um consenso no mundo, importando em diversificação na metodologia dos gastos tributários entre os países, o que resulta em práticas de quantificação dessas despesas diferenciadas. A Finlândia, por exemplo, define renúncia fiscal como "o abandono do padrão normal de tributação para fins de incentivo". Mas as peculiaridades de cada legislação tributária dificulta a reunião de conceitos (QUADROS, 2000, p. 1-14).

Foram observados dados fornecidos pelos países para a Organização para a Cooperação e Desenvolvimento Econômico (OCDE)[29]

---

[29] "A Organização para a Cooperação e Desenvolvimento Econômico (OCDE), cuja sede é em Paris, França, é uma organização internacional composta por 34 membros. A OCDE

por meio de relatórios que atestam os primeiros registros de despesas tributárias na Alemanha e Estados Unidos nos anos 60, e Áustria, Canadá, Espanha e Reino Unido nos anos 70, tendo a noção se generalizado para os demais países apenas nos anos 80. Dos 14 países avaliados, na metade, anualmente, as autoridades são obrigadas a produzir relatórios (QUADROS, 2000, p. 1-14).

Na França, Bélgica, Finlândia, Portugal e Espanha, a apresentação do relatório sobre a renúncia de receita está vinculada ao processo orçamentário. Os demais países separam o processo orçamentário do de despesa tributária. Nos Estados Unidos, o relatório sobre os gastos tributários não integra o processo orçamentário, mas é apresentado simultaneamente (QUADROS, 2000, p. 1-14).

Atesta esse estudo que a conclusão dos países envolvidos na pesquisa "é que o gasto direto pode ser efetivo e melhor direcionado que a renúncia fiscal, quando se trata de alcançar objetivos de programas e projetos incentivados". Isso porque a visibilidade dos gastos associados à renúncia fiscal é menor do que aqueles derivados dos gastos diretos (subsídios e outras espécies de investimentos) (QUADROS, 2000, p. 1-14).

No Imposto de Renda Pessoa Física há renúncias fiscais previstas na legislação dos 14 países analisados pela OCDE, com a exceção da Holanda, onde a despesa tributária se dá no Imposto de Renda Pessoa Jurídica. Ainda com exceção da Holanda e Irlanda, todos os demais países registram despesas tributárias ligadas a outros impostos diretos e indiretos, restando vinculadas ao governo central na Austrália, Áustria, Canadá, Espanha e Estados Unidos (QUADROS, 2000, p. 1-14).

Cada país estudado tem uma motivação diferente para a realização da renúncia. Assim:
1. na Austrália: ¾ do total da renúncia são destinados à proteção social;
2. na Áustria: pouco mais de 5% das renúncias se destina a seguros de vida e saúde. Isso porque tanto neste país quanto

---

foi fundada em 14 de dezembro de 1961, sucedendo à Organização para a Cooperação Econômica Europeia, criada em 16 de abril de 1948. A OCDE é um órgão internacional e intergovernamental que reúne os países mais industrializados e também alguns emergentes como México, Chile e Turquia. Por intermédio da OCDE, os representantes se reúnem para trocar informações e alinhar políticas com o objetivo de potencializar seu crescimento econômico e colaborar com o desenvolvimento de todos os demais países membros." Conceito retirado do site da internet da Secretaria de Assuntos Internacionais do Governo Federal. BRASIL. Secretaria de Assuntos Internacionais. Disponível em: <http://www1.fazenda.gov.br/sain/pcn/PCN/ocde.asp>. Acesso em: 22 out. 2013.

na Itália os incentivos estão concentrados nas atividades empresariais com finalidade econômica

3. na Finlândia: quase 100% da renúncia de arrecadação está no campo previdenciário, enquanto aqueles referentes às deduções com planos de saúde são insignificantes, o que atesta "o sucesso do compromisso de longo prazo com um programa público e universal de atenção à saúde", em detrimento ao estímulo da aquisição de serviços dessa natureza de cunho privado (QUADROS, 2000, p. 1-14).

Como se pode constatar, os sistemas tributários ao redor do mundo são "abertos", ou seja, como esclarece Oliveira (2008, p. 149), transferem à lei infraconstitucional a criação das garantias ao contribuinte em face da Administração Pública.

Cita o mesmo autor (OLIVEIRA, 2008, p. 149) os seguintes países:
a) Portugal: a sua Constituição de 25.04.1976, no item 1º do art. 106, dispõe sobre a estruturação do sistema fiscal mediante lei que deverá estabelecer, segundo o item 2 do mesmo artigo constitucional, os benefícios fiscais e as garantias dos contribuintes;
b) Espanha: O art. 133 da Constituição de 27.12.1978, atribui à lei a criação dos tributos;
c) Itália: O art. 23 da Constituição de 1948, com as alterações de 1963 e 1967, estabelece a criação de tributo em lei;
d) Alemanha (antiga Ocidental), havia disposição de que apenas a lei poderia impor o pagamento de impostos;
e) Chile: O item 20 do capítulo III, da Constituição de 08.10.1981, dispõe sobre a previsão de lei para instituição dos tributos;
f) Argentina: há a previsão sobre a necessidade de lei tratar da criação dos tributos no art. 67 e;
g) Uruguai: o Art. 85 da Constituição de 1966 fixa a competência da Assembleia-Geral para instituição dos tributos.

A França prevê no art. 34 da sua Constituição de 1958 que compete à lei fixar regras relativamente a taxas e modalidades de cobrança de imposições de todas as naturezas, sendo que boa parte de suas "exonerações fiscais" estão previstas no próprio Código de Impostos que prevê a exoneração de tributos, por exemplo, das sociedades sindicais, profissionais etc.[30]

---

[30] Constituição Federal e Código de Impostos francês consultados no endereço: <http://www.legifrance.gouv.fr/affichCode.do?cidTexte=LEGITEXT000006069577&dateTexte=20131029>. Acesso em: 29 out. 2013.

5.1.2 As renúncias de receitas nos Estados Unidos da América

O caso norte-americano é analisado separadamente no citado estudo. Isso porque entendem os pesquisadores que este se assemelha mais à situação brasileira, considerando que lá, como aqui, há uma maior concessão de incentivos tributários, atribuindo-se maior prioridade aos gastos indiretos do Estado, estimulando o serviço privado de saúde (QUADROS, 2000, p. 1-14).

Assevera o estudo que nos últimos anos os incentivos tributários para a política social têm se desenvolvido com vantagem sobre programas de gasto direto com alto custo político (QUADROS, 2000, p. 1-14).

A definição oficial dos Estados Unidos sobre renúncias fiscais as identifica como "perdas de receita que decorrem de dispositivos da legislação tributária federal, tais como exclusões, isenções, deduções, créditos, diferimento ou redução de alíquotas." Anualmente, com base em dados obtidos no Departamento do Tesouro dos Estados Unidos, o OMB – *Office of Management and Budget*"[31] divulga a lista de despesas tributárias federais e as estimativas de perda de arrecadação (QUADROS, 2000, p. 1-14).

Em uma análise dos últimos vinte anos, evidencia-se uma destinação crescente das despesas tributárias com programas "sociais, como promoção da educação, saúde, habitação, proteção social, aposentadorias, garantia de renda para famílias de baixa renda" (QUADROS, 2000, p. 1-14).

Em 1999, os "gastos tributários sociais representaram cerca de 79% de toda a despesa tributária, em contraste com os 57% de 1980". Isso representava em torno de 5% do PIB, enquanto apenas 1,3% do PIB referia-se a incentivos às atividades produtivas.

A renúncia de arrecadação concentrava-se, em 1999, da seguinte forma:

---

[31] Esse escritório da Casa Branca, denominado Escritório de Administração e Orçamento, auxilia o Presidente dos Estados Unidos na implementação da sua visão executiva. Serve como uma ponte entre os demais departamentos e agências do governo federal e o Presidente. Dentre suas prioridades está a execução e o desenvolvimento do orçamento, que envolvem as decisões, políticas, prioridades e ações passando dentre as áreas econômica, de saúde, de segurança etc. Disponível em: <http://www.whitehouse.gov/omb/organization_mission>. Acesso em: 22 out. 2013.

a) isenção de Imposto de Renda para contribuições em planos de previdência complementar (U$ 86,9 bilhões);
b) isenção das contribuições do empregador para planos de seguro de saúde e assistência médica (U$76,2 bilhões);
c) deduções de juros referentes a hipotecas de moradias (U$ 53,7 bilhões);
d) deduções de impostos estaduais e municipais pelas pessoas físicas, gastos com habitação pelos não proprietários (U$ 33,5 bilhões);
e) créditos tributários sobre rendimentos da pessoa física (U$29,1 bilhões) (QUADROS, 2000, p. 1-14).

O problema para o estudo é o caráter regressivo desses benefícios, desde que apenas aqueles que têm condições financeiras para custear os planos de saúde é que se beneficiam dessas renúncias, enquanto o financiamento direto do setor público provê uma cobertura parcial que envolve idosos (*Medicare*), indigentes (*Medicaid*), crianças de baixa renda (por meio do *Children's Health Insurance Program*). Um número grande de americanos, estimado naquela época em 43 milhões, não dispunha de seguro privado e nem se enquadrava nas condições mencionadas (QUADROS, 2000, p. 1-14).

Buscando dados mais atuais, no *site* da internet *Tax Policy Center*, observa-se, pelas comparações abaixo, a parcela da população americana que atualmente não paga Imposto de Renda.[32]
a) 43, 3% das famílias não pagam imposto sobre a renda;
b) mas, das famílias que não pagam imposto de renda, aproximadamente ⅔ pagam impostos sobre a folha de pagamento, sendo apenas 14,4% desonerados dessa modalidade tributária;
c) o último círculo demonstra o percentual de quem não paga nem imposto sobre a renda, nem sobre a folha de pagamento.

---

[32] Extraído do site: TAX POLICY CENTER. Disponível em: <http://www.taxpolicycenter.org/taxtopics/federal-taxes-households.cfm>. Acesso em: 22 out. 2013.

Gráfico 2 – Parcelas da população americana que pagam e não pagam imposto de renda, 2013

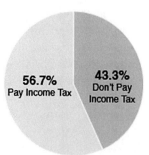

43.3% of households pay no federal income tax in 2013.

56.7% Pay Income Tax
43.3% Don't Pay Income Tax

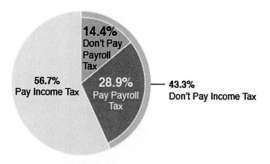

But, of households that pay no income tax, about two-thirds do pay payroll taxes.

56.7% Pay Income Tax
28.9% Pay Payroll Tax
14.4% Don't Pay Payroll Tax
43.3% Don't Pay Income Tax

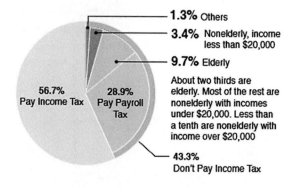

So, who pays neither income nor payroll taxes?

56.7% Pay Income Tax
28.9% Pay Payroll Tax
1.3% Others
3.4% Nonelderly, income less than $20,000
9.7% Elderly

About two thirds are elderly. Most of the rest are nonelderly with incomes under $20,000. Less than a tenth are nonelderly with income over $20,000

43.3% Don't Pay Income Tax

Source: Urban-Brookings Tax Policy Center Microsimulation Model (version 0613-1)

Sobre as despesas fiscais, o mesmo *site* afirma que essas despesas compõem uma parte importante do orçamento federal americano. Algumas são maiores do que todo o orçamento dos programas ou departamentos destinados a certos setores, é o que acontece, por exemplo, com os incentivos fiscais para a casa própria que superam as despesas totais do Departamento de Habitação e Desenvolvimento Urbano. Ao lado dele, a despesa que permite a exclusão das contribuições patronais para os funcionários que envolvem "prêmio de seguro e assistência médica" também importa em uma das maiores renúncias de receita da Fazenda Pública Americana.

Isso é o reflexo da política americana, como já levantava o estudo da ANS acima transcrito, no ano 2000, em priorizar o atendimento privado em detrimento do público na área de saúde, conforme pode ser observado pela imagem abaixo que demonstra que mais de 60% da população jovem (não idosos) americana utiliza serviço de saúde a partir de seus empregadores. Aproximadamente 5% da população adquire serviço de saúde diretamente no mercado privado e 14% utiliza a cobertura do sistema público (*Medicaid*), ficando desprovidos de qualquer seguro saúde, em média, 17%.[33]

Gráfico 3 – Cobertura do Seguro Saúde para não idosos, 2006

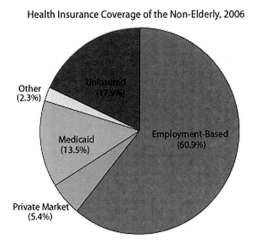

---

[33] Dados extraídos do site: TAX POLICY CENTER. Disponível em: <http://www.taxpolicycenter.org/taxtopics/healthinsurance.cfm>. Acesso em: 22 out. 2013.

Vale ainda analisar se dentre as isenções fornecidas pelo Estado Americano encontram-se presentes as entidades do terceiro setor. Ao se debruçar sobre estudos dedicados a essa disciplina, observa-se que as entidades sem fins lucrativos representam uma grande quantidade das prestadoras de serviço na área de saúde, e, ratificando a percepção da pesquisa da ANS de que o país se empenha em conceder mais renúncias de receita do que realizar investimento diretos, é possível constatar.

A análise nesta obra sobre as organizações americanas que não pagam tributos se fundamenta nos estudos publicados por duas advogadas americanas, precisamente Jody Blazek e Amanda Adams que se dedicam à matéria desde 1969, quando o ato de reforma tributária naquele país remodelou a tributação para as fundações privadas, e ainda nas publicações do professor da Escola de Direito da Universidade de Kansas, Bruce R. Hopkins.

Na obra conjunta *Tax Planning and Compliance for Tax-Exempt Organizations* Jody Blazek e Amanda Adms esclarecem que a estrutura jurídica das organizações isentas de tributos incluem várias espécies de instituições sem fins lucrativos, tais como: igrejas, escolas, instituições beneficentes, associações de negócios, partidos políticos, clubes e mais uma variedade de organizações com finalidade pública ou comum (BLAZEK; ADMS, 2012, p. 780-785).

Todas as organizações isentas têm em comum a característica de se organizarem por e para um grupo de pessoas, e não em prol de interesses individuais ou visando a negócios particulares, daí porque detêm um "status" legal diferenciado.

A linha comum que congrega as várias espécies de organizações isentas é a ausência de propriedade privada e motivações lucrativas.

Nesse caminho, os governos estaduais e federais veem as organizações não lucrativas como aquelas que aliviam os seus pesados encargos ao realizarem funções governamentais. Então, muitas organizações não lucrativas são isentas de tributos que financiam o governo, incluindo: renda, vendas, "ad valorem" e outros de competência local e esse "status" especial representa o reconhecimento do trabalho que elas realizam pelo governo.

Isso acontece, segundo Hopkins (2011, p. 3-7) porque o terceiro setor ou o setor não lucrativo é tomado como essencial à manutenção da liberdade dos indivíduos e como uma forma de contenção aos excessos dos dois outros setores, quais sejam, particular e governamental.

Adicionada a essas isenções tributárias, as instituições beneficentes e outras espécies de organizações sem fins lucrativos recebem doações que também implicam dedução tributária, o que evidencia a intenção governamental em contribuir financeiramente a favor delas.

Por razões complexas e que não cabem no objeto deste trabalho, o tratamento dado pelo governo americano às organizações sem fins lucrativos não é igual relativamente às deduções das doações. Em nível federal, o correspondente ao Código Tributário Nacional do Brasil ali denominado *Internal Revenue Code* (IRC), no §501, lista 30 espécies de organizações sem fins lucrativos que são isentas.

Vale registrar que o IRC não usa a expressão "organização sem fins lucrativos", mas esse termo é usado para designar organizações isentas por alguns Estados.

Embora as instituições isentas sejam normalmente aquelas cuja finalidade é a caridade, o código tributário também lista organizações sem fins lucrativos como cemitérios, sociedades beneficentes, associações de comunidades e até clubes sociais.

Uma organização isenta se distingue de uma "não isenta" em razão da sua própria estrutura e da motivação de suas operações. As isentas são comumente chamadas de "não lucrativas" pelas leis estaduais, o que gera certa confusão.

Isso porque o termo "não lucrativo" é uma contradição em si mesmo, pois, para crescer e ter sucesso financeiro, uma organização isenta pode e deve gerar lucro. É perfeitamente aceitável para uma organização isenta americana acumular fundos com o capital do trabalho pela aplicação em outros fundos, ou ainda por meio de doações.

Assim, as organizações sem fins lucrativos vivem um paradoxo. Empresas normalmente não doam comida e casa para pessoas carentes, mas operam escolas, hospitais, teatros, galerias e outras atividades que são realizadas por organizações isentas; e em ambas, a natureza das atividades e dos negócios acaba se assemelhando, por isso é que as características do "status não lucrativas" varia de Estado para Estado, tanto que em alguns são chamadas de corporações de benefícios públicos, enquanto clubes sociais e associações de negócios são denominadas corporações de benefícios mútuos.

A principal característica que distingue uma organização isenta de uma que deve contribuir não envolve a motivação em realizar atividades que gerem receita. Isso porque um hospital, uma escola pode cobrar valores de seus pacientes e alunos para pagar seus custos, esses valores arrecadados, se bem administrados, podem gerar inclusive lucro para serem aplicados dentro da própria organização, mas essa não pode ser a motivação principal de uma organização isenta.

Para uma organização ser isenta ela não só não pode distribuir esses lucros entre seus associados/sócios ou outros indivíduos privados, como ela deve precipuamente se preocupar, ou ter como principal finalidade, prestar serviços públicos.

Portanto, se um hospital cobra de seus pacientes valores para se custear e gerar lucro ele pode, mesmo assim, ser isento. Isso quer dizer que um hospital sem fins lucrativos pode concorrer no mercado com um hospital com fins lucrativos; contudo, se isso ocorrer, o IRC impõe uma cobrança de tributo sobre a receita da organização isenta e se o lucro virar o negócio principal, o hospital sem fins lucrativos pode perder a isenção.

Por essa razão é que Hopkins (2011) afirma que uma organização sem fins lucrativos não é necessariamente isenta, ela pode ser ou não, depende de obedecer aos critérios impostos pelo IRC e que podem ainda ser complementados por outras leis Estaduais.

A principal distinção que Hopkins (2011, p. 10-20) identifica entre uma empresa sem fins lucrativos para uma com fins lucrativos diz respeito ao fato de que nestas últimas os proprietários se assemelham a acionistas de uma corporação, os lucros do negócio são repassados a eles, como um pagamento de dividendos, oriundo de divisão de lucros; portanto, o termo com fins lucrativos é utilizado para designar geração de lucro para seus proprietários.

De outro modo, uma empresa sem fins lucrativos não permite a distribuição de lucros para aqueles que a controlam. Uma empresa sem fins lucrativos raramente tem proprietários, daí porque dificilmente ela se apresente natureza privada.

A definição de organizações isentas, então, perpassa por uma construção legislativa, pois, segundo Hopkins (2011, p. 6), não há entidade que detenha o direito inerente a uma isenção. A existência de uma isenção e a determinação das entidades que terão direito a elas deriva, nos EUA, de um desejo do legislador. Por isso o IRS esclarece que "a isenção dos tributos federais não é um direito, é como uma graça legislativa restritamente construída". Não há princípios constitucionais prevendo a isenção tributária e, por essa razão, periodicamente o Congresso inclui ou retira categorias de organizações.

Portanto, pode-se constar que nos Estados Unidos a política pública desenvolvida até agora na área de incentivos fiscais para a saúde foi no sentido de incrementar os indiretos em detrimento dos diretos.

Apesar disso, um estudo comparativo sobre o gasto público federal entre 1962 e 2004 de Krugman e Wells (2007, p. 438-439) demonstra que ao longo desse período houve um declínio dos gastos militares – que chegaram a representar metade de todo o gasto federal nos anos 60, persistindo alto por toda a guerra fria – e um aumento dos gastos com previdência social (criado em 1935) e assistência médica aos idosos (criado em 1965).

Segundo Krugman e Wells (2007, p. 438-439), mesmo após os atentados de 11 de setembro de 2001, quando os gastos militares voltaram a subir, não mais superaram os de previdência e saúde. Mas apesar disso, esse mesmo estudo demonstra que em 2002 o gasto público em relação ao PIB de cada país era inferior aos principais países industriais, conforme gráfico abaixo:

Gráfico 4 – Gasto público na saúde em alguns países do mundo

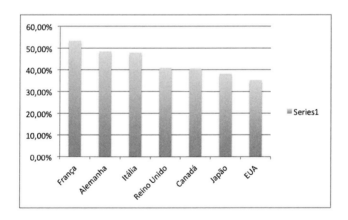

Contudo, ao que tudo indica, essa política deve desde a última eleição presidencial passar por sérias reformas com a implantação da nova estrutura para a saúde do Presidente Barack Obama, chamada comumente de *Obama's Health*.

Isso porque a introdução desse novo sistema envolve uma maior prestação direta do serviço pelo Estado, conforme se depreende da análise comparativa feita por Oberlander (2008, 781-784), para o *The New England Journal of Medicine* que inclui, entre outras políticas:
    a) a criação de um novo plano nacional de saúde, similar ao *Medicare* para os que não possuem qualquer cobertura e para os pequenos empresários;

b) cobertura para todas as crianças;
c) subsídio para a população americana de baixa renda para ter acesso à cobertura;
d) regulação para todos os planos privados;
e) redução dos custos de administração do setor privado de saúde;
f) ênfase na prevenção e saúde pública;
g) redução dos pagamentos excessivos aos serviços contratados pelo Estado para suprir o *Medicare*;
h) disponibilizar ao *Medicare* negociar com as empresas farmacêuticas;
i) expandir a cobertura de financiamento dos tributos sobre a folha de pagamento, deixando mais brandos os custos tributários para famílias que ganham acima de U$250.000.

5.2 O financiamento público direto e indireto da saúde no Brasil

5.2.1 As receitas públicas brasileiras atreladas à área de saúde

Conforme já comentado nos capítulos anteriores, não há, seja dentro da seara jurídica, da administração pública ou médica um consenso sobre se é melhor ou pior o financiamento público direto para a prestação do serviço de saúde no Brasil, ou a utilização de mecanismos legais de renúncia de receita para atrair tanto o segundo quanto o terceiro setor para, conjuntamente com o Estado, proporcionar um aumento quantitativo e qualitativo dessa espécie de serviço público.

Apesar dessa heterogeneidade no tratamento da matéria, alguns pontos já mencionados merecem ser aqui novamente destacados:

a) algumas áreas técnicas especializadas na matéria comungam do entendimento de que falta uma maior destinação de recursos, sobremaneira da União Federal, à saúde;
b) as necessidades da área de saúde no Brasil perpassam pela designação de maior cuidado financeiro por parte dos administradores públicos;
c) há ainda os que defendem que já existe uma verba estatal considerável vinculada à saúde, daí porque o problema não estaria em destinar mais valores à área, mas sim em geri-los de uma forma mais eficiente (CONTI, 2013).

Se existem receitas públicas vinculadas à saúde, quais são elas?

A Constituição Federal, como já comentado nos capítulos anteriores, trata da saúde principalmente nos arts. 196 a 199. Os parágrafos do art. 198 falam em destinação de receitas da União, Estados e Municípios a ser fixada em Lei Complementar.

Como de 1988 (ano da promulgação da Constituição Federal) até o ano 2000, a mencionada Lei Complementar não havia sido editada; a Emenda Constitucional nº 29, de 13.09.2000, acrescentou ao Ato das Disposições Constitucionais Transitórias (ADCT) o art. 77 que estabelecia recursos mínimos a serem aplicados à saúde, até o exercício de 2004.

Esse dispositivo previu que:
1. a União deveria destinar à saúde:
   a) em 2000, o montante destinado à área em 1999, acrescido de 5%;
   b) de 2001 a 2004, o valor do ano anterior acrescido da variação do Produto Interno Bruto;
2. os Estados e o Distrito Federal deveriam destinar à saúde:
   a) 12% da arrecadação dos seguintes impostos: Imposto de Transmissão *Causa Mortis* e Doação (ITCMD) e Imposto sobre a Circulação de Mercadorias e Serviços (ICMS);
   b) 12% do produto da arrecadação do Imposto de Renda Retido na Fonte pelos Estados, no momento do pagamento dos rendimentos de seus servidores, das suas autarquias e fundações (art. 157, I);
   c) 12% dos 25% que cabe aos Estados do produto da arrecadação dos impostos residuais da União (art. 157, II);
   d) 12%, dos 21,5%, dos 48% do produto da arrecadação do Imposto de Renda e Imposto sobre Produtos Industrializados (IPI), destinados aos Estados e Distrito Federal, pelo Fundo de Participação dos Estados e Distrito Federal (art.159, I, *a*);
   e) 12% dos 10% que cabem aos Estados e Distrito Federal da arrecadação do Imposto sobre Produtos Industrializados (IPI), incidente sobre exportações.
3. os Municípios e Distrito Federal:
   a) 15% do produto da arrecadação do IPTU – Imposto sobre a propriedade Territorial Urbana; Impostos de Transmissão *inter vivos* e ISS – Imposto sobre Serviços (art. 156, I, II e III);
   b) 15% produto da arrecadação do Imposto de Renda Retido na Fonte pelos Municípios, no momento do pagamento dos rendimentos de seus servidores, das suas autarquias e fundações (art. 158, I);

c) 15% dos 50% do produto da arrecadação da União de ITR – Imposto Territorial Rural (art. 158, II), ou 15% do total da arrecadação de mesmo tributo, quando o Município tiver optado por fiscalizá-lo e cobrá-lo (art. 153, §4º, III);
d) 15% dos 50% a que faz relativamente ao IPVA – Imposto sobre a Propriedade de Veículos Automotores, daquele veículos licenciados em seu território (art. 158, III);
e) 15% dos 25% a que fazem os Municípios do produto da arrecadação do ICMS – Imposto sobre a Circulação de Mercadorias e Serviços (art. 158, IV)
f) 15% dos 22,5% dos 48% do produto da arrecadação do Imposto de Renda e IPI – Imposto sobre Produtos Industrializados, destinados aos Estados e Distrito Federal, pelo Fundo de Participação dos Municípios (art.159, I, b);
g) 15% dos 25% que cabem aos Municípios, dos 10% que cabem aos Estados e Distrito Federal da arrecadação do IPI – Imposto sobre Produtos Industrializados, incidente sobre exportações. (art. 159, §3º).

O art. 77 do ADCT previu ainda que todas essas receitas vinculadas à saúde deveriam ser aplicadas por meio do Fundo Nacional de Saúde, acompanhado e fiscalizado pelo Conselho Nacional de Saúde, independentemente do controle interno mantido por todos os Entes da Federação (§3º); bem assim que até a edição da Lei Complementar correlata essas regras deveriam permanecer sendo aplicadas.

Em 13 de janeiro de 2012 entrou em vigor a Lei Complementar 141 que, ao regulamentar o §3º do art. 198 da Constituição Federal para dispor sobre valores mínimos a serem aplicados anualmente pelos três Entes que compõem a Federação em ações e serviços públicos de saúde, deixou parte dos especialistas frustrados.

Isso porque a mencionada Lei permaneceu com a fixação de percentuais de gastos mínimos dos Estados e Municípios (12% e 15% respectivamente – arts. 6º e 7º), mas ao invés de fixar percentual à União sobre a sua arrecadação tributária, determinou que se verifique o montante do valor empenhado no exercício financeiro anterior, acrescido, de no mínimo a variação nominal do PIB (Produto Interno Bruto) ocorrida no ano anterior ao da lei orçamentária anual (art.5º), mantendo, nesse sentido, os critérios já existentes desde o advento da EC 29/2000.

Essa lei estabeleceu também, em seu art. 14, que o Fundo Nacional de Saúde, previsto desde a Lei 8.080/1990, atuará como unidade orçamentária e gestora das verbas do Sistema Único de Saúde, daí excluídos os recursos repassados diretamente às unidades ligadas ao Ministério da Saúde.

Afora a vinculação tributária, com a descoberta do PréSal surgiu uma discussão sobre a divisão dos valores pagos aos entes Estatais derivados da exploração do petróleo, a chamada compensação financeira, ou *royalties*, se eles seriam destinados apenas à educação ou parte também ficaria atrelada à saúde.

O que de fato aconteceu foi a divisão dos *royalties* do petróleo com a vinculação da arrecadação a ambas as áreas.

Em 9 de setembro de 2013, foi publicada a Lei nº 12.858 que acresce ao mínimo obrigatório de gasto constitucional nas áreas de saúde e educação os valores arrecadados em razão da participação nos resultados, ou a título de compensação financeira (receita não tributária),[34] dos três entes que compõem a Federação, pelos contratos celebrados a partir de 3 de dezembro de 2012, sob os regimes de concessão, de cessão onerosa e de partilha de produção, de que tratam respectivamente as Leis nºs 9.478, de 6 de agosto de 1997, 12.276, de 30 de junho de 2010, e 12.351, de 22 de dezembro de 2010, quando a lavra ocorrer na plataforma continental, no mar territorial ou na zona econômica exclusiva, na proporção de 75% para a educação e 25% para a saúde.

Afora essas normas, há ainda na Constituição Federal as contribuições sociais (receitas tributárias) que resultam em mais receitas que podem ser atreladas à saúde, tais como:
   a) Contribuição para o Financiamento da Seguridade Social (COFINS): art.195, I, "b";
   b) Contribuição Social sobre o Lucro Líquido (CSLL): art. 195, I, "c";
   c) Contribuição sobre a Receita de Concursos e Prognósticos: art. 195, III;
   d) Contribuição para o Financiamento da Seguridade Social – importação (COFINS – importação): art. 195, IV;
   e) PIS – Programa de Integração Social: art. 239.[35]

---

[34] Inserem-se na noção de receita não tributária aqueles valores que ingressam nos cofres públicos não em razão da cobrança coercitiva pelo Estado a título de impostos, taxas ou contribuições, na forma dos arts. 3º e 4º do CTN, mas as derivadas de outras espécies de relações estatais, como, por exemplo, quando o Estado, utilizando ou cedendo o uso ou exploração de seu patrimônio, recebe valores a título de compensação ou ressarcimento. Assim é que a exploração do petróleo, que é monopólio da União, nos termos do art. 177 da Carta Magna, pode dar ensejo ao recebimento de valores como compensação.
[35] "[...] algumas dessas contribuições para a seguridade social não podem, por determinação expressa da Carta da República, ter o produto de sua arrecadação vinculado ao gasto com a

Esses valores podem ser investidos diretamente pelos Entes que compõem a Federação, ou mediante concessão de auxílios e subvenções às instituições filantrópicas e às sem fins lucrativos; ou ainda mediante contrato ou convênio com instituições privadas, tendo sempre preferência nesse último caso, as filantrópicas e as sem fins lucrativos (§§1º e 2º do art. 199 CF88).

Mas nem todos são aplicados à saúde, isso porque bem salienta Michel Haber Neto em recente dissertação de mestrado publicada sobre a matéria, (HABER NETO, 2013, p. 185), para "amenizar" as vinculações de receitas que representam verdadeiras "amarras" financeiras para o Estado, desde 1994 existe no ordenamento jurídico nacional a atualmente denominada Desvinculação Receita da União (DRU), introduzida no país como Fundo Social de Emergência (FSE).

Atualmente vigendo até 2015, a DRU autoriza a União Federal a dispor livremente de 20% da receita oriunda das contribuições sociais, exatamente aquelas que, por determinação constitucional, deveriam ser destinadas ao setor social, incluindo aqui a saúde.

Em razão também da DRU, o Conselho Federal da OAB, ao lado de outras entidades, coletou 2 milhões de assinaturas e apresentou ao Congresso Nacional, como projeto de lei de iniciativa popular, a obrigatoriedade de vinculação de 10% do orçamento da União à saúde, bem como a postulação de criação de cargo de Auditor do SUS para que haja controle da aplicação desses recursos, é o chamado programa "Saúde +10" (COÊLHO, 2013).

Parece que para atenuar a reclamação social sobre a falta de recursos à saúde, o Ministério da Saúde mantém em seu site na internet informações sobre destinações usuais de verbas à área:

> Com a Portaria fica autorizado o ajuste ao incentivo de Apoio à Contratualização (IAC) dos hospitais filantrópicos desde 2004. Estão previstos repasses de R$100 milhões este ano e R$200 milhões em

saúde pública. São elas: (i) as contribuições instituídas a partir da materialidade 'pagamento de salários e rendimentos' (contribuições previdenciárias dos empregados) que devem ser destinadas ao pagamento de benefícios do regime geral de previdência social (art. 167, inciso XI, da CF/88); (ii) as contribuições instituídas com base na materialidade 'auferição de rendimentos' a título de remuneração (contribuições previdenciárias do empregado), que também se destinam ao pagamento de benefícios do regime geral de previdência social (artigo 167, inciso XI, da CF/88); (iii) a Contribuição ao Programa de Integração Social e ao Programa de Formação do Patrimônio do Servidor Público (PIS/PASEP) e a contribuição ao PIS/PASEP – importação, que se destinam ao custeio de atividades relacionadas ao pagamento de seguro-desemprego e abono salarial (artigo 239, da CF/88), componentes do conceito de assistência social (HABER NETO, 2013, p. 147-148).

2012 para o incentivo de Apoio à Contratualização de 700 entidades filantrópicas.

Além disso, o ministro autorizou a liberação de R$12 milhões do Timemania para convênios com 170 entidades, cujo projeto de qualificação da gestão foi aprovado pelo Ministério.

INCENTIVOS – O Ministério da Saúde ainda autorizará incentivo de 20% aos repasses totais a entidades filantrópicas que comprovem 100% de atendimento pelo SUS. Há hoje 1.478 entidades filantrópicas no Brasil. Em 2010, o ministério repassou R$6,6 bilhões às Santas Casas e Hospitais Filantrópicos no país inteiro, como custeio à realização de procedimento. Esse valor representou crescimento de 63,6% na destinação de recursos a esse tipo de entidade, em relação a 2004. Ao todo, ocorreram nelas mais de 4 milhões de internações e mais de 138 milhões de atendimentos ambulatoriais, no ano passado. Esses estabelecimentos destinam hoje 105.337 leitos ao SUS, sendo 99.280 leitos gerais e 6.057 leitos de UTI.[36]

Ao mesmo tempo em que o Estado divulga esses valores, proliferam no país questionamentos nas mídias, nos Tribunais de Contas, inclusive o da União e no Poder Judiciário, via Ministério Público, sobre a forma como essas verbas são destinadas, ora denunciando que a prestação do serviço não é realizada, ora questionando a eficiência na prestação desse serviço, bem assim, a contratação desprovida de atenção a regras legais pertinentes.

Vale esclarecer que, no caso do terceiro setor, este é beneficiado não apenas com as regras constitucionais de imunidade, as renúncias de receita (infraconstitucionais) por meio do que aqui se chama de investimento indireto, mas também diretamente pelo que alguns autores denominam de intervenção do Estado no Domínio Social, mediante a *subvenção social*.[37]

Daí a ausência de consenso sobre ser melhor para o país a aplicação de verbas diretamente à saúde, ou através de políticas extrafiscais de renúncia de receita.

---

[36] Notícia datada de 18 de agosto de 2011, extraída do site do Ministério da Saúde na internet. BRASIL. Ministério da Saúde. <http://portal.saude.gov.br/portal/aplicações/noticias/default.cfm?pg>. Acesso em: 4 jun. 2013.

[37] No livro *Da Intervenção do Estado no Domínio Social*, Zockun (2009, p. 198-199) distingue as duas espécies de subvenção: a) a social, que tem como sujeito passivo instituições públicas ou privadas assistenciais ou culturais, sem fins lucrativos, importando em uma forma de intervenção do Estado na ordem social, exigindo que o particular, com o incentivo do Estado, possa realizar ações voltadas à assistência social, médica e educacional com o controle de padrões mínimos de eficiência previamente fixados, conforme art. 16, parágrafo único da Lei 4.320/1964; e b) a econômica, que tem como sujeito passivo empresas públicas ou privadas de caráter comercial, industrial, agrícola ou pastoril.

5.2.2 A renúncia de receita como política extrafiscal brasileira afirmativa do acesso à saúde

As principais formas de renúncia de receita têm como fundamento no Brasil a garantia de direitos fundamentais, ou a indução da sociedade ou da economia ao desenvolvimento de um certo comportamento que o Estado entende necessário em um dado momento.

Assim, quando o Estado arrecada tributos, ele o faz por duas razões: 1) pela necessidade de adquirir receitas para manutenção de sua estrutura administrativa e para implementar as políticas públicas que lhe são obrigatórias, seja por determinação constitucional, seja legal; ou 2) para induzir a sociedade, ou a economia, a seguir em uma certa direção.

Daí que as renúncias a essas receitas ocorrem pelos mesmos motivos: ou para ajudar o Estado a garantir os direitos fundamentais por meio das políticas públicas obrigatórias, ou para atrair a sociedade e a economia a realizar atividades específicas.

Mas no caso da saúde, as renúncias de receita podem se revestir de uma motivação, da outra, ou das duas ao mesmo tempo.

Basta identificar alguns exemplos de desoneração no Brasil, nessa área:

a) quando a União Federal possibilita aos contribuintes abater do imposto de renda que devem pagar qualquer despesa médica, está-se diante de uma renúncia de receita tributária, cuja motivação é possibilitar o acesso à saúde privada.

Nesse viés, os contribuintes que detenham capacidade contributiva maior recebem ainda o benefício fiscal do abatimento das despesas médicas particulares – inclusive planos e seguros saúde – dos impostos que incidem sobre a renda e os proventos de qualquer natureza que auferirem.

Será que nessa hipótese, poder-se-ia afirmar tratar-se apenas de uma política de implementação do direito fundamental à saúde, ou ela também é uma medida que, intrinsecamente, possui característica extrafiscal, no sentido de induzir aqueles que detêm maior capacidade econômica a adquirirem serviços da saúde na rede privada, "liberando" a saúde pública para os menos abastados?

Há autores sobre isso que defendem ainda tratar-se de um verdadeiro subsídio cruzado, pois os mais ricos financiam, por meio do imposto pago aqueles desprovidos de condições financeiras para custeio da saúde no setor privado (QUADROS, 2000, p. 1-14).

b) quando incentivos fiscais são destinados ao setor privado na área de saúde, está-se diante de uma política fiscal afirmativa de direitos fundamentais exclusivamente, ou induzindo o setor a se desenvolver para absorver a demanda por saúde que o Poder Público não consegue atender?

É necessário, então, para se entender a sistemática da renúncia de receita brasileira, fazer-se um estudo atento a todas a essas questões de fundamentação para a concessão das renúncias.

A Constituição Federal de 1988 autoriza especialmente em dois artigos a criação, por lei, de incentivos setoriais e regionais, são eles: 1) o art. 151, I, que, ao prever o Princípio da Não Discriminação tributária em razão da origem ou destino dos bens, a chamada uniformidade geográfica tributária, ressalva a possibilidade de concessão de incentivos fiscais com a finalidade de promoção do equilíbrio entre regiões e; 2) o art. 227 que prevê a concessão de incentivos fiscais e subsídios para estimular programas de apoio à criança e ao adolescente.

O Demonstrativo dos Benefícios Tributários complementa o Orçamento Geral da União, apresentando a renúncia de receita tributária brasileira e tem como critério de classificação se os objetivos das desonerações são de natureza econômica, social ou político-administrativa. Esse documento produzido por técnicos do governo serve, sobretudo, para identificar os casos de renúncia de receita que potencialmente não trazem benefícios.

Por meio de uma análise desse demonstrativo na década de noventa, segundo Quadros (2000, p. 1-14), "os incentivos fiscais apresentaram comportamento irregular", quando apurados com relação ao produto da economia. Foi possível a ele identificar três fases diferentes:
   a) na primeira, entre 1990 e 1992, apesar da intenção e prática governamentais fosse a sua diminuição, os benefícios cresceram continuamente;
   b) na segunda fase, que acontece entre os anos de 1993 à 1994, houve relativa estabilidade, mesmo com os percentuais tendo sido os mais baixos da década;
   c) o ápice da década foi o ano de 1996; contudo, a partir desse anos os benefícios começaram uma fase de declínio, atingindo no ano 2000 um percentual semelhante apenas ao de 1989, quando essas estatísticas começaram a ser divulgadas.

Como o estudo de Quadros (2000, p. 1-14) remonta ao ano 2000, ele constatava uma forte concentração dos incentivos no Imposto de

Renda e Imposto sobre Produtos Industrializados, crescimento da Contribuição para o Fim Social (COFINS), enquanto houve redução de desoneração de Imposto de Importação, Contribuição Social PIS/PASEP e Contribuição Social sobre o Lucro Líquido (CSLL).

Tabela 1 – Espécies de incentivos

Espécies de Incentivos	1998	2000
Rendimentos Isentos e não tributáveis	0,46%	0,64%
Deduções mensais de IRPF (engloba: abatimentos com dependentes, previdência pública, despesas médicas, odontológicas, hospitalares e exames, despesas com instrução e contribuições para entidades filantrópicas e fundos da criança e adolescente).		0,33%
Zona Franca de Manaus (ZFM)	0,36%	0,21%

Fonte: QUADROS (2000)

Naquele período (1993/1998), o estudo (QUADROS, 2000, p. 1-14) comenta que não havia a disponibilização dos dados relativamente a renúncias de receita direcionadas à saúde; entretanto, foi identificado o volume de recursos do SUS gastos com internações no setor privado em relação aos hospitais universitários e públicos:

Tabela 2 – Percentual de gastos do SUS com internações

Hospitais	1993	1998
Privados	70,3%	56,3%
Universitários	15,1%	26,7%
Públicos	14,6%	17,0%

Fonte: Quadros (2000)

E as despesas do SUS com internações distribuídas entre as regiões do país, segundo o estudo, revelam a concentração de despesas nas regiões mais ricas do Brasil, em razão de nelas estarem as maiores quantidades de leitos e serviços (Sul e Sudeste), fazendo-o concluir que os benefícios tributários eram iníquos seja por serem utilizados por famílias de alta renda e por empresas de alto faturamento; seja porque os benefícios fiscais permaneciam concentrados nas regiões mais ricas, não contribuindo para o desenvolvimento das regiões mais carentes. Daí questionar: "Se a rede hospitalar pública é predominante nas regiões mais pobres, e o sistema continua fortemente centralizado em seu conjunto, qual a finalidade dos gastos tributários no campo da saúde? (QUADROS, 2000, p. 1-14).

Trazendo esses percentuais para exercícios financeiros mais atuais, é possível constatar das análises das contas do governo realizadas pelo Tribunal de Contas da União (TCU), nos exercícios 2010, 2011 e 2012:

Do ponto de vista dos aspectos tributários, os serviços privados são, em regra, tributados pelos Municípios por meio do Imposto sobre Serviços (ISS) e pela União Federal, através do Imposto de Renda Pessoa Jurídica, Imposto de Renda Pessoa Física, Imposto de Renda Retido na Fonte, Contribuição Social sobre o Lucro Líquido (CSLL), Contribuição para o Fim Social – COFINS, PIS/PASEP, INSS (quota patronal e dos empregados), IOF – Imposto sobre Operações Financeiras e Taxa de Saúde Suplementar.

Recentemente, em maio de 2013, o Instituto de Pesquisa Econômica Aplicada,[38] com o auxílio da Receita Federal do Brasil, divulgou novo estudo que toma por base dados fornecidos por esta, dos exercícios 2003 a 2011 sobre a mensuração dos gastos tributários, com ênfase nos Planos de Saúde. Foram somados os gastos com planos de saúde a partir das declarações de Imposto de Renda pelo modelo completo; bem como os gastos com despesas médicas, odontológicas e farmacêuticas dos empregadores (IRPJ) (OCKÉ-REIS, 2013, p. 1-13).[39]

O estudo toma por base o montante de recursos financeiros que, por previsão legal, podem ser deduzidos do imposto a pagar, envolvendo as famílias, os empregadores, a indústria farmacêutica (remédios)

---

[38] "O Instituto de Pesquisa Econômica Aplicada (IPEA) é uma fundação pública federal vinculada à Secretaria de Assuntos Estratégicos da Presidência da República. Suas atividades de pesquisa fornecem suporte técnico e institucional às ações governamentais para a formulação e reformulação de políticas públicas e programas de desenvolvimento brasileiros". Conceito retirado do site do IPEA na internet: INSTITUTO DE PESQUISA ECONÔMICA APLICADA. Disponível em: <http://www.ipea.gov.br/portal/index.php?option=com_content&view=article&id=1226&Itemid=68>. Acesso em: 28 out. 2013.

[39] Não fazem parte desse estudo as alíquotas diferenciadas do Imposto de Renda Pessoa Jurídica (IRPJ) e do Imposto sobre Serviços (ISS) destinadas aos hospitais e clínicas privadas, às empresas uniprofissionais dos médicos.

e os hospitais filantrópicos. A noção de renúncia de receita daqui é de "gasto tributário", ou seja, para os pesquisadores, nessas hipóteses, quando o Estado deixa de arrecadar é como se estivesse realizando um pagamento (OCKÉ-REIS, 2013, p. 1-13).

Afirma o estudo que não resta evidente para os especialistas em políticas de saúde qual a funcionalidade desse tipo de renúncia, embora identifiquem os seguintes objetivos governamentais (OCKÉ-REIS, 2013, p. 1-13):

a) promoção de benefício fiscal;
b) reestruturação do padrão de competição do mercado (política extrafiscal regulatória);
c) patrocínio ao consumo de plano privados de saúde;
d) redução de espera no setor público;
e) redução da carga tributária dos contribuintes que absorvem gastos elevados com saúde.

No quadro abaixo, é possível observar entre 2003 e 2011, em milhões de reais, o *quantum* a União Federal deixou de recolher dos tributos, a partir das declarações de IRPF e IRPJ, adicionadas às desonerações fiscais destinadas à indústria farmacêutica (remédios) e aos hospitais filantrópicos (OCKÉ-REIS, 2013, p. 1-13):

Tabela 3 – Gasto Tributário Saúde, 2003-2011 (em R$ milhões)

Ano	Gasto Tributário Saúde
2003	7.172
2004	8.819
2005	9.563
2006	12.453
2007	12.185
2008	13.770
2009	13.595
2010	14.422
2011	15.807

Fonte: Receita Federal do Brasil (RFB)
Elaboração: DIEST-IPEA

Em relação às desonerações tributárias da União Federal em geral, a participação percentual das renúncias na área de saúde diminuiu de 19,62% em 2003 para 10,47% em 2011.

Ademais, durante o período estudado, o ápice do percentual das renúncias de receita na área de saúde em relação às demais formas de desoneração da União ocorreu em 2006, quando 30,6% de todas as renúncias fiscais da União eram destinadas à saúde; tendo em 2011 esse percentual caído para 22,55%; mas segundo os pesquisadores, isso pode ter acontecido em razão do aumento do número total de desonerações (OCKÉ-REIS, 2013, p. 1-13).

Há no estudo tabelas que evidenciam, também, que perante a evolução das renúncias tributárias com planos de saúde em relação ao gasto público federal em saúde, tomando por base o Produto Interno Bruto (PIB), pode-se constatar o crescimento de ambos (OCKÉ-REIS, 2013, p. 1-13):

Tabela 4 – Crescimento Nominal: PIB, Gasto Federal Saúde e Gasto Tributário Plano de Saúde, 2003-2011 (em R$ milhões)

Ano	PIB	Gasto Federal Saúde	Gasto Tributário Plano de Saúde
2003	1.699.948	27.181	3.102
2004	1.941.498	32.703	3672
2005	2.147.239	37.146	4.239
2006	2.369.484	40.750	4.953
2007	2.661.344	44.303	5.688
2008	3.032.203	48.670	6.490
2009	3.239.404	58.270	6.409
2010	3.770.085	61.965	6.975
2011	4.143.013	70.101	7.767

Fonte: Ipeadata; Ministério da Saúde (MS); Receita Federal do Brasil (RFB)
Elaboração: DIEST-IPEA

(1) Despesas com ações e serviços públicos de saúde financiadas com recursos próprios.
(2) Siga Brasil (Senado Federal).
(a) As despesas com ações e serviços públicos de saúde são aquelas definidas na quinta e sexta diretriz da Resolução 322/2003 do Conselho Nacional de Saúde. No âmbito federal, além da exclusão da despesa com inativos e pensionistas, foram excluídas as despesas com o pagamento de juros e amortização da dívida e com o Fundo de Erradicação e Combate à Pobreza.

Prossegue o estudo demonstrando que, dentre as renúncias de receita, ali chamadas de gasto tributário, a que mais cresceu entre 2003 e 2011 foi a destinada à indústria farmacêutica (medicamentos), seguida das vinculadas ao IRPJ – Imposto de Renda Pessoa Jurídica: gastos com despesas médicas, odontológicas e farmacêuticas dos empregadores (OCKÉ-REIS, 2013, p. 1-13).

Tabela 5 – Crescimento Real do Gasto Tributário em Saúde, 2003-2011 (em R$ milhões)

Ano	IRPF	IRPJ	Medicamentos	Filantrópicos	Total
2003	5.717	1.774	1.711	1.746	10.949
2004	6.468	1.857	2.096	2.091	12.512
2005	6.678	2.018	2.325	1.816	12.837
2006	7.518	2.240	4.468	1.982	16.208
2007	8.108	2.619	2.638	1.818	15.182
2008	8.849	2.566	2.711	2.074	16.200
2009	7.663	2.568	3.015	2.088	15.334
2010	7.256	2830	3029	2.246	15.361
2011	7.716	2.937	2.896	2.258	15.807

Fonte: RFB
Elaboração: DIEST/IPEA

Outra análise que interessa a esta obra é a tabela que apresenta a distribuição percentual dos "gastos tributários" a partir dos dados coletados referentes a deduções com despesas médicas no Imposto de Renda Pessoa Física por tipo de serviço contratado pelo contribuinte (OCKÉ-REIS, 2013, p. 1-13):

Tabela 6 – IRPF: distribuição percentual segundo tipo de gasto tributário, 2003-2011 (em R$ milhões)

Tipo de Gasto	2003	2004	2005	2006	2007	2008	2009	2010	2011
Hospitais/ Clínicas Brasil	19,09%	10,09%	18,03%	18,26%	23,59%	24,16%	22,24%	19,34%	20,56%
Hospitais/ Clínicas Exterior	0,37%	0,37%	0,32%	0,28%	0,38%	0,40%	0,19%	0,15%	0,15%
Planos de Saúde	51,80%	51,83%	54,99%	55,95%	55,11%	57,29%	60,82%	63,38%	62,60%
Profissionais de Saúde Brasil	27,23%	27,25%	25,48%	24,48%	18,03%	16,58%	16,20%	16,98%	16,61%
Profissionais de Saúde Exterior	1,47%	1,45%	1,17%	1,00%	2,89%	1,57%	0,56%	0,15%	0,08%
Total em Milhões de Reais	3.745	4.558	4.975	5.776	6.507	7.521	6.795	6.813	7.716

Fonte: RFB
Elaboração: DIEST/IPEA

Conclui esse estudo com mais tabelas e gráficos apontados para o aumento do consumo de planos de saúde no Brasil nos últimos anos, resultando no crescimento do faturamento do mercado que quase dobrou; bem assim que a renúncia de arrecadação na forma demonstrada induz o "crescimento do mercado de planos de saúde, em detrimento do fortalecimento do Sistema Único de Saúde (SUS) e, por outro lado, gera uma situação de injustiça, ao favorecer estratos superiores de renda e certas atividades econômicas lucrativas" (OCKÉ-REIS, 2013, p. 1-13):

Conforme já comentado acima, o TCU disponibiliza em seu site na internet dados sobre as contas do governo em âmbito federal. Fazendo uma análise das renúncias de receita do Governo Federal em 2010 e 2012, observa-se o seguinte em bilhões de reais:

Tabela 7 – Renúncias de receita do Governo Federal, 2010-2012

Investimentos Diretos e Indiretos	2010	2011	2012
Renúncia de Receita Tributária	R$105,8	*	R$146,00
Renúncia de Receita Tributária-Previdenciária	R$19,2	*	R$26,6
Renúncia de Receita para a área da Saúde	R$12,1	*	*
Investimentos Diretos na Saúde	*	R$58,5	R$77,3

* Dados não disponibilizados no *site* do TCU
Fonte: BRASIL. Tribunal de Contas da União. Contas do Governo. Disponível em:<www.tcu.gov.br/contasdogoverno>. Acesso em: 30 out. 2013.

Como se depreende da tabela acima, no último triênio os investimentos diretos da União Federal aumentaram de R$58,5 bilhões de reais em 2011 para R$77,3 bilhões de reais em 2012, bem assim as renúncias de receita, seja a tributária exclusivamente formada por impostos, taxas e contribuições, seja a derivada das contribuições sociais. Contudo, a relação entre a renúncia de receita total e a que se destina à área de saúde ainda é grande.

Quer dizer, a destinação da renúncia de receita à área de saúde em relação ao total de renúncias da União é muito pequena, apesar de ano a ano ela ter crescido.

Se isso não bastasse, as políticas públicas que recebem investimentos diretos da União Federal sofrem pela ausência de coordenação e fiscalização das políticas públicas, daí porque há quem defenda que no Brasil não faltam recursos para a saúde, o que falta é gestão.

No Relatório das Contas do Governo de 2010, disponível no *site* do TCU, há a afirmação de que em 2009, apenas 13,7% dos Municípios do Brasil contavam com Fundo de Saúde. A maioria dos Estados brasileiros ainda estava construindo seus Planos de Saúde e, naquele ano, apenas 55% dos municípios apresentavam Relatório de Gestão aprovado pelo Conselho de Saúde.[40] Mas os Relatórios das Contas de Governo analisadas pelo TCU trazem uma distorção de interpretação que é a consideração, muitas vezes, das renúncias de receita como um problema do ponto de vista de que o Estado, ao fazer uso desse mecanismo, automaticamente deixa de investir em algumas áreas; é o que se depreende, por exemplo, do seguinte comentário:

> Cumpre alertar que as renúncias de receitas decorrentes do benefício tributário previdenciário podem afetar, além do orçamento da seguridade social, o orçamento fiscal. Caso a arrecadação de contribuições sociais seja insuficiente para custear as despesas da seguridade, maior será a necessidade de gastos orçamentários para financiar as áreas de assistência social, saúde e previdência social, sobretudo com as recentes desonerações de folhas de pagamento concedidas a alguns setores da economia.[41]

Ocorre que muitas vezes, como aduzido no início deste tópico, as renúncias de receita funcionam como verdadeiros mecanismos extrafiscais do Estado, no sentido de estimular o desenvolvimento de uma determinada atividade.

Nesse aspecto, também funcionam as renúncias de receita como políticas de financiamento da área da saúde.

E não apenas as renúncias de receita propriamente ditas, ou seja, aquelas derivadas de leis infraconstitucionais que criam formas de desoneração tributária de certas pessoas, bens, ou fatos; mas igualmente as imunidades, como previsões constitucionais que importam em impedir que algumas pessoas, bens, ou fatos tenham sobre si criações legislativas impondo a cobrança tributária, merecem aqui ser analisadas como incentivos à área de saúde, ou como querem alguns estudiosos, "gastos tributários".

Assim, excluídas deste momento as conceituações dogmáticas sobre cada espécie de renúncia de receita, o que já foi objeto dos

---

[40] BRASIL. Tribunal de Contas da União. Disponível em: <http://portal2.tcu.gov.br/portal/page/portal/TCU/comunidades/contas/contas_governo/contas_10/fichas/Ficha%206.2_cor.pdf>. Acesso em: 30 out. 2013.
[41] BRASIL. Tribunal de Contas da União. Disponível em: <http://portal2.tcu.gov.br/portal/page/portal/TCU/comunidades/contas/contas_governo/Contas2012/index.html>. Acesso em: 30 out. 2013.

capítulos precedentes, eis agora algumas das mais significativas formas de incentivos extrafiscais para a saúde no Brasil:

5.2.2.1 A dedução da base de cálculo do IRPF – Imposto sobre a Renda e Proventos de Qualquer Natureza dos valores integrais gastos com serviços de saúde privados

O Imposto de Renda que é pago pelos contribuintes brasileiros em razão do auferimento de rendas e proventos de qualquer natureza ao ser identificado, por ter o abatimento do critério quantitativo da sua Regra Matriz de Incidência, precisamente, do item base de cálculo, o valor integral das despesas médicas com serviços privados que o contribuinte tenha feito uso ao longo do exercício fiscal.

Muitos estudiosos veem nessa medida uma regra infraconstitucional, uma notável inconstitucionalidade.

Na hipótese há, segundo alguns autores, ferimento direto do Princípio da Capacidade Contributiva. Isso porque, como o Imposto de Renda, por força do art. 145 §1º da Carta Maior, deve obediência ao Princípio citado, precisam ser impressas técnicas legislativas no momento da sua instituição, visando à implementação desse princípio, como ocorre com a progressividade – aumento das alíquotas na razão direta do aumento das bases de cálculo –, fazendo com que quem tenha maior capacidade econômica pague mais imposto.

Conforme já comentado no estudo ao norte colacionado do IPEA, quem tem maior capacidade econômica necessariamente acabará tendo maior acesso aos serviços de saúde privados no país, e em contrapartida, poderá abater muito mais de seu Imposto de Renda, ao passo que os menos favorecidos economicamente não terão como arcar com os custos de uma saúde privada, sequer podendo fazer uso desse benefício.

O estudo demonstra o aumento do "gasto tributário" destinado à área de saúde e a sua relação com o "gasto tributário" destinado aos Planos de Saúde, para demonstrar o quanto este vem crescendo ao longo do tempo, conforme se depreende do gráfico abaixo:

Gráfico 5 – Comparação entre gasto tributário saúde e gasto tributário plano de saúde, 2003-2011

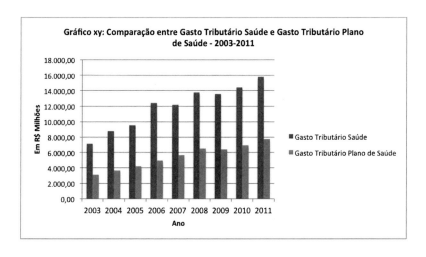

Fonte: IPEA

Nesse caso, estar-se-ia privilegiando as classes mais abastadas da sociedade, enquanto aos mais pobres resta a utilização de um Sistema Único de Saúde precário e ineficiente.

É nessa linha que o estudo do IPEA foi desenvolvido, demonstrando, numericamente, o *quantum* a renúncia de receita nessa área tem sido incrementada, em detrimento da aplicação direta de recursos no SUS, em uma política pública extrafiscal que desiguala em detrimento das classes menos abastadas.

Os problemas dessa análise são dois:
1. em primeiro, todos aqueles que pagam o Imposto de Renda têm à sua disposição a utilização do benefício tributário em questão. Isso quer dizer que mesmo aquelas pessoas que estejam dentro da base cálculo da primeira fase de alíquotas, ou seja, que pagam, em tese, 7,5% de Imposto sobre a renda auferida, igualmente se beneficiarão do inventivo e, é possível, que para essa parte da sociedade, a retirada desse abatimento importe em significativa piora do estilo de vida, sobretudo da parcela da sociedade, idosa e aposentada.

Isso porque já está amplamente provado neste estudo que o entendimento dos diversos setores da sociedade que controla a eficiência do serviço de saúde no Brasil indica a necessidade proeminente de políticas que fiscalizem os planos de saúde a serem implantados no país.

Portanto, analisar esse incentivo friamente, apenas do ponto de vista constitucional do Princípio da Capacidade Contributiva, ou do *quantum* essa renúncia de receita representa para os cofres públicos, afasta da análise jurídica e econômica a questão política e social, bem como desconsidera o problema crônico da ineficiência da saúde no país.

É reducionista a interpretação de que "os mais pobres arcam com os custos do Sistema Único de Saúde", que acaba por vezes sendo utilizado também pelos mais ricos que se valem dele, inclusive por meio de ações judiciais que buscam obrigar o Estado a custear tratamentos completos ou medicamentos por meio desse Sistema.

Afirmar isso é fechar os olhos ao fato de que quem mais paga tributos no Brasil é o setor produtivo. Ademais, os mais ricos, também pagam altos valores tributários, seja em razão da progressividade/proporcionalidade do próprio Imposto de Renda, seja em razão dos demais tributos que incidem sobre os bens que consomem. E se essa classe detém maior poder aquisitivo, naturalmente, consome mais, pagando mais tributos, gerando automaticamente mais receita para o Estado que pode, dentre as suas políticas públicas, investir na saúde;

2. em segundo, ninguém pode atestar que a retirada desse tipo de benefício do ordenamento jurídico importe necessariamente que o *quantum* foi renunciado de receita automaticamente será destinado à aplicação direta pelo Estado na saúde.

Até porque, aqui sim há uma questão jurídica de relevo constitucional que inviabiliza a vinculação da receita. Trata-se do fato de que o Imposto de Renda é um tributo não vinculado, ou seja, é uma espécie tributária que não pode ter a sua receita vinculada, destinada, atrelada a uma receita específica, a não ser nos casos em que a própria Carta Magna estabelece, como os já acima demonstrados.

Logo, nada impede que o Estado, impossibilitando ao contribuinte o abatimento da base de cálculo de Imposto de Renda devido, utilize essa receita – que deixará de ser renunciada, para ser arrecada – em outras áreas estratégicas para a União, e aí estar-se-á efetivamente sem a verba para a saúde.

Afinal, na situação de agora, bem ou mal, a renúncia importa em destinação de verba para a saúde, cumprindo, em alguma esfera, a noção trabalhada no primeiro capítulo da presente obra, sustentada por Amartya Sen, de que o conceito de distribuição da saúde é multidimensional, no aspecto não de mera disponibilização de atendimento, mas de dar às pessoas o acesso a uma boa saúde.

Assim, se de uma pessoa que ganha pouco, mas pode pagar por uma saúde melhor do que a disponibilizada pelo Sistema Único de Saúde, for retirada a possibilidade de receber restituição dos valores por ela dispendidos no sistema privado, isso pode importar no Estado estar impondo a ela que só tenha acesso ao serviço público de pior qualidade.

Desse ponto de vista, tampouco o Princípio da Capacidade Contributiva estará sendo implementado, desde que em primeira análise a sua função teleológica é a Justiça tributária. É justo impor a todos o acesso à saúde que nem sempre é de boa qualidade? Ou é mais justo dar às pessoas mecanismos para que, dentro das suas possibilidades financeiras, escolham dentre os serviços de saúde disponíveis aquele que melhor lhe atende?

Volta-se aqui à grande questão de discussão dos cientistas políticos no mundo. A igualdade é mais importante que a liberdade, ou a liberdade é mais importante que a igualdade?

Partindo da linha de análise de que a liberdade deve preceder à igualdade, precisamente no escopo do pensamento de Amartya Sen, não há como se sustentar a inconstitucionalidade da renúncia de receita ora estudada.

5.2.2.2 Imunidades Tributárias

Relembrando o corte epistemológico de que as imunidades tributárias estão aqui inseridas não em razão das suas estruturas conceituais dentro do ordenamento jurídico nacional de regras constitucionais que limitam o poder de tributar dos legisladores infraconstitucionais e, nesse aspecto, em nada se equiparam às desonerações tributárias, objeto da presente, mas sim por terem direta relação com a temática abordada, no sentido de se constituírem mecanismos que impõem ao Estado deixar de receber receitas tributárias, passa-se à análise delas direcionadas à saúde.

A primeira imunidade tributária estudada, quando o assunto é saúde, normalmente é a do art. 150, VI, "c" da Constituição Federal de 1988 que prevê:

> "Art. 150. Sem prejuízo de outras garantias asseguradas ao contribuinte, é vedada à União, aos Estados, ao Distrito Federal e aos Municípios:
> VI – Instituir impostos sobre:
> c) patrimônio, renda ou serviços dos partidos políticos, inclusive suas fundações, das entidades sindicais dos trabalhadores, das instituições de educação e assistência social, sem fins lucrativos, atendidos os requisitos da lei;
> §4º As vedações expressas no inciso VI, alíneas *b* e *c*, compreendem somente o patrimônio, a renda e os serviços, relacionados com as finalidades essenciais das entidades nelas mencionadas."

Essa vedação de criação de impostos sobre essas entidades, conforme já amplamente comentado nos capítulos acima, envolve as ações praticadas pela iniciativa privada sem fins lucrativos, o chamado terceiro setor, e, segundo doutrina específica, está regulamentada pelos arts. 9º e 14 do Código Tributário Nacional (SOUZA, 2004, p.149-158).

A Saúde nesse dispositivo se encontra no conceito de assistência social do art. 6º da Constituição Federal que trata dos direitos sociais objeto de prestação pelo Estado e pela sociedade por meio de entidades beneficentes e ainda no art. 203 que enumera suas formas de expressão.

Souza (2004, p. 167) lembra que não há necessidade dos serviços prestados pelas entidades serem *gratuitos*, pois para não terem que pagar tributos é porque rendas existem, e por óbvio essas entidades deverão ser remuneradas; o que não pode haver é a distribuição dessas rendas, e a escrituração contábil deve estar sempre em dia, em razão da previsão do art. 14 do Código Tributário Nacional.

Os impostos sobre os quais recaem a imunidade sobre patrimônio, rendas e serviços, são:

a) Impostos sobre Importação (II) e Impostos sobre Exportação (IE)[42]

b) Imposto Territorial Rural (ITR); Impostos sobre a Propriedade Territorial Urbana (IPTU); Impostos sobre a Transmissão de Bens Imóveis (ITBI); Imposto sobre a Transmissão *Causa Mortis*

---

[42] BRASIL. Supremo Tribunal Federal. RE nº 243.807-SP. 1a. T. Rel. Min. Ilmar Galvão, Julgamento em 15 de fevereiro de 2000. Disponível em: <www.stf.jus.br>. Acesso em: 30 out. 2013.

e Doação (ITCMD) e Imposto sobre a Propriedade de Veículos Automotores (IPVA)

c) Imposto sobre Operações Financeiras (IOF)[43] e Imposto sobre a Renda (IR)

d) Imposto sobre Serviços (ISS)

e) Quanto ao ICMS e IPI há doutrinas defendendo a imunidade sobre eles e também (SOUZA, 2004, p.207-218); contudo, a matéria do ICMS incidente sobre mercadorias consumidas dentro do mercado nacional hoje está sob análise do Supremo Tribunal Federal que declarou repercussão geral no Recurso Extraordinário 608872 RG/MG, sob a relatoria do Min. Dias Toffoli, em julgamento de 2 de dezembro de 2010.

Muitas dessas imunidades acabam sendo reproduzidas de forma a dar maior clarividência a elas em leis infraconstitucionais, com a designação de isenções, conforme se depreende do estudo de Souza (2004, p. 263-317), contudo, não deixam de ter embasamento constitucional.

A segunda imunidade tributária sempre tratada pelos estudiosos da matéria é a da Contribuição para a Seguridade Social das Entidades Beneficentes de Assistência Social, prevista do art. 195, §7º da Carta Magna.

Essa imunidade envolve as seguintes contribuições:

a) Contribuição Social ao encargo do empregador, incidente sobre a folha de salários, a chamada "cota patronal" (art. 195, I, "a" da CF/88),[44]

b) COFINS – Contribuição para o Financiamento da Seguridade Social (art. 195, I, "b" da CF/88;

c) CSLL – Contribuição Social sobre o Lucro Líquido (art. 195, I, "c" da CF/88);[45]

---

[43] O IOF incidente sobre aplicações financeiras a curto prazo dessas instituições hoje está sob análise do STF, que ainda não se manifestou definitivamente sobre a matéria, tendo somente declarado repercussão geral no RE 611510 RG/SP, em julgamento de 21 de outubro de 2010, então, sob a relatoria da Min. Ellen Gracie.

[44] Essa imunidade está atualmente sob análise do STF que declarou repercussão geral sobre a matéria no RE566622, sob a relatoria do Min. Marco Aurélio Mello. BRASIL. Supremo Tribunal Federal. Disponível em: <http://www.stf.jus.br/portal/jurisprudencia Repercussao/listarProcesso.asp?numero=&numeroTemaInicial=&numeroTemaFinal=&txt TituloTema=entidades%20beneficentes&classeProcesso=&numeroProcesso=&ministro=& situacaoRG=&dataInicioRG=&dataFinalRG=&merito=&dataInicialMerito=&dataFinalMer ito=&questaoOrd=&ordenacao=asc>. Acesso em: 31 out. 2013.

[45] Essa imunidade está atualmente sob análise do STF que declarou repercussão geral sobre a matéria no RE566622, sob a relatoria do Min. Marco Aurélio Mello. BRASIL.

d) Contribuição social sobre a receita de concursos de prognósticos (art. 195, III da CF/88);
e) SAT – Contribuição ao Seguro de Acidentes do Trabalho (art. 201 §10 da CF/88);
f) PIS – Contribuição ao Programa de Integração Social (art. 239 da CF/88)[46]

E na prática, o que se pode constatar é que as estruturas de atendimento de assistência social englobam não apenas os serviços sociais como também a saúde.

No Pará, para ter um exemplo de entidade sem fins lucrativos que em parceria com o Estado presta atendimento ao público na área de saúde, foi visitado para elaboração da presente tese o abrigo que atende crianças, denominado "Abrigo Especial Calabriano".

O "Abrigo Especial Calabriano", localizado na Av. Senador Lemos nº 1431, em Belém/PA é uma unidade de referência especializada em reabilitação infantil, chamada comumente de URE-REI. Atende em média 200 crianças para reabilitação, cujos pais levam até o local para realizar atendimentos médicos, de fisioterapia, terapia ocupacional, nutricional, psicológico, pedagógico etc, e mais 38 crianças que residem no local porque foram abandonadas por suas famílias (ALMEIDA, 2013).

Esse "Abrigo", que é mantido atualmente por duas entidades sem fins lucrativos denominadas Instituto Francisco Perez e Instituto Pobres Servos da Divina Providência, firmou o convênio nº 01/2010 com o Governo do Estado do Pará por intermédio da Secretaria de Estado de Assistência e Desenvolvimento Social e tem, dentre seus objetivos, "acolher e prestar atendimento integral às necessidades biopsicossociais dos abrigados", sendo uma parceria do Estado com a entidade da

---

Supremo Tribunal Federal. Disponível em: <http://www.stf.jus.br/portal/jurisprudencia Repercussao/listarProcesso.asp?numero=&numeroTemaInicial=&numeroTemaFinal=&txt TituloTema=entidades%20beneficentes&classeProcesso=&numeroProcesso=&ministro=& situacaoRG=&dataInicioRG=&dataFinalRG=&merito=&dataInicialMerito=&dataFinalMer ito=&questaoOrd=&ordenacao=asc>. Acesso em: 31 out. 2013.

[46] Apesar de no julgamento do RE636941 pelo STF, o relator à época, Min. César Peluso, haver ratificado o entendimento da Corte acerca da imunidade das entidades filantrópicas em relação ao PIS, declarou ele na ocasião repercussão geral sobre a matéria, estando agora passível de reanálise, sob a relatoria do Min. Luiz Fux. BRASIL. Supremo Tribunal Federal. Disponível em: <http://www.stf.jus.br/portal/jurisprudenciaRepercussao/listarProcesso.as p?numero=&numeroTemaInicial=&numeroTemaFinal=&txtTituloTema=entidades%20be neficentes&classeProcesso=&numeroProcesso=&ministro=&situacaoRG=&dataInicioRG= &dataFinalRG=&merito=&dataInicialMerito=&dataFinalMerito=&questaoOrd=&ordenac ao=asc>. Acesso em: 31 out. 2013.

sociedade civil, não governamental, e ainda o Convênio 013/2012 com a Secretaria de Estado de Saúde (SESPA) para disponibilizar todos os atendimentos comentados (ALMEIDA, 2013).

A entidade Instituto Francisco Perez em questão é detentora do Certificado de Entidade Beneficente de Assistência Social (CEBAS); certidão de utilidade pública federal do Ministério da Justiça; certidão de utilidade pública estadual do Estado do Pará; registro no Conselho Municipal de Assistência Social (Marituba) e registro no Conselho Municipal dos direitos da criança e do adolescente (Marituba), mas não é designada como OSCIP. O Instituto, fundado em 22 de novembro de 2004, não paga os seguintes tributos, em razão das imunidades e isenções: cota patronal do INSS; Imposto de Renda; Imposto sobre Operações Financeiras; Imposto sobre a Propriedade Territorial Urbana, Imposto sobre Transmissão de Bens Imóveis e Imposto sobre a Propriedade de Veículos Automotores (ALMEIDA, 2013).

Recebe ainda verba direta do Estado, mediante repasse por meio dos Convênios *suso* referidos[47] e, em razão da Diretora do Abrigo ser a responsável jurídica pelos abrigados, recebe benefícios previdenciários do INSS destinados aos menores abrigados (art.92, §1º c/c art. 33, § 3º do Estatuto da Criança e do Adolescente) (BRASIL, 2013) (ALMEIDA, 2013).

No Anexo I seguem algumas fotos do local para ilustração das várias espécies de serviços disponibilizados ao público que atende.

Afora essas imunidades, tramita no Congresso Federal a Proposta de Emenda Constitucional (PEC) nº115/2011 que visa a alterar o art. 150, VI da Carta Maior para incluir medicamentos de uso humano, pois os tributos no Brasil importam em aproximadamente 34% do valor dos remédios, enquanto em países europeus eles não ultrapassam 10% e em outros há absoluta desoneração, como Canadá, Suécia, Estados Unidos, Venezuela e México (HABER NETO, 2013, p. 164).

5.2.2.3 Isenções brasileiras na área de saúde

Muitas isenções na área de saúde simplesmente importam em reprodução em legislações infraconstitucionais de regras constitucionais de imunidade, tal como acontece com o art. 15 da Lei nº 9.532/97 que

---

[47] Segundo cláusula terceira do Convênio 013/2012 com a SESPA, o Abrigo receberia R$513.942,00 em três meses, enquanto pela cláusula quinta do Convênio 01/2010 com a Secretaria de Assistência e Desenvolvimento Social, esta repassaria ao abrigo R$3.867.607,00 no período de dois anos (entre 2009 e 2010).

isenta as instituições de caráter filantrópico da CSLL – Contribuição Social sobre o Lucro Líquido e Imposto de Renda Pessoa Jurídica. Mas há algumas poucas novidades no Brasil. É o que acontece com a isenção de ICMS sobre medicamentos quimioterápicos e de combate a AIDS, autorizada mediante convênio do Conselho Fazendário (CONFAZ), de nº 104/1989 e de nº 51/1994 (HABER NETO, 2013, p. 165). Ainda no âmbito de fármacos e as isenções de ICMS, foram firmados os seguintes Convênios:

a) Convênio 09/2007 no âmbito do CONFAZ que autoriza os Estados a conceder isenção do tributo nas operações internas e interestaduais de importação de medicamentos e equipamentos destinados a pesquisas que envolvam seres humanos;[48]

b) Convênio ICMS 87/2002 que concede isenção do ICMS nas operações com fármacos e medicamentos destinados à Administração Pública Direta Federal, Estadual e Municipal.[49]

O CONFAZ permitiu ainda concessão de isenção de ICMS pelos Estados e o Distrito Federal quando receberem aparelhos, máquinas, equipamentos e instrumentos hospitalares ou técnico-científicos laboratoriais, sem similar produzido no país, importados do exterior diretamente por órgão ou entidades da administração pública indireta; fundações ou entidades beneficentes de assistência social, através do Convênio ICMS104/89 que foi alterado pelo Convênio ICMS 90, de 9 de julho de 2010.

Mas, como se pode perceber, grande parte dos "gastos tributários" até agora apresentados não impõem, no momento da sua concessão, quando dirigidos seja ao segundo, seja ao terceiro setor, uma contraprestação específica, tangível, tratando-se, portanto, na maioria das vezes, de concessão de renúncias de receita gratuitas e desprovidas de um caráter de política pública responsável, do ponto de vista do planejamento sustentável.

Contudo, a onerosidade característica de algumas espécies de incentivos pode auxiliar o Estado a garantir uma efetividade e eficiência na prestação do serviço público prestado por entidades do segundo e terceiro setor.

Assim, o Estado não apenas ao conceder o benefício fiscal estaria manejando uma política extrafiscal de atração desses dois segmentos

---

[48] Convênio consultado no *site*: BRASIL. Conselho Nacional de Política Fazendária. Disponível em: <http://www1.fazenda.gov.br/confaz>. Acesso em: 31 out. 2013.

[49] Convênio consultado no *site*: BRASIL. Conselho Nacional de Política Fazendária. Disponível em: <http://www1.fazenda.gov.br/confaz>. Acesso em: 31 out. 2013.

da sociedade para, em conjunto com ele, ofertar maior quantidade, com melhor qualidade de alguns serviços na área de saúde, como criaria mecanismos normativos de controle da eficiência na prestação desse serviço.

Desde o Convênio ICMS 05, de 20 de março de 1998, celebrado no âmbito do CONFAZ, existe a autorização a alguns Estados para a concessão de isenção do ICMS na importação de equipamento médicohospitalar. Esse convênio passou por algumas alterações, até que por meio do Convênio ICMS 152/2010 foi autorizado o Estado do Rio Grande do Sul a conceder isenção do ICMS devido na importação de aparelhos de raio-x, de diagnóstico para mamografia, sem similar produzido no país, efetuado por hospitais e clínicas médicas credenciadas no Sistema Único de Saúde (SUS) ou no Instituto de Previdência do Estado do Rio Grande do Sul.[50]

Nesse mesmo Convênio, o Estado do Rio Grande do Sul foi ainda autorizado a conceder redução de base de cálculo do ICMS, resultando em carga tributária equivalente a 7% do valor da operação, nas importações efetuadas por hospitais e clínicas médicas, desde que credenciadas no SUS ou no Instituto de Previdência de alguns outros equipamentos como tomografia computadorizada, desintometria óssea, acelerador linear, endoscópios, ressonância magnética, ecógrafo e PET – *Positron Emission Tomography*.[51]

Sobre a desoneração fiscal dos equipamentos médicos importados por entidades beneficentes, seja do ICMS, como do IPI, PIS e Cofins, como já se viu acima, sequer haveria a necessidade de serem firmados convênios no âmbito do CONFAZ, pois o STF possui pacífico entendimento de que essas aquisições estão sob o manto da imunidade do art. 15, VI, "c" e do art. 195, §7º da Constituição Federal, estando ainda, repita-se, aguardando análise a questão da aquisição desses equipamentos e produtos dentro do mercado nacional.

A necessidade do convênio no seio do CONFAZ surge, nesses casos, apenas relativamente às aquisições realizadas por empresas privadas, e aí sim, sem o Convênio, não há imunidade que as justifique.

A Agência Nacional de Vigilância Sanitária (ANVISA), em estudo sobre os tributos que incidem sobre a saúde, elaborou o quadro abaixo

---

[50] Convênio consultado no *site*: BRASIL. Conselho Nacional de Política Fazendária. Disponível em: <http://www1.fazenda.gov.br/confaz>. Acesso em: 31 out. 2013.

[51] Convênio consultado no *site*: BRASIL. Conselho Nacional de Política Fazendária. Disponível em: <http://www1.fazenda.gov.br/confaz>. Acesso em: 31 out. 2013.

que lista os mais importantes convênios celebrados no âmbito do CONFAZ sobre ICMS.⁵²

Quadro 3 – Convênios celebrados no âmbito do CONFAZ sobre ICMS na área de saúde

(continua)

Convênio ICMS	Descrição
nº 104/89	Autoriza a conceder isenção do ICMS no recebimento de aparelhos, máquinas, equipamentos e instrumentos médico-hospitalares ou técnico-científicos laboratoriais, sem similar produzido no País.
nº 05/98	Ficam os Estados do Acre, Alagoas, Amazonas, Bahia, Ceará, Espírito Santo, Minas Gerais, Pará, Paraíba, Paraná, Pernambuco, Piauí, Rio Grande do Norte, Rondônia Tocantins e o Distrito Federal autorizados a conceder isenção do ICMS na importação de equipamento médico-hospitalar, sem similar produzido no País.
nº 01/99	Concede isenção do ICMS às operações com equipamentos destinados à prestação de serviços de saúde, indicados no anexo único a esse convênio.
nº 42/05	Autoriza o Estado do Espírito Santo a isentar do ICMS, na operação de importação, realizada pela FAHUCAM – FUNDAÇÃO DE APOIO AO HOSPITAL UNIVERSITÁRIO CASSIANO ANTONIO DE MORAES, de matérias-primas destinadas à produção de kit denominado "Rapid Check HIV 1 & 2", que tem por objeto a detecção de anticorpos específicos para o vírus da imunodeficiência humana (HIV).
nº 9/07	Autoriza os Estados a conceder isenção do ICMS nas operações internas e interestaduais e na importação de reagentes químicos, relacionados no Anexo Único, kits laboratoriais e equipamentos, bem como suas partes e peças, destinados a pesquisas que envolvam seres humanos, destinadas ao desenvolvimento de novos medicamentos, inclusive em programas de acesso expandido.
nº 42/07	Autoriza o Estado de São Paulo a conceder isenção do ICMS incidente na importação de equipamentos hospitalares para a Fundação Pio XII – Hospital do Câncer de Barretos.
nº 57/08	Autoriza o Estado de São Paulo a conceder isenção do ICMS incidente na importação de equipamento hospitalar realizada pela Fundação Antônio Prudente.
nº 129/08	Concede isenção do ICMS nas importações de kits para diagnósticos listados em seu anexo único.
nº 61/09	Autoriza o Estado de São Paulo a conceder isenção do ICMS incidente na importação de equipamentos hospitalares para a Fundação Pio XII - Hospital do Câncer de Barretos.

---

52 Estudo extraído do endereço: BRASIL. Agência Nacional de Vigilância Sanitária. Disponível em: <http://portal.anvisa.gov.br/wps/wcm/connect/f0e88a8049c454a8a070a66dcbd9c63c/Microsoft+Word+-+Tributos+-+Produtos+para+Saúde+vs+final.pdf?MOD=AJPERES>. Acesso em: 2 nov. 2013.

(conclusão)

nº 13/10	Fica o Estado de São Paulo autorizado a conceder isenção do ICMS na importação, pela Fundação Pio XII - Hospital do Câncer de Barretos de 2 (dois) mamógrafos digitais modelo *Senographe Essential*, fabricados pela General Eletric.
nº 78/10	Autoriza o Estado do Rio Grande do Sul a conceder isenção e redução da base de cálculo do ICMS incidente na importação de equipamentos médico-hospitalares.
nº 126/10	Concede isenção do ICMS às operações com artigos e aparelhos ortopédicos e para fraturas e outros que especifica.
nº 158/10	Fica o Estado de São Paulo autorizado a conceder isenção do ICMS na importação de um "Conjunto-27 - Conjunto de endoscópio Karl Storz com documentação", fabricado por Karl Storz Gmbh & Co., efetuada pela Fundação Pio XII - Hospital do Câncer de Barretos.
nº 184/10	Fica o Estado de São Paulo autorizado a conceder isenção do ICMS na importação dos bens listados nos Anexos I e II, efetuada pela Fundação Pio XII - Hospital do Câncer de Barretos.

Fonte: ANVISA

Aliás, sobre a questão, há doutrinadores que defendem que interpretar a imunidade citada apenas para as importações é criar embaraço econômico ao mercado nacional, em detrimento do externo, basta conferir Heleno Taveira Torres, tratando de tributos, mercado nacional e saúde (TORRES, 2013):

> Quando os mesmos bens ou equipamentos são adquiridos no mercado interno, as entidades de saúde imunes, são consideradas como "contribuinte de fato", expediente que se presta unicamente ao afastamento do direito à imunidade tributária, o que não faz sentido. Por uma, porque em contrariedade evidente aos fundamentos do art. 150, II, que veda a diferenciação de tratamento entre contribuintes que se encontram em situações equivalentes; e, por duas, porque vai de encontro ao valor consubstanciado no artigo 219, da CF, o qual reconhece o *mercado interno* como *patrimônio nacional* e declara que este deverá ser "*incentivado de modo a viabilizar o desenvolvimento cultural e socioeconômico, o bem-estar da população e a autonomia tecnológica do País*". Em nenhum segmento essa necessidade pode ser mais sentida do que na saúde.
>
> É, pois, absolutamente inconstitucional a distinção, de há muito combatida, entre tributos "diretos" e "indiretos", para negar extensão da imunidade tributária a todos os bens e mercadorias adquiridos no mercado interno com esse mesmo destino, apenas pela distinção entre

"contribuinte de direito" e "contribuinte de fato". Essa distinção há de ter, como tem, relevância para permitir ou afastar a repetição de indébito ou compensação de tributos "indiretos", mas nunca para definir a aplicação da imunidade do art. 150, VI, "c" e §4º, da CF, que tem por objetivo evitar que o custo dos tributos incidentes possa inibir o alcance dos direitos protegidos.

Por isso, a aquisição no mercado interno ou mediante importação desses bens ou mercadorias deve se realizar sem a incidência de imposto de importação, IPI, ICMS, PIS e Cofins (a). De fato, não logra compatibilidade com a Constituição entendimento que visa a restringir o alcance da imunidade na hipótese de aquisição no mercado interno, a pretexto de cuidar-se de "contribuinte de fato" (b). Esta é uma interpretação que não se coaduna com a *finalidade* da imunidade, como instrumento para concretização do direito à saúde e, ao mesmo tempo, cria odiosa desigualdade sobre a indústria nacional, prejudica a concorrência livre e saudável, reduz a empregabilidade, promove a desindustrialização e o estímulo à inovação e à capacidade de formação de capital tecnológico. Tudo isso, fruto de uma aplicação errática e amesquinhada do alcance da imunidade tributária.

Como se depreende dos convênios citados, tanto o segundo, como o terceiro setor da economia são beneficiados por essas renúncias de receita, bastando para isso serem credenciados seja pelo SUS, seja pelo Instituto Previdenciário estadual ou municipal.

Mas, afinal, essa condição de credenciamento da entidade privada é suficiente para que a renúncia de receita tratada seja concebida como onerosa?

A onerosidade das renúncias de receita pressupõe não meras condições documentais ou jurídicas a serem cumpridas pela entidade beneficiária, mas mecanismos efetivos de imposição de situações, fatos ou atos jurídicos a serem praticados por aquele que terá como benefício não arcar com o ônus tributário que teria, não fosse a sua disposição em contribuir com o Estado.

É o mesmo que o Estado cobrar uma retribuição daquele que receber a "bonificação fiscal".

Alguns Estados ao regulamentar a concessão da isenção, sobretudo para o segundo setor da economia, criam dispositivos que impõem a contraprestação do contribuinte beneficiário, tratando, nesse caso, do estabelecimento de verdadeiras renúncias de receitas onerosas que importam em política extrafiscal de atração do setor privado ao mesmo tempo em que cobram uma prestação de serviço público, nos moldes das políticas públicas estabelecidas pelo SUS.

Um exemplo é o próprio Estado do Pará. O Anexo II do Regulamento do ICMS do Estado, aprovado pelo Decreto 4.676, de 18 de junho de 2001, com redação do Decreto 612, de 23 de novembro de 2007,[53] que trata das isenções do tributo, em seu art. 65, assim dispunha:

Art. 65. A importação de equipamento médico-hospitalar, sem similar produzido no País, realizada por clínica ou hospital que se comprometa a compensar esse benefício com a prestação de serviços médicos, exames radiológicos, de diagnóstico por imagem e laboratoriais, programados pela Secretaria Executiva de Estado de Saúde Pública, em valor igual ou superior à desoneração, na forma dos §§2º e 3º. (Convênio ICMS 05/98).

§1º A comprovação da ausência de similaridade deverá ser feita por laudo emitido por entidade representativa do setor, de abrangência nacional, ou órgão federal competente.

§2º A isenção será concedida mediante termo de compromisso prestado pelo beneficiário perante a Secretaria Executiva de Estado da Fazenda, com a interveniência da Secretaria Executiva de Estado de Saúde Pública.

§3º As normas complementares à fruição desse benefício serão objeto de ato do Secretário Executivo de Estado da Fazenda.

Regulamentando o Decreto, a Instrução Normativa nº 12, de 3 de junho de 2009, estabeleceu procedimentos para a fruição do benefício trazendo como Anexo Único o modelo do Termo de Compromisso a ser firmado pelo hospital ou clínica adquirente do equipamento importado:

III - o Anexo Único:
ANEXO ÚNICO
TERMO DE COMPROMISSO Nº _____/_____
Pelo presente Termo de Compromisso, a empresa _____, inscrita no CNPJ/MF sob o nº _____, estabelecida à _____, neste ato representada por seu(s) sócio(s), _____, CPF nº _____, objetivando a isenção condicionada de que trata o Convênio ICMS 05, de 20 de março de 1998, integrado à legislação estadual, conforme disposto nos arts. 1º e 65 do Anexo II do Regulamento ICMS, aprovado pelo Decreto nº 4.676, de 18 de junho de 2001, reconhece, de forma irretratável e irrevogável, perante o Estado do Pará, por meio da SECRETARIA DE ESTADO DE SAÚDE PÚBLICA, com a interveniência da SECRETARIA DE ESTADO DA FAZENDA, o débito do Imposto sobre Operações Relativas à Circulação de Mercadorias e sobre Prestação de Serviços de Transportes

---

[53] PARÁ. Secretaria de Fazenda. Disponível em: <http://www.sefa.pa.gov.br/LEGISLA/leg/estadual/ICMS/RICMS.pdf>. Acesso em: 2 nov. 2013.

Interestadual e Intermunicipal e de Comunicação - ICMS, no valor de R$ _____ (_____), relativo à importação dos equipamentos abaixo relacionados, e se compromete a compensá-lo nos termos da legislação e das condições a seguir descritas:
Cláusula primeira A compensação dar-se-á mediante a prestação de serviços médicos, exames radiológicos, de diagnósticos por imagem e laboratoriais, de acordo com o nível de atenção e a complexidade de serviços instalada na rede assistencial do Estabelecimento Assistencial de Saúde, contemplado com o benefício da isenção do ICMS na importação de equipamento médico-hospitalar, com prazos definidos pela Secretaria de Estado de Saúde Pública, estabelecido em programação, a qual passa a ser integrante do presente Termo de Compromisso.
Parágrafo único. Para fins de compensação físico-financeira dos serviços relacionados nesta cláusula, aplicar-se-ão os valores:
I - das tabelas de pagamento de procedimentos do Sistema Único de Saúde - SUS;
II - da Classificação Brasileira Hierarquizada de Procedimentos Médicos (CBHPM), na hipótese de procedimento não integrante das tabelas do Sistema Único de Saúde - SUS.
Cláusula segunda A Secretaria de Estado de Saúde Pública exercerá o controle do cumprimento da execução da programação firmada e responsabilizar-se-á por enviar relatório mensal, discriminando os serviços efetivamente prestados e informando a ocorrência de qualquer fato que caracterize o descumprimento de condições e prazos estabelecidos, à CECOMT - Portos e Aeroportos.
Cláusula terceira O descumprimento de qualquer das condições e prazos estabelecidos pela Secretaria de Estado de Saúde Pública importará em revogação automática do benefício e sujeitará o contribuinte à cobrança do imposto devido, com os acréscimos legais previstos na legislação tributária vigente.
Cláusula quarta O presente instrumento é expedido em 3 (três) vias de igual teor e forma.
Belém (PA),   de   de   .
EMPRESA/SÓCIOS
SECRETÁRIO DE ESTADO DE SAÚDE PÚBLICA
SECRETÁRIO DE ESTADO DA FAZENDA

Daí se depreende que o que mais evidencia a possibilidade de aferição sobre a equiparação da utilização na órbita privada de acordo com os parâmetros públicos é o Parágrafo único da Cláusula primeira dispor sobre os valores a serem utilizados para compensação físico-financeira seguirem a tabela de pagamento de procedimentos do SUS, bem assim o fato da Cláusula segunda transferir à Secretaria de Saúde do Estado o ônus de controle e fiscalização da programação firmada.

Portanto, aí está um exemplo de renúncia de receita onerosa como política extrafiscal para atrair o setor privado a dar as mãos ao poder público e, com isso, difundir o acesso à saúde de melhor qualidade, sem importar em mero "gasto público" desprovido de aferição de parâmetros de eficiência objeto central da nova formação do Estado, sob a ótica das políticas públicas do SUS.

O problema de políticas dessa natureza é que normalmente elas ensejam o trabalho conjunto de mais de uma Secretaria de Estado, como no caso citado em que a responsável pelo controle da contraprestação do particular beneficiado pela isenção é a Secretaria de Saúde do Estado do Pará.

Mas, em muitos casos, esse controle não é exercido de forma eficaz, o que acaba resultando na suspensão do benefício, exatamente como no Estado do Pará, onde, por falta de informações repassadas da Secretaria de Saúde para a Secretaria de Fazenda sobre o número exato de atendimentos que as clínicas e hospitais beneficiados pela isenção em comento, o art. 65 do Anexo II do Regulamento do ICMS foi revogado desde janeiro de 2012 por meio do Decreto nº 482/12.

O Estado já tem autorização para reestabelecer essa isenção por força do Convênio ICMS 118, de 1º.11.2013 no CONFAZ.

Mais recentemente, foi celebrado o Convênio ICMS 118/2013, no âmbito do CONFAZ, com efeitos a partir de 1º.11.2013, autorizando o Estado do Pará a voltar a conceder essa isenção.

Nessa situação, a contradição entre a política pública de saúde e a política tributária do Estado é aparente, pois em uma região tão carente de serviço de saúde de toda a natureza (público e privado), como o Norte do Brasil, – que, pelo que se depreende das análises das renúncias de receita da União destinadas à saúde é a região que menos enseja essas renúncias, exatamente pela falta de serviços privados que possibilitem a utilização desses institutos – retirar do ordenamento jurídico do Estado um mecanismo tributário que pode aumentar a oferta de serviço de saúde, em razão da carência de aparato do Estado, é impor ainda mais restrição à população ao acesso à saúde.

As demais modalidades de isenção para a área de saúde previstas no Regulamento do ICMS do Estado do Pará não impõem aos beneficiários qualquer contraprestação, tratando-se em sua maioria, de isenções gratuitas, conforme demonstra:

Quadro 4 – Isenções na área de saúde previstas no Regulamento do ICMS do Pará

(continua)

Isenções do ICMS para saúde – Anexo II do RICMS/PA	Objeto e Convênio CONFAZ
Art. 2º. Parágrafo único, V	Amostra Grátis de Medicamentos (Convênio ICMS 29/90)
Art. 24	Importação de aparelhos, máquinas, equipamentos e instrumentos, artigos de laboratórios realizada por Institutos de Pesquisa Federais ou Estaduais; institutos de pesquisa sem fins lucrativos, universidades federais e estaduais e similares, desde que as mercadorias se destinem às atividades de ensino e pesquisa científica ou tecnológica. (Convênio ICMS 93/98)
Art. 27,VI	Importação de medicamento por pessoas físicas. (Convênio ICMS 18/95)
Art. 30	Importação de medicamento, sem similar produzido no país, efetuada pela Secretaria de Estado de Saúde Pública – SESPA, desde que a importação seja contemplada com isenção ou alíquota zero dos Impostos de Importação ou sobre Produtos Industrializados. (convênio ICMS 73/98)
Art. 35	As operações que destinem ao Ministério da Saúde os seguintes equipamentos médico-hospitalares na quantidade a seguir indicada, para atender ao "Programa de Modernização Gerencial e Reequipamento da Rede Hospitalar", instituído pela Portaria 2.432, de 23 de março de 1998, do Ministério da Saúde (Convênio ICMS 77/00): I 2 sistemas de vídeo-endoscópio; II – 1 processadora automática filme convencional mamografia; III – 1 mamógrafo com dispositivo biópsia estereotaxia; IV – 1 ecógrafo doppler colorido para uso geral em ginecologia e obstetrícia; V – 1 ecógrafo doppler colorido para uso geral em ginecologia e obstetrícia.
Art. 41, Parágrafo único.	As operações com produtos farmacêuticos realizadas entre órgãos ou entidades Fundações, da Administração Pública Federal, Estadual, Municipal direta ou indireta (Convênio ICM 40/75), e quando destinadas a consumidor final, desde que efetuadas po preço não superior ao custo dos produtos.
Art. 42.	As operações realizadas com fármaco e medicamentos indicados no Anexo Único ICMS 87, de 28 de junho de 2002, destinados a órgãos da administração pública direta e indireta federal, estadual e municipal, e as suas fundações (Convênio ICMS 87/02). Essas isenções pelo §1º são condicionadas aos medicamentos também serem isentos ou terem alíquota zero do II e IPI e que a parcela relativa à receita bruta decorrente dessas operações esteja desonerada das contribuições PIS/PASEP e COFINS.
Art. 43	As operações realizadas com produtos destinados ao tratamento da AIDS, também se eles não sofrerem a incidência do Imposto de Importação e Imposto sobre Produtos Industrializados. (Convênio ICMS 10/02)

CAPÍTULO 5 | 169
OS INCENTIVOS DIRETOS E INDIRETOS À SAÚDE

(continua)

Isenções do ICMS para saúde – Anexo II do RICMS/PA	Objeto e Convênio CONFAZ
Art. 44	As operações com mercadorias para portadores de deficiência física, como cadeiras de rodas, próteses ortopédicas, ou para surdos (Convênio ICMS 126/10)
Art. 52	No recebimento de aparelhos, máquinas, equipamentos e instrumentos médico-hospitalares ou técnico-científico laboratoriais, sem similar produzido no país, importados do exterior diretamente por órgãos ou entidades da administração pública, direta ou indireta, bem como fundações ou entidades beneficentes de assistência social, certificadas nos termos da Lei nº 12.101, de 27 de novembro de 2009 (Convênio ICMS 104/89). Esse dispositivo só se aplica se as mercadorias se destinarem a atividades de ensino, pesquisa ou prestação de serviços médico-hospitalares. Estende-se a isenção ainda a alguns mediamentos genéricos e em caso de isenção ou alíquota zero de IPI e II também a partes e peças para aplicação em maquinas, parelhos, equipamento e instrumentos; reagentes químicos destinados à pesquisa médico-hospitalar e os medicamentos genéricos listados.
Art. 54	As importações realizadas pela Fundação Nacional de Saúde e pelo Ministério da Saúde, por meio da Coordenação-Geral de Recursos Logísticos dos produtos imunobiológicos, kits diagnósticos, medicamentos e inseticidas relacionados, destinados às campanhas de vacinação, programas nacionais de combate à dengue, malária e febre amarela.(Convênio ICMS 95/98).
Art. 55	As operações com os equipamentos e insumos relacionados (Convênio ICMS 01/99). Tais como: fios de nylon, cimento ortopédico, chapas e filmes de raio-x, hemodialisador, sonda para nutrição enteral, cateter balão, cateter ureteral, rins artificiais,clips para aneurisma, oxigenador de bolha etc, desde que para todos eles o estabelecimento detenha isenção ou alíquota zero do Imposto de Importação e Imposto sobre Produtos Industrializados.
Art. 58	O recebimento dos remédios listados, sem similar nacional, importados diretamente pela APAE – Associação de Pais e Amigos dos Excepcionais (Convênio ICMS 41/91)
Art. 62	As operações que destinem equipamentos didáticos, científicos e médico-hospitalares, inclusive peças de reposição e os materiais necessários às respectivas instalações, ao Ministério da Educação e do Desporto – MEC para atender ao "Programa de Modernização e Consolidação da Infraestrutura Acadêmica das Instituições Federais de Ensino Superior e Hospitais Universitários", instituído pela Portaria nº 469, de 25 de março de 1997, do Ministério da Educação e do Desporto. (Convênio ICMS 123/97). Desde que os produtos estejam contemplados com isenção ou com redução a zero das alíquotas dos impostos federais (§3º).
Art. 65 (revogado)	

(continua)

Isenções do ICMS para saúde – Anexo II do RICMS/PA	Objeto e Convênio CONFAZ
Art.66	As operações de entrada de mercadorias importadas do exterior a serem utilizadas no processo de fracionamento e industrialização de componentes e derivados do sangue ou na sua embalagem, acondicionamento ou recondicionamento, desde que realizadas por órgãos e entidades de hematologia e hemoterapia dos governos federal, estadual ou municipal sem fins lucrativos (Convênio ICMS 24/89). Essa isenção só se aplica na hipótese de a importação ser efetuada com isenção ou alíquota zero do imposto de importação.
Art. 68	As operações relativas às aquisições de equipamentos e acessórios listados que se destine, exclusivamente, ao atendimento a pessoas portadoras de deficiência física, auditiva, mental, visual e múltipla, cuja aplicação seja indispensável ao tratamento ou a sua locomoção (Convênio ICMS 38/91). Para fruição desse benefício, não pode haver produto similar de fabricação nacional e é necessária a aquisição ser efetuada por instituições públicas estaduais ou entidades assistenciais sem fins lucrativos e que estejam vinculadas a programa de recuperação do portador de deficiência.
Art. 76	As operações realizadas com os medicamentos listados (Convênio ICMS 140/01) que envolvem tratamento de leucemia e hepatite C. A aplicação desse benefício é condicionada a que a parcela relativa à receita bruta decorrente das operações em comento esteja desonerada das contribuições do PIS/PASEP e COFINS.
Art. 83	As saídas de produtos farmacêuticos e de fraldas geriátricas da Fundação Oswaldo Cruz – FIOCRUZ destinadas às farmácias que façam parte do "Programa Farmácia Popular do Brasil", instituído pela Lei nº 10.858, de 13.04.2004 (Convênio ICMS 81/08). Para fruição do benefício condiciona-se que a parcela relativa à receita bruta decorrente das operações previstas esteja desonerada das contribuições para os Programas de Integração Social e de Formação do Patrimônio do Servidor Público – PIS/PASEP e da Contribuição para o Financiamento da Seguridade Social.
Art. 91	As operações internas e interestaduais e na importação de medicamentos e reagentes químicos, relacionados no Anexo único do Convênio ICMS 09/07, de 30 de março de 2007, kits laboratoriais e equipamentos, bem como suas partes e peças, destinados a pesquisas que envolvam seres humanos, destinados ao desenvolvimento de novos medicamentos, inclusive em programas de acesso expandido. (Convênio ICMS 09/07). A fruição dessa isenção está condicionada: I) à pesquisa e o programa sejam registrados na ANVISA – Agência Nacional de Vigilância Sanitária e tenham sido aprovados pelo Comitê de Ética em Pesquisa – CEP da instituição que for realizar a pesquisa ou o programa; II) a importação dos medicamentos, reagentes, kits laboratoriais e equipamentos seja contemplada com isenção, alíquota zero ou não sejam tributados pelos Impostos de Importação, Imposto sobre Produtos Industrializados e contribuições sociais PIS/PASEP e COFINS; 3) desde que não haja similar produzido no país

(conclusão)

Isenções do ICMS para saúde – Anexo II do RICMS/PA	Objeto e Convênio CONFAZ
Art. 94 (onerosa)	A saída destinada a órgão ou entidade da administração pública direta, suas autarquias e fundações do reagente para diagnóstico da Doença de Chagas pela técnica de enzimaimunoensaio (ELISA) em microplacas utilizando uma mistura de Antígenos. (Convênio ICMS 23/07). A isenção fica condicionada ao desconto no preço, do valor equivalente ao imposto dispensado e à indicação, no documento fiscal, do valor do desconto.
Art. 100-U	As operações realizadas com os fármacos e medicamentos listados derivados do plasma humano coletado nos hemocentros de todo o Brasil, efetuadas pela Empresa Brasileira de Hemoderivados e Biotecnologia – Hemobrás (Convênio ICMS 103/11). Condiciona-se a fruição do benefício aos medicamentos beneficiados com isenção ou alíquota zero dos Impostos de Importação e Produtos Industrializado e a parcela relativa à receita bruta decorrente das operações previstas desonerada das contribuições PIS/PASEP e COFINS.
Art. 100-V	As operações com medicamentos usados no tratamento do câncer relacionados no Anexo Único do Convênio ICMS 162/94

Fonte: Secretaria de Fazenda do Estado do Pará

Quer dizer, em meio a uma população tão carente de serviços públicos e privados de saúde, é razoável se suspender um benefício tributário que pode resultar em maior oferta de serviços à sociedade?

Segundo o Relatório de Análise das Contas do Governo do Estado do Pará, exercício 2011 emitido pelo Tribunal de Contas do Estado do Pará (PARÁ, 2011, p. 19-20), "no Pará, a disponibilidade de postos e centros de saúde vem se mantendo a mesma média desde 2009, de 2,25 para cada grupo de dez mil habitantes, evoluindo para 2,29, em 2010, e em 2011, subiu para 2,33".

Desse mesmo Relatório de 2011 é possível extrair ainda os seguintes dados que demonstram a carência de disponibilidade do serviço de saúde no Estado:

> Em relação às Regiões de Integração, o Guamá foi a que apresentou, desde 2009, maior proporção, alcançando 4,05 em 2011. A Região Metropolitana registrou a menor proporção, com menos de um posto ou centro de saúde para cada grupo de dez mil habitantes, apesar do contínuo crescimento no seu índice desde 2009.
> A Região do Marajó alcançou o maior crescimento entre 2010 e 2011, passando de 3,26 para 3,49 postos e centros de saúde para cada grupo de dez mil habitantes.

Leitos Disponíveis na rede de saúde por 1.000 habitantes
Analisando o número de leitos por mil habitantes, observou-se que a taxa estadual mantida no mesmo patamar (2,21) até 2009, em 2010 sofreu redução e se manteve em 2011 no mesmo índice de 2,19 leitos para cada mil habitantes, sendo praticamente a metade do recomendado pela Organização Mundial de Saúde – OMS, que são quatro leitos para cada mil habitantes.

A Região Metropolitana é a que mais se aproxima do índice recomendado pela OMS, com 3,13 leitos para cada grupo de mil habitantes em 2011. O menor índice pertence ao Marajó, que apenas em 2011 atingiu o valor de um leito hospitalar para cada mil habitantes. As regiões cujos índices sofreram queda de 2010 para 2011 foram: Carajás, Guamá, Metropolitana, Tapajós, Tocantins e Xingu (2011, p. 20).

Como se pode perceber pelos dados analisados pelo Tribunal de Contas do Estado em relação à saúde no Estado do Pará nos últimos anos, essa região do país não está numa situação confortável que lhe possibilite "abrir mão" de políticas tributárias autorizadas no âmbito do CONFAZ para a saúde, como fez, permanecendo exclusivamente com as isenções gratuitas desprovidas de controle efetivo.

Aliás, no mesmo Relatório do Tribunal de Contas do Estado do Pará, consta a Resolução nº 18.258, oriundo da apreciação do Processo nº 2012/50640-0 do órgão de controle externo que emitiu parecer favorável à aprovação, pela Assembleia Legislativa, das Contas do Governo referentes ao exercício financeiro 2011, mas fez as seguintes recomendações, com relação às renúncias de receita:

2.1.2 Quanto aos Instrumentos de Planejamento:
1. Que faça constar no Anexo de Metas Fiscais da LDO o Demonstrativo de Estimativa e Compensação da Renúncia de Receita, evidenciando a condição utilizada, dentre as previstas na LRF, art. 14, para cada situação de renúncia de receita, em consonância com o Manual Técnico de Demonstrativos Fiscais da Secretaria do Tesouro Nacional;
2. Que apresente os valores a serem gastos com cada providência a ser tomada no caso de concretização do risco fiscal apontado no Demonstrativo de Riscos Fiscais da LDO, em conformidade com o Manual Técnico de Demonstrativos Fiscais da STN;
3. Que as unidades gestoras registrem, na totalidade e tempestivamente, no Sistema GP Pará, as informações de execução das ações de governo, bem como registrem as demais informações gerenciais que subsidiem a tomada de decisão, em cumprimento à Lei do PPA, arts. 12, 13 e 14, bem como à LDO.
4. *Omissis;*

5. *Omissis;*
6. *Omissis;*
7. *Omissis;*
8. *Omissis;*
9. Que constem no Demonstrativo de Estimativa do Impacto Orçamentário-financeiro, decorrentes da Concessão ou Ampliação de Incentivos ou Benefícios de Natureza Tributária da qual decorra Renúncia de Receita, presenta na LOA, as medidas de compensação que serão adotadas, conforme exigência da LRF, art.5º, II;
10. *Omissis;*
11. *Omissis;*
12. Que a Lei Orçamentária Anual apresente o Demonstrativo Regionalizado dos Percentuais de Incidência sobre as Receitas e Despesas, decorrentes de Isenções, Anistias, Remissões, Subsídios e Benefícios de Natureza Financeira, Tributária e Creditícia, conforme exigência da Constituição Estadual, art. 204, §11 (PARÁ, 2011, p. 92-93).

Portanto, não só a política de renúncia de receita tributária no Estado do Pará é desconexa com as necessidades na área de saúde, como sequer cumpre os requisitos da Lei de Responsabilidade Fiscal para ser implementada, pois conforme a análise do TCE das contas de 2011 do Governo do Estado, não é possível identificar os mecanismos de compensação das renúncias exigidos pela Lei de Responsabilidade Fiscal, tampouco a forma como essas renúncias incidem percentualmente sobre cada região, conforme exige a Constituição Estadual.

E essa prática da concessão de isenções e benefícios fiscais gratuitos e desatrelados a uma política planejada de saúde é disseminada em todo o país. Os casos de concessão de renúncias de receita onerosas são raros e quando executadas acabam, por vezes, como no Estado do Pará, retiradas do ordenamento por falta de controle dos órgãos responsáveis.

No Estado do Rio de Janeiro, por exemplo, as mesmas espécies de benefícios acima citados do Regulamento do ICMS do Estado do Pará existem, poucas onerosas, conforme se depreende do Manual de Diferimento, Ampliação de Prazo de Recolhimento, Suspensão e de Incentivos e Benefícios de Natureza Tributária, instituído pelo Decreto nº 27.815/01.[54]

---

[54] RIO DE JANEIRO (Estado). Secretaria de Fazenda. Disponível em: <http://www.fazenda.rj.gov.br/sefaz/faces/legislacao/legislacao-tributaria-basica-navigation/folder0/basicaICMS?_afrLoop=621622254198000&datasource=UCMServer%23dDocName%3A1766010&_adf.ctrl-state=7mi9cknqr_1271>. Acesso em: 7 nov. 2013.

Quadro 5 – Benefícios Tributários na área de saúde no Estado do Rio de Janeiro

(continua)

Área/Benefícios	Rio de Janeiro Decreto 27.815/01	Espécie de benefício
Medicamentos para AIDS (isenção)	Portaria ST nº 557/2009	Gratuito
Cadeia Farmacêutica (indústrias, atacadistas e distribuidores) (redução de base de cálculo e diferimento) 1) Faculta o diferimento do ICMS incidente na aquisição interna de insumos e bens para o ativo fixo por estabelecimento industrial integrante de cadeia farmacêutica, devendo o imposto ser pago englobadamente com o relativo às suas próprias saídas. Sem prejuízo dos demais benefícios estabelecidos pelo Decreto nº 36450/04, de 29 de outubro de 2004, observando o disposto no §2º, do artigo 1º do Decreto 42548/10, fica concedido às empresas enquadradas no referido decreto, diferimento nas operações de importação de medicamentos acabados, destinados ao tratamento de esclerose múltipla e oriundos do fármaco Betainterferona 1 A, classificado na NCM: 3002.10.36. 2) Reduz a base de cálculo do ICMS na operação de saída de mercadorias para hospitais, clínicas e congêneres, não contribuintes do ICMS, assim como para órgãos públicos, promovida por estabelecimento integrante da cadeia farmacêutica, de forma que a incidência do imposto resulte no percentual de 13% sobre o valor da operação, sendo que 1% será destinado ao FECP.	Portaria ST nº 722/2011	Gratuito
Preservativo (isenção)	Portaria ST nº 811/2012	Gratuito
Produto destinado a portador de deficiência física ou auditiva (isenção)	Portaria ST nº 227/2005	Gratuito
Isenta do ICMS as operações que destinem equipamentos didáticos, científicos e médico-hospitalares, inclusive peças de reposição e os materiais necessários às respectivas instalações, ao Ministério da Educação e do Desporto - MEC para atender ao "Programa de Modernização e Consolidação da Infraestrutura Acadêmica das IFES e HUS - Instituições Federais de Ensino Superior e Hospitais Universitários" instituído pela Portaria nº 469/97, do Ministério da Educação e do Desporto. A isenção alcança, também, as distribuições das mercadorias pelo MEC a cada uma das instituições beneficiadas. O benefício será reconhecido pela unidade federada onde estiver estabelecido o fornecedor ou importador da mercadoria. O reconhecimento da isenção fica condicionado a que: a). os produtos estejam contemplados com isenção ou com redução a zero das alíquotas dos impostos federais; e b). a parcela relativa à receita bruta decorrente das operações acima esteja desonerada das contribuições do PIS/PASEP e COFINS. OBS: o disposto no item "b" produzirá efeitos a partir de 1º.01.2002.	Portaria ST nº 651/2010	Gratuito
Isenta do ICMS as operações com equipamentos e insumos indicados no Anexo Único do Convênio ICMS 1/99, destinados à prestação de serviços de saúde. A fruição do benefício fica condicionada à isenção ou alíquota zero do Imposto sobre Produtos Industrializados ou do Imposto de Importação.	Portaria ST nº 811/2012	Gratuito

(continua)

Área/Benefícios	Rio de Janeiro Decreto 27.815/01	Espécie de benefício
Isenta do ICMS as operações com os produtos e equipamentos utilizados em diagnósticos de imuno-hematologia, sorologia e coagulação relacionados no Convênio ICMS 84/97 destinados a órgãos ou entidades da administração pública direta ou indireta, bem como suas autarquias e fundações.	Portaria ST nº 773/2011	Gratuito
Importação aparelhos, máquinas, equipamentos e instrumentos, suas partes e peças de reposição e acessórios, matérias-primas e produtos intermediários, amparados pelo Convênio ICMS 93/98 para uso por: I - institutos de pesquisa federais ou estaduais; II - institutos de pesquisa sem fins lucrativos instituídos por leis federais ou estaduais; III - universidades federais ou estaduais; IV - organizações sociais com contrato de gestão com o Ministério da Ciência e Tecnologia; V - fundações sem fins lucrativos das instituições referidas nos incisos anteriores, que atendam aos requisitos do artigo 14 do Código Tributário Nacional, para o estrito atendimento de suas finalidades estatutárias de apoio às entidades beneficiadas por este convênio. VI - pesquisadores e cientistas credenciados e no âmbito de projeto aprovado pelo Conselho Nacional de Desenvolvimento Científico e Tecnológico - CNPq. O disposto anteriormente somente se aplica na hipótese das mercadorias se destinarem a atividades de ensino e pesquisa científica ou tecnológica, estendendo-se, também, às importações de artigos de laboratórios, desde que não possuam similar produzido no país.	Portaria ST nº 353/2006	Gratuito
Isenta do ICMS no recebimento de aparelhos, máquinas, equipamentos e instrumentos médico-hospitalares ou técnico-científicos laboratoriais, sem similar produzido no país, importados do exterior diretamente por órgãos ou entidades da administração pública, direta ou indireta, bem como fundações ou entidades beneficentes de assistência social certificadas nos termos da Lei nº 12.101, de 27 de novembro de 2009. A isenção somente se aplica na hipótese de as mercadorias se destinarem a atividades de ensino, pesquisa ou prestação de serviços médico-hospitalares. O benefício estende-se aos casos de doação ainda que exista similar nacional do bem importado. A isenção aplica-se, também, sob as mesmas condições, e desde que contemplados com isenção ou com alíquota reduzida a zero dos Imposto de Importação ou sobre Produtos Industrializados a: 1) partes e peças, para aplicação em máquinas, aparelhos, equipamentos e instrumentos; 2) reagentes químicos destinados à pesquisa médico hospitalar; 3) medicamentos arrolados no anexo ao Convênio ICMS 95/95.	Portaria ST nº 722/2011	Gratuito

(conclusão)

Área/Benefícios	Rio de Janeiro Decreto 27.815/01	Espécie de benefício
Difere o pagamento do ICMS incidente na importação de equipamento médico-hospitalar, sem similar nacional à época da importação, realizada no período de 1.º de janeiro de 2002 a 15 de abril de 2008, por estabelecimento médico-hospitalar localizado no território fluminense, destinado a integrar o seu ativo fixo. O diferimento previsto fica condicionado a que o importador celebre Termo de Acordo com o Estado do Rio de Janeiro até 31 de março de 2010, comprometendo-se a prestar, aos usuários do Sistema Único de Saúde - SUS, os serviços médicos indicados no Anexo único do Decreto nº 42.097/09, em quantidade de atendimentos suficiente para perfazer o valor total do imposto diferido, tomando por referência o valor que seria devido ao prestador com base na Tabela do Comitê de Integração de Entidades Fechadas de Assistência à Saúde - CIEFAS. Considera-se interrompido o diferimento se: I - a cada ano, a contar da data de concessão do diferimento, o adquirente que não realizar um número de atendimentos aos usuários do SUS suficiente para perfazer, pelo menos, 25% (vinte e cinco por cento) do valor total do imposto diferido; II - ocorrer qualquer evento que impossibilite o adquirente de prestar aos usuários do Sistema Único de Saúde - SUS os serviços médicos indicados no Anexo único do Decreto nº 42.097/09; Na hipótese de interrupção do diferimento, o valor residual do ICMS diferido corresponderá ao apurado na forma do artigo 2.º do Decreto nº 42.097/09, deduzido o valor dos serviços médicos prestados pelo adquirente aos usuários do SUS, e deverá ser recolhido até o dia 9 (nove) do mês subseqüente àquele em que se deu a interrupção do diferimento. O diferimento de que trata o artigo 1.º do Decreto nº 42.097/09 não se aplica aos créditos tributários constituídos.	Decreto nº 42.097/09 Prazo: condicionado a que o importador celebre Termo de Acordo com o Estado do Rio de Janeiro até 31 de março de 2010 Resolução Conjunta SEDESC/ SEFAZ nº 193/10	onerosa
Isenta do ICMS a operação de importação do exterior de aparelhos, máquinas, equipamentos e instrumentos, suas partes e peças de reposição e acessórios, e de matérias-primas e produtos intermediários, beneficiada com as isenções previstas na Lei Federal nº 8.010/90, realizada pelas fundações de apoio à Fundação Oswaldo Cruz e às universidades federais e estaduais do Estado do Rio de Janeiro, ativas no fomento, na coordenação ou na execução de programas de pesquisa científica e tecnológica ou de ensino, devidamente credenciadas pelo CNPq. A fruição da isenção do ICMS fica condicionada ao credenciamento previamente efetivado pelo Departamento Especializado de Fiscalização do Comércio Exterior - DEF 02, a ser renovado, anualmente, até 15 de março de cada ano. O benefício da isenção somente se aplica à hipótese de as mercadorias se destinarem às atividades de ensino e pesquisa científica ou tecnológica, estendendo-se, também, às importações de artigos de laboratórios, desde que não possuam similares produzidos no país. A inexistência de produto similar produzido no país será atestada: I - por órgão federal competente ou por entidade representativa do setor produtivo de máquinas, aparelhos e equipamentos com abrangência em todo o território nacional; II - na hipótese de partes, peças e artigos de uso em laboratório, sendo inaplicável o disposto no inciso I, por órgão legitimado da correspondente Secretaria de Estado da unidade federada competente para exigir o imposto relativo à importação. A anuência do Departamento de Comércio Exterior - DECEX, conferida na Licença de Importação - LI, declarando textualmente a inexistência de similaridade nacional para o bem importado, supre a apresentação do documento a que se refere o inciso V do artigo 6.º da Resolução SER nº 256/2006. Obs.: Os procedimentos adotados com base no Convênio ICMS 93/98, pelas fundações de apoio a que se refere a cláusula primeira do Convênio ICMS 138/05, ficam convalidados no período de 17.04.2002 a 09.01.2006.	Convênio ICMS 138/05. Incorporado pela Resolução SER nº 256/2006, com vigência a contar de 21.02.2006. Prazo indeterminado	onerosa

Fonte: Manual de Diferimento, Ampliação de Prazo de Recolhimento, Suspensão e de Incentivos e Benefícios de Natureza Tributária, instituído pelo Decreto nº 27.815/01

Como se pode perceber, o maior problema na utilização dessas formas de renúncia de receita está no controle pelos próprios entes estatais dos gastos direta ou indiretamente na área de saúde.

A Controladoria-Geral da União,[55] fazendo uma análise sobre o Programa Saúde da Família, atesta os mecanismos de controle assim:[56]

O CMS[57] analisa a prestação de contas dos valores recebidos e aplicados pelo município.

a) Os municípios enviam relatório de gestão ao Ministério da Saúde e à SES a título de comprovação da aplicação dos recursos.

b) O município envia a prestação de contas ao Tribunal de Contas do Estado ou Tribunal de Contas do Município e à Câmara Municipal.

Os mecanismos de controle da Estratégia de Saúde da Família são:
- Publicação dos relatórios resultantes do Programa de Fiscalização a partir de Sorteios Públicos da Controladoria-Geral da União na página eletrônica do órgão.

- Disponibilização na internet dos quantitativos de Equipes de Saúde da Família implantadas, bem como dos nomes dos profissionais que as compõem (http://cnes.datasus. gov.br).

- Submissão dos relatórios de gestão dos municípios ao Ministério da Saúde, SES, CMS, ao Tribunal de Contas do Estado ou Tribunal de Contas do Município e à Câmara Municipal.

Daí se constata que os Tribunais de Contas têm um papel central na análise dessas contas, aí incluídas as renúncias de receita, e é com base nessas análises que as conclusões dessa obra são construídas.

Contudo, antes de se adentrar às conclusões sobre as isenções de ICMS na área de saúde, autorizadas no âmbito de CONFAZ mediante convênios, cumpre comentar que o TCU, nos Autos do Processo 009.625/2011-9 que tratava de relatório de levantamentos de informações sobre os processos de aquisição de medicamentos efetuados com

---

[55] "A Controladoria-Geral da União (CGU) é o órgão do Governo Federal responsável por assistir direta e imediatamente o Presidente da República quanto aos assuntos que, no âmbito do Poder Executivo, sejam relativos à defesa do patrimônio público e ao incremento da transparência da gestão, por meio das atividades de controle interno, auditoria pública, correição, prevenção e combate à corrupção e ouvidoria. A CGU também deve exercer, como órgão central, a supervisão técnica dos órgãos que compõem o Sistema de Controle Interno e o Sistema de Correição e das unidades de ouvidoria do Poder Executivo Federal, prestando a orientação normativa necessária." Cf. BRASIL. Controladoria-Geral da União. Disponível em: <http://www.cgu.gov.br/CGU>. Acesso em: 8 nov. 2013.
[56] BRASIL. Controladoria-Geral da União. Disponível em: <http://sistemas.cgu.gov.br/relats/uploads/2438_%20relatorio_PSF_08012013.pdf>. Acesso em: 8 nov. 2013.
[57] Conselho Municipal da Saúde.

recursos financeiros repassados fundo a fundo no âmbito do Sistema Único de Saúde (SUS), em julgamento de 1º de fevereiro de 2012, lavrou o Acórdão 140/2012 – TCU – Plenário, nos seguintes termos:[58]

> Os Ministros do Tribunal de Contas da União, reunidos em sessão ordinária de Plenário, ACORDAM, por unanimidade, com fundamento no art. 143, incisos III e V, alínea "a", c/c o art. 169, inciso V, do Regimento Interno/TCU, em arquivar o presente processo, sem prejuízo de fazer as seguintes determinações e recomendações, de acordo com o parecer da 4ª SECEX:
>
> 1. Processo TC-009.625/2011-9 (RELATÓRIO DE LEVANTAMENTOS)
>
> 1.1. Interessados: Ministério Público do Estado de Mato Grosso (00.000.000/0001-23); Procuradoria-Geral de Justiça do Estado de Goiás (01.409.598/0001-30)
>
> 1.2. Órgão/Entidade: Ministério da Saúde (vinculador); Secretaria de Estado da Saúde de Goiás; Secretaria de Estado da Saúde do Estado do Paraná; Secretaria de Estado de Saúde do Distrito Federal; Secretaria de Estado de Saúde do Mato Grosso
>
> 1.3. Relator: Ministro Walton Alencar Rodrigues
>
> 1.4. Unidade Técnica: 4ª Secretaria de Controle Externo (SECEX-4).
>
> 1.5. Advogado(s) constituído(s) nos autos: não há.
>
> 1.6. Determinar:
>
> 1.6.1. ao Ministério da Saúde, com fulcro no art. 250, inciso II, do Regimento Interno/TCU, com fundamento na Cláusula Primeira do Convênio - Confaz 87/2002, que, no prazo de 60 (sessenta) dias, oriente os gestores federais, estaduais e municipais acerca da aplicação da isenção do ICMS nas aquisições de medicamentos por meio de cartilhas, palestras,

---

[58] BRASIL. Tribunal de Contas da União. Disponível em: <http://contas.tcu.gov.br/juris/SvlHighLight;jsessionid=AADAB3A10691E0E6D3B9E02B77C7ABC0?key=ACORDAO-RELACAO-LEGADO-96045-2-2012-1402012&texto=4163254633726425 45336f2b31343025324632303132&sort=RELEVANCIA&ordem=DESC&bases=ATO-PESSOAL;ACORDAO-LEGADO;DECISAO-LEGADO;RELACAO-LEGADO; PROCESSO-EXTERNO;NORMATIVOS;PORTAL-PUBLICO;ACORDAO-RELACAO-LEGADO;ATA-SAGAS;ATA-PORTAL;&highlight=41632546337264254533 6f2b3134302532 4632303132&posicaoDocumento=0>. Acesso em: 8 nov. 2013.

manuais ou outros instrumentos que propiciem uma repercussão ampla, alertando aos entes que as propostas dos licitantes devem contemplar a isenção do tributo;

1.6.2. à Secretaria-Geral de Controle Externo que divulgue o teor desta decisão às Secretarias de Controle Externo estaduais para subsidiar a programação de auditorias de conformidade a serem realizadas com o objetivo de: (i) estabelecer metodologia de cálculo de valor de referência para os medicamentos selecionados, com base em pesquisa de preços devidamente fundamentada; (ii) apurar sobrepreços na aquisição dos medicamentos pelos entes federativos; (iii) verificar a regularidade das aquisições de medicamentos; (iv) avaliar a qualidade e confiabilidade dos controles internos empreendidos do recebimento dos produtos até a sua distribuição; (v) verificar as condições de armazenagem dos fármacos; (vi) verificar a alimentação do Banco de Preços em Saúde pelos entes federados;

1.7. Recomendar:

1.7.1. ao Ministério da Saúde, com fulcro no art. 250, inciso III, do Regimento Interno/TCU, que revogue o §3º do art. 5º da Portaria - GM/MS 2.814/1998, tendo em vista a inconstitucionalidade do dispositivo ao afrontar o art. 37, inciso XXI, da Carta Magna;

1.7.2. ao Conselho Nacional de Política Fazendária, com fulcro no art. 250, inciso III, do Regimento Interno/TCU, que altere o §6º da Cláusula Primeira do Convênio ICMS 87/2002, tendo em vista a inconstitucionalidade do dispositivo ao afrontar o art. 37, inciso XXI, da Carta Magna, de forma a prever expressamente que as propostas dos licitantes contemplem o preço isento do ICMS e que a competição entre eles considere este valor.

Esse Acórdão, por sua vez, resultou na Nota Técnica nº 17/2012/DAF/SCTIE/MS do Ministério da Saúde, por meio da Secretaria de Ciência, Tecnologia e Insumos Estratégicos[59] que, em cumprimento ao item 1.6.1. do Acórdão transcrito acima que determina ao Ministério da Saúde orientar os gestores federais, estaduais e municipais sobre a aplicação da isenção do ICMS nas aquisições de medicamentos, orientou no sentido de, em caso de recusa da empresa produtora do medicamento, distribuidora, farmácia ou drogaria em abater do preço

---

[59] BRASIL. Ministério da Saúde. Disponível em: <http://portal.saude.gov.br/portal/arquivos/pdf/4d_260412.pdf>. Acesso em: 8 nov. 2013.

do fármaco a isenção prevista nos Convênios ICMS celebrados no âmbito do CONFAZ, deverá ser encaminhada denúncia ao Ministério Público Federal e Estadual para as medidas judiciais pertinentes.

Informou ainda a Nota Técnica que toda a legislação referente à concessão de isenção de ICMS de medicamentos poderá ser acessada no "site" do Ministério da Fazenda, devendo as dúvidas serem encaminhadas por e-mail ao Ministério da Saúde.

Tanto o Acórdão do TCU, quanto a Nota Técnica citada demonstram a grande dificuldade que há no Brasil não apenas de se renunciar receita destinada à saúde como, principalmente em operacionalizar essa renúncia, o que acaba ensejando a não utilização dos institutos em detrimento da maior disponibilização dos serviços de saúde à população brasileira.

Mas em regiões do Brasil mais carentes, como o Norte e Nordeste, o problema toma ainda uma maior proporção, desde que considerando a defesa de Amartya Sen de que o Estado não deve se preocupar apenas em ofertar saúde, mas que essa saúde seja de qualidade e de acordo com as necessidades de cada sociedade nesses lugares, como demonstrado com o Estado do Pará, as renúncias são ainda menores, cada vez menos implementadas, reduzindo tanto a oferta de serviço que sequer se pode cogitar da análise da qualidade.

Afinal, só se pode aferir a qualidade de um serviço quando ele está disponível. Não existindo, o que será qualificado?

CONCLUSÃO

Esta obra apresenta na Introdução as seguintes questões objeto de pesquisa para, neste momento, apresentar respostas. São elas:
a) o Estado brasileiro, por meio de seus institutos jurídicos, tem condições de exercer políticas efetivas de intervenção no domínio econômico, ao renunciar receita?

b) Sobretudo no que tange àquelas políticas que visam a promover, no setor privado, atitudes que auxiliem o poder público na realização de políticas públicas garantidoras de direitos fundamentais relacionadas à saúde?

Para responder às questões propostas a obra teve início com a identificação da filosofia política que seria adotada como fundamento da pesquisa, optando-se pela correlação do jurídico, com o econômico e o político através das ideais de autores como Amartya Sen que hoje tem importante estudo na área de saúde e políticas públicas, e a conceituação do que vem a ser atualmente a intervenção do Estado no domínio econômico a partir do enfoque do Direito Financeiro e Tributário.

Em um segundo momento, a pesquisa se debruçou à conceituação dos institutos jurídicos de renúncia de receita, sobretudo tributária, existentes no ordenamento jurídico nacional que constituem um dos pontos principais do estudo. Foi necessário perpassar pelas doutrinas e jurisprudências que norteiam a matéria a fim de se aferir quais seriam, ao final, aqueles a serem efetivamente utilizados no desenvolvimento da investigação.

Em seguida, flui o estudo até as novas formas de políticas públicas concebidas a partir da evolução do estado burocrático weberiano, chegando ao conceito de administração gerencial, tangenciando a questão da sustentabilidade administrativa incrementada a partir da Teoria do Risco de Beck, para se construir a nova concepção de Estado que deixa de ser o exclusivo titular do dever de prestação de políticas públicas, passando a contar com a possibilidade de agregar a esses serviços os demais setores da economia (segundo e terceiro).

Nesse momento, o estudo se dedica a relacionar o terceiro setor (entidades sem fins lucrativos) com o Estado, observando as formas de parcerias que a recente estrutura normativa vai criando para viabilizar, cada vez mais, o desenvolvimento dessas atividades em conjunto, observando que, até mesmo em razão de se tratar de uma "novidade" jurídica, administrativa e financeira, gera um controle da sociedade organizada bem evidente que, paralelamente à expressa utilização pelo Estado dessas formas de parceria, inicia um processo de buscar, em muitos casos, a retomada do modelo exclusivamente estatal de prestação de serviços públicos.

As medidas judiciais (Ações de Improbidade) reiteradamente manejadas pelos *parquets* em todo o país, as notícias usualmente veiculadas na mídia, as reuniões públicas envolvendo a saúde demonstram que há significativa parcela da sociedade preocupada com a manutenção dessa nova roupagem da administração pública que faz uso de medidas de incentivo, dentre as quais se encontram as renúncias de receita, para atrair o segundo e terceiro setor da economia a também prestarem serviços públicos.

O quarto capítulo busca retomar a filosofia política utilizada como fundamento da pesquisa em uma análise mais aplicada às políticas públicas de saúde, correlacionando os institutos jurídicos até ali estudados, a partir de exemplos práticos da utilização dos princípios que envolvem a questão.

Finalmente o último capítulo, após fazer um paralelo entre as diversas formas de renúncia de receita em vários países, verifica as semelhanças existentes entre essas renúncias nos Estados Unidos e no Brasil a partir de estudos das duas últimas décadas.

A partir daí, esse momento do estudo debruça-se sobre dados apurados seja pelo IPEA que é um instituto de pesquisa econômica do governo federal, seja do Tribunal de Contas da União que analisa as contas do Governo Federal, fazendo uso do controle externo para tentar correlacioná-los visando a constatar:

    a) se as renúncias de receita na área de saúde são muito significativas para o total de renúncias do Estado brasileiro;

    b) se as renúncias de receita vêm aumentando ou diminuindo no Brasil ao longo dos anos, e se o resultado disso representa aumento ou diminuição de investimentos diretos na saúde;

c) se existem mecanismos jurídicos de essas renúncias de receita serem melhor controladas, a partir da imposição de uma contraprestação pelos seus beneficiários diretos ao Estado, por meio de critérios aferíveis de eficiência sobre essa renúncia.

Nesse momento é possível constatar que apesar da existência no ordenamento jurídico nacional do instituto da renúncia de receita onerosa, ou seja, institutos como a isenção serem utilizados com a imposição pelo Estado de obrigações a serem entregues pelos segundo e terceiro setor da economia em "retribuição" ao benefício, por meio de políticas públicas de saúde, a utilização desses institutos ainda é muito incipiente.

Muito provavelmente a carência no uso de isenção onerosa, por exemplo, é mais um motivo impulsionador ao grande repúdio de boa parte da sociedade pelas parcerias público-privadas, sobretudo na área da saúde, pois não há, muitas vezes, a apresentação de uma contraprestação imediata, cuja eficiência seja passível de aferição por indicadores públicos.

A carência da implementação dessas políticas é tão evidente que apenas um exemplo delas vinculada ao segundo setor da economia foi observado, qual seja, o da importação de equipamentos médicos desonerado de ICMS, com o dever da clínica ou hospital de prestar serviço ao SUS, pelo período correspondente ao pagamento dos tributos de que fora isentado.

Finalmente, chega-se agora à conclusão, quando após o levantamento de dados na presente, elencar as seguintes premissas para, posteriormente, apontar as conclusões delas oriundas:

Premissas:

a) Restou demonstrado que segundo o conceito filosófico-político de Amartya Sen, na área de políticas públicas de saúde, não basta simplesmente o Estado se preocupar em prover a saúde ao maior número possível de pessoas de uma dada sociedade, mas essa saúde precisa ser de acordo com as necessidades de cada um, e, portanto, de qualidade para resolver eficazmente, os problemas vivenciados.

b) Se a mera distribuição quantitativa de saúde não reflete a política pública de que a atual sociedade reclama, faz-se imperiosa a busca de alternativas jurídicas, financeiras, econômicas e políticas para propiciar o acesso à saúde de todos, de acordo com as necessidades de cada um. Isso importa em política pública sustentável, no sentido de serem encontradas soluções que não gerem simples onerosidade aos cofres públicos, mas que na prática evidenciem a melhora na prestação do serviço sanitário.

c) A política pública de saúde sustentável perpassa pela noção da Teoria do Risco, chegando à eleição de técnicas legislativas que possam, verdadeiramente, desenvolver a oferta de saúde de modo a propiciar que a sociedade tenha diversidade e qualidade de serviço público.

d) É importante a identificação precisa de cada espécie de renúncia de receita, a partir do uso da teoria da linguagem para, do ponto de vista jurídico e político, chegar-se à elucidação de quais delas melhor se adéquam à realidade da saúde brasileira.

e) As regras jurídicas de renúncia de receitas, benefícios fiscais ou mesmo aquelas que limitam o poder de tributar representam não apenas "gastos públicos", mas podem ser manejadas a partir das noções de sustentabilidade administrativa, gerar incentivos ao segundo e terceiro setor da economia a, em conjunto com o Estado, fornecer serviços públicos em maior e melhor quantidade, funcionando, nesse aspecto, como políticas extrafiscais.

f) A intervenção do Estado na economia nos dias de hoje não importa mais na antiga noção do poder público financiar, orientar ou induzir um determinado comportamento exclusivamente da iniciativa privada produtora de bens e serviços cujo único objeto é o lucro, mas também de financiar, orientar e induzir um determinado comportamento da iniciativa privada sem fins lucrativos; passando então a economia a congregar o segundo e o terceiro setor.

g) Os dados levantados em estudos especializados sobre renúncias de receitas em comparação com o gasto público direto, ou seja, valores transferidos diretamente dos cofres públicos para o segundo ou terceiro setor da economia precisam ser analisados não do ponto de vista exclusivamente microeconômico, mas também macroeconômico,[60] para não resultarem em análises

---

[60] Os conceitos de macro e microeconomia aqui estão baseados em Krugman e Wells (2007, p. 467): *"macroeconomia* é a área da análise econômica que tem seu foco no comportamento da economia em seu conjunto. Em contraste, a *microeconomia* trata das decisões de produção e consumo de consumidores e produtores, e da alocação de recursos escassos entre os vários setores da economia".

reducionistas sobre as questões estudadas que são de cunho muito mais macro do que microeconômicos.

h) Esse tratamento de dados micro e macroeconômicos conjuntamente torna-se importante para política de saúde, ou como diz Sen (2011, p. 320) "para a política da boa saúde, que é influenciada por um grande número de variáveis diferentes das estritamente definidas como 'políticas de saúde' (como a educação geral e as desigualdades sociais)".

i) Restaram evidenciadas as posições contrárias sobre os pontos objetos da investigação da presente.

   a. Enquanto há significativa parcela da sociedade que repudia toda e qualquer forma de renúncia de receita, sobretudo na área de saúde, há o próprio Estado, em muitos casos, defendendo o uso desses institutos.

   b. Existem aqueles que defendem que o Estado deveria manter exclusivamente os gastos diretos na área de saúde e outros que entendem a necessidade seja dos gastos indiretos, seja dos repasses de valores ao segundo e terceiro setor da economia para propiciar uma maior quantidade de atendimentos de saúde.

   c. Há parcela significativa de estudiosos sobre a matéria no Brasil que não admite as renúncias de receita como formas de o estado atual com políticas extrafiscais também prestar serviços públicos.

j) Ante os estudos que a partir de dados levantados apresentam conclusões diferentes do ponto de vista da micro e da macroeconomia, resta necessária a análise desses dados a partir da noção de que posições contrárias convivem em uma mesma sociedade, sem resultar em um único caminho institucional (SEN, 2011, p. 76).

Observadas essas premissas, cumpre agora demonstrar a plausibilidade da tese apresentada:

A tese se fundamenta na possibilidade de o Estado em vez de fazer exclusivamente uso de renúncias de receita na área de saúde, seja para o segundo, seja para o terceiro setor, lançar mão desses institutos de forma onerosa, ou seja, com a obrigatoriedade do beneficiário direto da renúncia contribuir com prestações de serviços de saúde diretamente ao SUS, mas com mecanismos de controle de eficiência na prestação dessa contraprestação, a partir de critérios oriundos do próprio SUS.

Os institutos jurídicos para a utilização dessa forma de renúncia de receita já existem no ordenamento jurídico pátrio, tanto que explica Oliveira (2008, p. 136):

> As isenções podem ser gratuitas, isto é, sem qualquer contraprestação do contribuinte, ou onerosas, quando concedidas a termo, sob a contraprestação ou sob obrigação de investimento (art. 179 do CTN). Se condicional, gera direito ao contribuinte (art. 178 do CTN) e, ainda que revogada, garante direito líquido e certo da fruição. As isenções não condicionadas ou concedidas por prazo indeterminado podem ser revogadas, sem gerar direitos.

Conforme apresentado no último tópico do último capítulo, já há no país exemplos de Entes da Federação que fazem uso da concessão de isenções onerosas na área da saúde, como no caso dos equipamentos importados, sobretudo de radiologia, que impõe a obrigação da clínica ou hospital disponibilizá-los para uso pelo SUS, mediante termo de compromisso assinado pelo contribuinte beneficiário da renúncia de receita na Secretaria de Fazenda do Estado, com a interveniência da Secretaria de Saúde que será a responsável por fiscalizar a prestação efetiva e eficaz do serviço privado, prestado como público.

Todos os estudos trazidos à presente demonstraram que, apesar de grandes vozes no país se levantarem contra concessão de renúncias de receita seja para o segundo, seja para o terceiro setor na área de saúde, os números confirmam que o gasto público direto com a saúde no país ainda é bem maior do que as renúncias de receita à área.

No relatório das contas do governo federal de 2011 do TCU, por exemplo, há o gráfico abaixo que demonstra o quanto vem crescendo nos últimos anos o investimento direto na saúde no Brasil:[61]

---

[61] Cf. BRASIL. Tribunal de Contas da União. *Relatório e parecer prévio sobre as contas do Governo da República*: exercício de 2011. Disponível em: <http://portal2.tcu.gov.br/portal/page/portal/TCU/comunidades/contas/contas_governo/Contas2011/index.html>. Acesso em: 31 out. 2013.

Gráfico 6 – Investimento direto na saúde no Brasil de 2007 a 2011

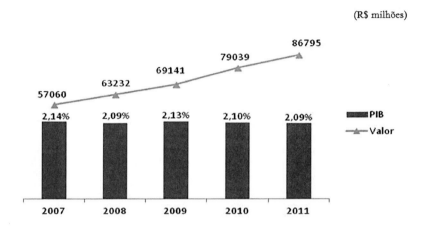

O relatório mencionado utiliza como fonte dados da Secretaria do Tesouro Nacional (STN), Secretaria da Receita Federal (RFB), Departamento de Coordenação e Governança das Empresas Estatais (Dest), Instituto Brasileiro de Geografia e Estatística (IBGE) e consultas ao Siafi. Obs.: Os dados incluem valores liquidados (OFSS+RPNP), Despesa realizada (OI) e Gastos tributários.

É difícil correlacionar os dados entre si, porque partem de pontos de análise diversos, mas algumas conclusões deles se consegue extrair:
a) Segundo os relatórios das contas do governo federal do TCU de 2011 para 2012, o investimento direto na área de saúde aumentou aproximadamente 32%, passando de R$58,5 bilhões para R$77,3 bilhões;
b) Por outro lado, em período de estudo próximo, precisamente entre 2010 e 2011, segundo o Estudo do IPEA que envolve renúncias de receita do Governo Federal na área de saúde houve um crescimento de aproximadamente 2,90%, passando de R$15.361 bilhões em 2010, para R$15.807 bilhões em 2011.

Desse comparativo já é possível constatar que nos últimos anos, percentualmente os gastos diretos com saúde aumentaram muito mais do que as renúncias de receita na área.

Adicione-se a isso o fato de que, segundo o TCU, as renúncias de receita totais do Governo Federal cresceram de 2010 a 2012 de R$125 bilhões para R$172,6 bilhões, representando um aumento de aproximadamente 38%; contudo, dos valores totais de renúncias de receita tributárias do Governo Federal, para a área de saúde são destinadas em média, apenas 10% delas.

O próprio IPEA já havia diagnosticado essa diferença de crescimento entre renúncias de receita totais e as destinadas à área.

Apesar disso, o estudo do IPEA (OCKÉ-REIS, 2013, p. 1-13) – que toma por base os abatimentos que os contribuintes fazem da base de cálculo do Imposto de Renda a partir das despesas médicas realizadas seja com planos de saúde privados ou com serviços médicos de uma forma geral –, conclui que essa renúncia de receita não observa a justiça tributária do ponto de vista da capacidade contributiva, pois contribui exclusivamente para o desenvolvimento do setor privado da saúde no Brasil e quem se beneficia dessa renúncia de receita é apenas a camada mais rica da sociedade, enquanto os mais pobres que financiam o Sistema Único de Saúde ficam desprovidos da saúde privada, de melhor qualidade, porque não podem pagar por ela, e, em consequência, sequer abatem os valores de suas bases de cálculo de Imposto de Renda.

Essa conclusão, contudo, conforme já comentada acima, é reducionista, desde que não considera:

a) em primeiro, que não há como se afirmar que proibir a renúncia de receita em questão vai automaticamente conduzir o Governo Federal a investir diretamente na saúde;

b) em segundo, que a classe menos afortunada financeiramente da sociedade também pode fazer uso dos abatimentos legais com saúde (renúncia de receita) estudados, e isso pode proporcionar a uma maior quantidade de pessoas – que no exercício do seu poder de liberdade de escolha, até porque detém recursos financeiros para isso – o acesso a uma saúde mais eficiente.

Tanto é assim que o próprio IPEA em estudo anterior, divulgado em 19 de maio de 2011, por meio do Comunicado nº 92, denominado "Equidade Fiscal no Brasil: Impactos distributivos da Tributação e do Gasto Social",[62] ao analisar resultados sobre a regressividade na arrecadação tributária, afirmava que o Estado tem compensado essa

---

[62] Extraído do *site*: INSTITUTO DE PESQUISA ECONÔMICA APLICADA. Disponível em: <http://www.ipea.gov.br/portal/images/stories/PDFs/comunicado/110519_comunicado ipea92.pdf>. Acesso em: 31 out. 2013.

deficiência com a redistribuição de recursos públicos para as camadas da população que mais pagam impostos.

O estudo compara os valores dos benefícios da Previdência Social, seguro-desemprego, auxílios ao trabalhador, programas de assistência e gastos públicos com educação e saúde que, somados, superam aos valores pagos ou recolhidos com a tributação direta e indireta.

Afirma esse estudo do IPEA:
Em 2009, observa-se que a transferência média de recursos públicos às famílias foi mais que proporcional à incidência tributária média, o que demonstra a pró-atividade das políticas sociais, que não apenas compensam a injustiça dos impostos no Brasil, mas transformam o gasto social em importante equalizador da distribuição de recursos.

Do primeiro ao quarto décimo da renda, representada por famílias, predominam os benefícios em saúde e educação, recebidos em quantidades superiores ao que estes mesmo extratos tiveram que pagar com impostos diretos e indiretos. Do quinto ao oitavo décimo das famílias segundo a renda, os benefícios da saúde e educação recebem um terceiro representante, que são os benefícios do Regime Geral de Previdência Social. Somente nos dois décimos de renda superiores das famílias brasileira é que a carga total de impostos é igual ou maior que os benefícios sociais recebidos, especialmente no último décimo, na parcela mais rica das famílias.

> Isso mostra que, em síntese, a política social da última década corrigiu, nas camadas pobres e intermediárias de renda, a regressividade do sistema tributário mediante o gasto social progressivo. Antes de alterar o regime de impostos, processo que demanda um esforço político concentrado e de médio prazo, a atuação da política social contornou o problema da injustiça tributária com a justiça social. Entendendo a equidade fiscal como uma relação abrangente entre arrecadação e gasto público, e não apenas sob a ótica da tributação, essa perspectiva introduz novos olhares sobre como a reorganização possível das condições do Estado em operar políticas públicas enfrentou obstáculos antes dados como absolutos à consolidação dos direitos sociais e constitucionais.[63]

Portanto, as renúncias de receita de uma forma geral destinadas à saúde não importam em um grande vulto percentual do orçamento do Estado, o que por si só justifica um cuidado maior na sua análise, em vez de se imputar um repúdio absoluto aos institutos dela derivados.

---

[63] Extraído do *site*: INSTITUTO DE PESQUISA ECONÔMICA APLICADA. Disponível em: <http://www.ipea.gov.br/portal/images/stories/PDFs/comunicado/110519_comunicado ipea92.pdf>. Acesso em: 31 out. 2013.

É importante ainda observar que a análise desse crescimento das renúncias de receita não pode ser isolada, como política microeconômica, mas, repita-se, esses dados levantados a partir de estudo microeconômicos precisam ser correlacionados à política macroeconômica, para ser possível se chegar à equidade e eficiência da política fiscal.

É salutar analisar, portanto, conjuntamente com esses estudos, como têm se comportado nos últimos anos a União Federal e os demais entes subnacionais com relação às despesas públicas em geral.

Em acurado estudo sobre o desempenho comparado da Lei de Responsabilidade Fiscal nos últimos anos, três economistas, precisamente José Roberto Afonso, Guilherme Luís Nilson Pinto de Carvalho e Kleber Pacheco de Castro observam que, comparando os últimos dez anos da Lei, entre 2008 e 2009, o *superavit* primário (resultado positivo do balanço orçamentário, ou seja, o Estado encerrou o exercício fiscal com mais receita arrecadada do que valores gastos) do setor público caiu em relação ao PIB, mas isso não é resultado exclusivamente dos Estados e Municípios que não conseguiram poupar o suficiente, ao contrário, o esforço de poupar para pagar dívidas dos Estados e Municípios foi muito maior do que o da União (AFONSO; CARVALHO; CASTRO, 2010, p. 13-48).

Atestam os economistas que o Governo Federal também não perdeu receita porque precisou aumentar as desonerações tributárias de um lado e aumentar os investimentos para impulsionar a economia por outro; mas principalmente pela falta de austeridade do Governo Federal com seus próprios gastos, sobretudo, com relação aos gastos permanentes, como os com pessoal.

Afirmam Afonso, Carvalho e Castro (2010, p. 13-48):

> Como visto pelos relatórios da LRF, comparadas as finanças do governo federal com a de uma seleção de estados e municípios das capitais, se verificou em 2009, relativamente ao ano anterior, trajetórias bem distintas. A receita apresentou uma trajetória de queda maior em alguns governos estaduais e municipais do que na esfera federal, porém, apesar disso, elas não sofreram uma deterioração de resultado da dimensão federal porque controlaram o gasto.
> As estatísticas negam que o governo federal teria perdido mais receita e elevado mais investimentos do que os estados e municípios, de modo que o impacto da crise e a necessária resposta fiscal teriam prejudicado mais as contas do governo federal e isso explicaria a discrepância entre os indicadores mais recentes dos dois governos. Muito pelo contrário, as evidências apontam justamente o oposto, que tal efeito se deu nas

contas dos governos estaduais e, ainda assim, eles conseguiram evitar uma deterioração maior do primário e chegaram a gerar um histórico e excepcional *superavit* nominal – ainda que boa parte decorrente da deflação na rolagem da dívida. É possível atribuir mais aos governos estaduais do que ao federal uma postura mais ativa e tipicamente anticíclica uma vez que expandiram e empreenderam um maior esforço por investir relativamente às receitas próprias.

Isso tudo evidencia mais uma vez que ainda carece muito o Governo Federal de "responsabilidade fiscal", daí porque ao se pesquisar sobre as renúncias de receita é importante também observar o desdobramento delas para toda a economia, evitando-se conclusões precipitadas como: é melhor acabar com as renúncias de receita na área de saúde e se partir para o investimento direto exclusivamente!

O que é necessário para o Brasil não é mudar drasticamente o financiamento da área, concentrando-se apenas na prestação direta da Saúde pelo Estado, até porque a própria Constituição Federal prevê a suplementariedade, conforme já amplamente explicitado nos capítulos precedentes, constituindo ela parte da norma estrutura de funcionamento do Estado gerencial.

Mas, sim, a partir de institutos jurídicos já existentes, repensar esse financiamento, a partir de um controle mais efetivo da política pública de saúde.

No Estado do Pará, por exemplo, foram pesquisados dois serviços especializados em saúde infantil para esta obra:
    a) um realizado por entidade sem fins lucrativos, detentora de vários benefícios tributários e que recebe ainda repasse direto de recursos públicos do Estado, o "Abrigo Especial Calabriano", ao norte comentado e;
    b) o outro, exemplo de investimento direto no Estado do Pará, "Espaço de Acolhimento Provisório Infantil (EAPI)", localizado no Conjunto Satélite, WE 08 s/n, Coqueiro, na região Metropolitana de Belém-PA.

O Espaço de Acolhimento Provisório Infantil (EAPI), inicialmente vinculado à Fundação da Criança e do Adolescente do Pará (FUNCAP), passou em 2008 à subordinação da Secretaria de Desenvolvimento Social do Estado do Pará (SEDES) e da Secretaria de Estado de Assistência Social (SEAS), tem capacidade para receber no máximo 60 crianças de 0 a 6 anos de idade em regime de abrigo, ou seja, aquelas que foram abandonadas pelos pais, ou estes foram destituídos do pátrio Poder, cumprindo medida de proteção prevista no art. 101 do Estatuto da Criança e Adolescente (Lei 8.069, de 13 de julho de 1990).

Em que pese a vinculação a órgão estatal ligado à assistência social, nesta se incluem medidas de saúde, tanto é assim que o Estado provê no EAPI: moradia, alimentação assistência médica, existindo dois médicos que atendem duas vezes na semana, e uma enfermeira e técnica de enfermagem em regime de plantão. É o único abrigo da região metropolitana para essa faixa etária (0 a 6 anos de idade). Segundo a gerente do local, Sra. Lílian dos Reis Seabra, em entrevista, relatou que o local só está apto a receber 50 crianças, mas normalmente mais de 60 permanecem "abrigadas" (SEABRA, 2013).

Afirma ainda a gerente do EAPI que o Estado destina, em média, em torno de R$1.500.000,00 (um milhão e meio de reais) por mês para manter o local em funcionamento (SEABRA, 2013).

Os gastos diretos e indiretos dos dois abrigos visitados são equiparáveis, não apresentando muita distinção de valores entre eles, pois enquanto o custeado integralmente pelo Estado recebe aproximadamente R$1.500.000,00 (um milhão e meio de reais) por mês, o sem fins lucrativos, recebe por mês aproximadamente R$500.000,00 (quinhentos mil reais) diretamente, mais as renúncias de receita a que faz jus, contudo, a diferença entre os serviços prestados e a estrutura física deste último é visivelmente superior àquela.

Basta observar as fotos no Anexo dos ambientes físicos de cada local.

Logo, não interessa apenas o custo final do serviço, mas como esse serviço está sendo prestado.

Assim, o que se pretende, então, é ratificar a viabilidade jurídica da utilização de institutos de renúncia de receita onerosas, como a isenção, com a implantação de políticas de controle efetivo da prestação do serviço privado, pelo SUS, de forma a aumentar a prestação do serviço de saúde no país, disponibilizando mais espaços físicos e serviços do segundo e terceiro setor para suplementar a saúde pública.

E essas isenções ou outras espécies de renúncias de receita podem abranger muito mais produtos e serviços da saúde, proliferando entre medicamentos, internações, atendimento à saúde básica, urgência e emergência, medicina preventiva, tais como (PROPOSIÇÕES):

a) por que o Estado não renuncia receita de importação de vacinas ainda detentoras de patentes internacionais às clínicas privadas, obrigando-as a destinar ao público, gratuitamente, via SUS, o valor correspondente a essa renúncia? A União Federal, por exemplo, isentou o Imposto de Importação para medicamentos de tratamento da AIDS (art. 2º, II, "l" da

Lei nº 8.032, de 12/04/1990). Por que não utiliza uma isenção onerosa como a proposta para as vacinas? Essa é uma política pública que pode se desdobrar em todos os seguimentos de serviços;

b por que os Estados não isentam ICMS sobre insumos utilizados por empresas da construção civil em troca de saneamento básico? Aliás, na previsão da LDO do Governo Federal para 2014 a 2016 não há qualquer renúncia de receita para a área de saneamento.[64]

c) por que os Municípios não isentam ISS sobre alguns serviços da empresas da construção civil em troca de obras de saneamento básico?

d) por que os Municípios não isentam ISS de profissionais liberais (tributos fixos) como psicólogos, fisioterapeutas, odontólogos que atendam em seus consultórios particulares (muitos sem personalidade jurídica) em troca de atendimento gratuito ao público pelo SUS?

Com a deficiência da saúde pública no Brasil, o mais importante é se pensar em alternativas sustentáveis de políticas públicas de saúde, e isso certamente perpassa pela tributação também.

A Agência Nacional de Vigilância Sanitária (ANVISA)[65] possui estudo recente dos tributos incidentes sobre produtos de saúde e fazendo um comparativo entre Imposto sobre Produtos Industrializados (IPI); II – Imposto de Importação; as contribuições sociais PIS e COFINS; Impostos sobre a Circulação de Mercadorias e Serviços (ICMS), atesta[66]:

a) já existe desoneração de IPI sobre a maioria dos produtos cadastrados no BIEPS[67] (72,6%), bem como isenção de Imposto de Importação sobre 62% desses produtos;

b) com relação ao PIS/Cofins e PIS/Cofins importação há grande incidência desses tributos, pois enquanto o primeiro incide

---

[64] BRASIL. Ministério do Planejamento, Orçamento e Gestão. Disponível em: <http://www.planejamento.gov.br>. Acesso em: 1º nov. 2013.

[65] A ANVISA, autarquia especial vinculada ao Ministério da Saúde, foi criada pela Lei 9.782/1999.

[66] Estudo extraído do endereço: BRASIL. Agência Nacional de Vigilância Sanitária. <http://portal.anvisa.gov.br/wps/wcm/connect/f0e88a8049c454a8a070a66dcbd9c63c/Microsoft+Word+-+Tributos+-+Produtos+para+Saúde+vs+final.pdf?MOD=AJPERES>. Acesso em: 2 nov. 2013.

[67] Banco de Informações Econômicas de Produtos para Saúde organizado pela ANVISA. Contém 5.634 itens nas áreas de cardiologia, ortopedia, análises clínicas, hemodiálise, oftalmologia, otorrinolaringologia e hemoterapia.

em mais de 70% do mercado, o PIS/Cofins importação incide sobre uma média de 40% do mercado, em uma alíquota de aproximadamente 9,25%;

c) o ICMS embora existam convênios no âmbito do CONFAZ desonerando alguns produtos e operações de venda, ainda são poucos.

Esse estudo ressalta a necessidade de políticas de renúncia de receita desses tributos.

É chegada a hora de o Estado usar de políticas interventoras no domínio econômico para induzir o segundo e o terceiro setor a compreender que a saúde, como direito de todos, precisa da cooperação de todos.

Outras áreas de políticas públicas, como a cultura, de investimento em infraestrutura e desenvolvimento industrial, esporte e meio-ambiente já possuem, há muito, políticas fiscais interventivas sendo desenvolvidas, conforme se depreende dos seguintes exemplos:

a) Lei Rouanet (Lei nº 8.313/1991): pessoas físicas ou jurídicas podem doar ou patrocinar eventos culturais cadastrados para esse fim no Ministério da Cultura e abater o valor da doação ou patrocínio do imposto de renda a pagar, no limite de 6% para pessoas físicas e 4% para pessoas jurídicas tributadas com base no lucro real.[68] Assim, se uma empresa paga R$10 milhões de IRPJ poderá investir R$400 mil em projetos culturais, e terá esse valor abatido do IR do ano seguinte.

A renúncia de receita é uma das formas do Programa Nacional de Apoio à Cultura (Pronac) instituído pela lei. Aquele que deseja obter o financiamento privado apresenta sua proposta cultural ao Ministério da Cultura, e, se for aprovada, recebe a autorização para captação de recursos junto às pessoas físicas ou jurídicas tributas com base no lucro real.

Estão aptos a apresentar propostas ao Ministério da Cultura, pessoas físicas que atuem na área cultural, tais como artistas, produtores culturais, técnicos da área de cultura etc.; pessoas jurídicas públicas de natureza cultural da administração indireta, como autarquias e fundações culturais; e pessoas jurídicas privadas de natureza cultural, com ou sem fins lucrativos (empresas, cooperativas, fundações, organizações culturais e o chamado Terceiro Setor).

---

[68] BRASIL. Ministério da Cultura. Disponível em: <http://www2.cultura.gov.br/site/2013/03/19/apoio-de-pessoas-fisicas-na-lei-rouanet>. Acesso em: 26 jan. 2014.

A inscrição desses projetos acontece por intermédio do Sistema de Apoio às Leis de Incentivos (Salic), que compreende desde a fase de apresentação da proposta até o relatório final de cumprimento do objeto. Pessoas físicas podem até o máximo de dois projetos, enquanto as pessoas jurídicas podem inscrever até cinco projetos. Todos os procedimentos de apresentação até a prestação de contas de propostas culturais atualmente estão regulados pela Instrução Normativa (IN) 1, de 9 fevereiro de 2012, podendo ser apresentados entre 1º de fevereiro e 30 de novembro de cada ano.

Após a análise com a emissão de uma parecer técnico expedido por profissionais do Banco de Pareceristas do Ministério da Cultura, o projeto retorna à unidade técnica para validação, sendo mais tarde submetido à Comissão Nacional de Incentivo à Cultura (CNIC) que embasará a decisão do ministro de Estado da Cultura, com aprovação ou indeferimento do projeto. Essa Comissão é um órgão colegiado de assessoramento, constituída por representantes de artistas, empresários, sociedade civil e do Estado, composta por 21 integrantes, sendo sete titulares e 14 suplentes.

A Comissão Nacional de Incentivo à Cultura (CNIC), analisa as seguintes áreas:[69]

Figura 2 – Áreas de Incentivo à Cultura

Comissão Nacional de Incentivo à Cultura - CNIC

GRUPOS TÉCNICOS	PLENÁRIO
	ARTES CÊNICAS – CIRCO, DANÇA E TEATRO
	AUDIOVISUAL
	MÚSICA
	ARTES VISUAIS, ARTE DIGITAL E ELETRÔNICA
	PATRIMÔNIO CULTURAL – MATERIAL E IMATERIAL
	HUMANIDADES
	ARTES INTEGRADAS
COORDENAÇÃO ADMINISTRATIVA - GABINETE DA SEFIC	

---

[69] Informações e imagem extraída do *site*: BRASIL. Ministério da Cultura. Disponível em: <http://www.cultura.gov.br/projetos-incentivados>. Acesso em: 12 fev. 2014.

No *site* do Ministério da Cultura há um fluxograma do processo de tramitação das propostas:[70]

Figura 3 – Fluxograma do processo de tramitação de propostas para receberem incentivos legais na área de cultura

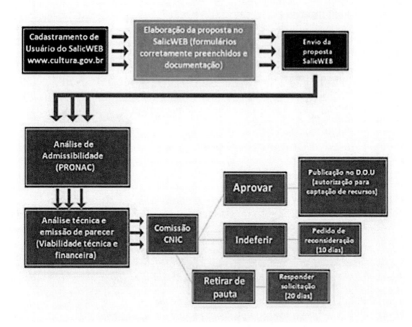

Cumpre registrar, por fim, que o incentivo pode ser feito por meio de doação ou patrocínio. Apenas pessoas físicas ou pessoas jurídicas sem fins lucrativos podem receber doações, e, nesse caso, é vedada a promoção do doador.

Quando se tratar de patrocínio, que qualquer proposta pode ser beneficiária, é possível a publicidade do apoio, com a identificação de quem está patrocinando. Esse patrocinador pode ainda receber um percentual do produto resultante do projeto, como CDs, ingressos e revistas, para distribuição gratuita.

---

[70] Informações e imagem extraída do *site*: BRASIL. Ministério da Cultura. Disponível em: <http://www.cultura.gov.br/projetos-incentivados>. Acesso em: 12 fev. 2014.

A Lei Rouanet traz ainda o Fundo Nacional de Cultura (FNC), formado de recursos cuja finalidade exclusiva é a execução de programas, projetos, ou ações culturais, mas esse fundo não é objeto do estudo desta obra.

b) FUNDAP – Fundo de Desenvolvimento das Atividades Portuárias do Espírito Santo (instituído pela Lei do Estado do Espírito Santo nº 2.508/1970): Por esse fundo, constituído de dotações da Lei Orçamentária do Estado e Créditos Adicionais, são concedidos financiamentos às empresas com sede no Estado do Espírito Santo que invistam "pelo menos 45% (quarenta e cinco por cento) do valor do financiamento, até o último dia do exercício seguinte ao da contratação, em projeto industrial, agropecuário, de pesca, de turismo, de florestamento e reflorestamento, de serviço, de saúde, de educação, de transporte, de infraestrutura não governamental, de construção não habitacional, de natureza cultural ou de comércio previamente aprovado pelo órgão gestor do Fundo, assegurado à mutuária o arbítrio quanto à seleção dos projetos", conforme previsão do art. 3º, "a", da Lei estadual nº 2.592/1971. Nesse aspecto, os criadores do Fundo explicam que não se trata de um incentivo fiscal, pois um Banco, como natureza jurídica de direito privado, financia diretamente o investidor, por meio de um contrato de financiamento de natureza de direito privado, mas que, de todo modo, exige como contraprestação investimento direto no Estado.[71]

c) Lei de Incentivo à Cultura do Estado de Minas Gerais: Lei Estadual nº 17.615, de 04.07.2008, regulamentada pelo Decreto nº 44.866, de 1º de agosto de 2008, preveem renúncia fiscal de ICMS, estimulando empresas contribuintes do imposto a investirem em projetos culturais que promovam a arte e a cultura mineira. Os projetos devem ser previamente selecionados por meio de edital usualmente publicado pela Secretaria de Cultura do Estado.[72]

---

[71] Informações extraídas dos endereços: O QUE é o Fundap? Disponível em: <http://www.morrodomoreno.com.br/materias/o-que-e-o-fundap.html>. Acesso em: 26 jan. 2014; e ESPÍRITO SANTO. Secretaria de Estado da Fazenda. *FUNDAP*. Disponível em: <http://www.sefaz.es.gov.br/legislacao/fundap.asp>. Acesso em: 26 jan. 2014.

[72] Informações extraídas do endereço: MINAS GERAIS. Secretaria de Estado de Cultura. *Legislação*. Disponível em: <http://www.cultura.mg.gov.br/cidadao/a-lei/page/547-lei-decreto-e-edital>. Acesso em: 26 jan. 2014.

d) No Estado do Rio de Janeiro, e na capital, existem leis respectivamente em cada âmbito de atuação tributária no mesmo sentido, ou seja, as pessoas jurídicas são incentivadas a investir em projetos culturais aprovados previamente pelo Governo do Estado do Rio de Janeiro ou pelo Município do Rio de Janeiro e com isso deduzir de seus recolhimentos de ICMS (Lei estadual nº 1.954/1992) e ISS (Lei municipal nº 1.940/1992), neste último caso, o contribuinte pode abater até 20% do que ele tem a pagar de ISS do que ele tiver investido em cultura.[73]

e) No Estado de São Paulo existe Lei de Incentivo à Cultura por meio do chamado Programa de Ação Cultural (Proac) (Lei n º12.268, de 20 de fevereiro de 2006): O Estado de São Paulo, por meio de renúncia fiscal, destina 0,2% do total arrecadado no Estado com o Imposto sobre Circulação de Mercadorias e Serviços (ICMS) à produção cultural. "Em 2013, esse valor foi o equivalente a R$ 127 milhões. Para participar do Proac, os artistas e produtores devem cadastrar seus projetos no *Sistema ProAC ICMS*. Os projetos são analisados pela Comissão de Avaliação de Projetos (CAP), equipe independente formada por membros da sociedade civil, em especial pessoas de notório saber do cenário artístico. Caso aprovados, são autorizados a captar patrocínio nas empresas. As empresas interessadas em patrocinar projetos, por sua vez, devem se habilitar na Secretaria da Fazenda".[74] Há ainda a lei do Município de São Paulo, no mesmo sentido, Lei nº 10.923/1990, com o abatimento de ISS e IPTU

f) No âmbito do esporte, existe ainda a Lei Federal nº 11. 438/2006 que concede benefícios fiscais para pessoas físicas ou jurídicas que desejem realizar doações ou patrocinar projetos desportivos e paradesportivos:
• pessoa física – pode deduzir até 6% do imposto de renda devido. Essa dedução concorre com outros incentivos fiscais, sem, contudo,

---

[73] Informações extraídas dos endereços: QUERO INCENTIVAR. *Lei Municipal de Incentivo à Cultura/Rio de Janeiro*. Disponível em: <http://queroincentivar.com.br/lei/lei-municipal-de-incentivo-a-culturario-de-janeiro>. Acesso em: 26 jan. 2014; e RIO DE JANEIRO (Estado). Secretaria de Cultura. Disponível em: <http://www.cultura.rj.gov.br/leidoincentivo/leidoincentivo.php>. Acesso em: 26 jan. 2014.

[74] SÃO PAULO (Estado). Secretaria da Cultura. *ProacSP*. Disponível em: <http://www.cultura.sp.gov.br/portal/site/SEC/menuitem.555627669a24dd2547378d27ca60c1a0/?vgnextoid=6a33b23eb2a6b110VgnVCM100000ac061c0aRCRD>. Acesso em: 26 jan. 2014.

estabelecer limites específicos, o que poderá ser aplicado em sua totalidade no incentivo ao esporte. A opção é do contribuinte;
• pessoa jurídica tributada com base no lucro real – pode deduzir até 1% do imposto de renda devido. Nesse caso, o benefício não compete com outros incentivos fiscais. Isso quer dizer que essa faixa de renúncia fiscal é exclusiva para o setor esportivo.

Podem se inscrever pessoas jurídicas de direito público ou privado sem finalidade econômica de natureza esportiva (cujo ato constitutivo disponha expressamente sobre sua finalidade esportiva).[75]

Daí se depreende que a lei direciona os incentivos apenas às associações que trabalham na área de esporte, tais como confederações, entidades de administração de esportes, secretarias estaduais e municipais e contempla projetos de inclusão social que façam uso do esporte como mecanismo de resgate da cidadania.

Um exemplo desse tipo de atividade é a realizada pelo Grêmio Recreativo Escola de Samba Beija-Flor de Nilópolis em parceria com o Instituto Jade Barbosa que deram início ao projeto de inclusão social denominado *Ginástica Artística: Um Sonho para Todos*. Esse projeto foi aprovado pelo Ministério dos Esportes para utilizar a Lei de Incentivo ao Esporte.[76]

Da mesma forma como na Lei Rouanet, aqueles que desejarem obter esses incentivos precisam inicialmente se cadastrar no *site* do Ministério do Esporte para enviar o seu projeto.

Esse projeto será encaminhado ao Presidente da Comissão Técnica que analisará a documentação e, estando toda de acordo com as regras do Ministério, enviará o projeto à Secretaria correspondente do Ministério.

A Secretaria finalística emitirá parecer sobre a viabilidade técnica e orçamentária do projeto, e ainda atestará a capacidade técnico-operativa. Após esse parecer, o Presidente da Comissão Técnica distribuirá o projeto, por sorteio, entre os membros da Comissão Técnica que, na condição de relator do processo elaborará seu voto, levando o processo a julgamento pelos demais membros da Comissão Técnica. Isso tudo,

---

[75] INCENTIVA ASSESSORIA E CONSULTORIA. *Leis de incentivo*. Disponível em: <http://www.incentiva.com.br/leis-de-incentivo>. Acesso em: 26 jan. 2014.
[76] Informações extraídas do *site*: GRES BEIJA-FLOR DO BRASIL. *Ginástica artística*: um sonho para todos. Disponível em: <http://www.beija-flor.com.br/2014/por/08-projetossociais/ginastica.html>. Acesso em: 13 fev. 2014.

conforme esclarece a Portaria 114, de 21.05.2008 do Ministério do Esporte.

Essa Lei federal é reproduzida em âmbito estadual em São Paulo (Lei nº 13.918, de 22 de dezembro de 2009) e no Rio de Janeiro (Lei nº 1.954, de 1992), para possibilitar às pessoas jurídicas descontar, abater valores doados ou que envolvam patrocínios de atividades desportivas ou paradesportivas do ICMS a ser pago.

g) No Estado de Santa Catarina, a Lei nº 13.336, de 08 de março de 2005, institui o Sistema Estadual de Incentivo à Cultura, ao Turismo e ao Esporte (SEITEC), com objetivo de estimular o financiamento de projetos culturais, turísticos e esportivos especialmente por parte de contribuintes do Imposto sobre Operações Relativas à Circulação de Mercadorias e sobre Prestação de Serviços de Transporte Interestadual e Intermunicipal e de Comunicação - ICMS.[77]

h) No Rio Grande do Sul existe o Sistema Estadual de Apoio e Incentivo a Políticas Estratégicas do Estado – SISAIPE/RS, criado pela Lei nº 13.924, de 17 de janeiro de 2012, que envolve políticas de incentivo ao esporte, à inclusão e promoção social e apoio e fomento às atividades culturais. Parte dos valores desse sistema decorre de incentivos a contribuintes do ICMS.[78]

Como se percebe, não são poucos os incentivos fiscais destinados a áreas como cultura e esporte no Brasil. Praticamente todos os Estados brasileiros possuem legislação que, mediante concessões de isenções onerosas, sobretudo do ICMS, incentivam a área. Em pesquisa atualmente realizada, apenas os Estados de Alagoas e Amazonas não detêm esse tipo de incentivo. A distribuição de leis de incentivo à cultura no país está, atualmente, assim organizada:

---

[77] SANTA CATARINA. Secretaria de Estado da Fazenda. Disponível em: <http://legislacao.sef.sc.gov.br/html/leis/2005/lei_05_13336.htm>. Acesso em: 26 jan. 2014.

[78] RIO GRANDE DO SUL. *Lei 13.924, de 17 de janeiro de 2012.* Institui o Sistema Estadual de Apoio e Incentivo a Políticas Estratégicas do Estado do Rio Grande do Sul – SISAIPE/RS – e dá outras providências. Disponível em: <http://www.procultura.rs.gov.br/uploads/Lei_13.924.pdf>. Acesso em: 26 jan. 2014.

Quadro 6 – Leis de Incentivo à Cultura de cada Estado da Federação

Estado	Lei
Acre	Lei 1.288, de 05.07.1999
Alagoas	Não possui Lei
Amazonas	Não possui Lei
Amapá	Lei 777, de 14.10.2003; e lei 912, de 1º.08.2005
Bahia	Lei 7.015, de 09.12.1996; e Lei 9.431, de 11.02.2005
Ceará	Lei 12.464, de 29.06.1995
Distrito Federal	Lei 158, de 29.07.1991; e LC 267, de 15.12.1999
Espírito Santo	Lei 7.829, de 12.08.2004
Goiás	Lei 13.813, de 11.05.2000
Maranhão	Lei 9.437, de 15.08.2011
Mato Grosso	Lei 5.893-A, de 12.12.1991; Lei 6.913, de 04.07.1977; Lei 7.042, de 15.10.1988; Lei 1.719, de 19.10.1999; e Lei 8.257, de 22.12.2004
Mato Grosso do Sul	Lei 1.872, de 17.07.1998; Lei 2.366, de 04.12.2001; Lei 2.645, de 11.07.2003; e Lei 2.726, de 02.12.2003
Minas Gerais	Lei 12.733, de 30.12.1997; Lei 13/665, de 20.07.2000; e Lei 17.615, de 04.07.2008.
Pará	Lei 5.885, de 09.02.1995
Paraíba	Lei 6.894, de 02.06.200; e Lei 7.516, de 24.12.2003
Paraná	Lei 13.133, de 16.04.2001
Pernambuco	Lei 11.005, de 20.12.1993; Lei 11.914, de 28.12.2000; Lei 12.310, de 29.12.2002; e Lei 12.629, de 12.07.2004
Piauí	Lei 4.997, de 30.12.1997
Rio Grande do Norte	Lei 7.799, de 30.12.1999
Rio Grande do Sul	Lei 11.706, de 18.12.2001; Lei 10.846, de 19.06.1996; Lei 11.024, de 20.10.1997; Lei 11.137, de 27.04.1998; Lei 11/706, de 18.12.2001; e Lei 13.924, de 17.01.2012.
Rio de Janeiro	Lei 1.954, de 26.01.1992; Lei 3.555, de 27.04.2001; e Lei 2.927, de 30.04.1998.
Rondônia	Lei 2.745, de 18.05.2012
Roraima	Lei 318, de 31.12.2001
Santa Catarina	Lei 10.929, de 23.09.1999; e Lei nº 13.336, de 08.03.2005
São Paulo	Lei 8.819, de 10.06.1994; e Lei 12.268, de 20.02.2006
Sergipe	Lei 1.962, de 30.09.1975 ; e Lei 4.490, de 21.12.2001
Tocantins	Lei 1.402, de 30.09.2003

Apenas para melhor visualização, segue abaixo o mapa do Brasil com parte das leis acima listadas, para se ter uma ideia da quantidade de previsões legais envolvendo renúncias de receitas onerosas na área da cultura no país:

Figura 4 – Leis de Incentivo à Cultura no Brasil

Fonte: Maria Stela Campos da Silva

Além dessas áreas, o direito ambiental há muito trabalha com a noção dos chamados "tributos verdes", que envolve a alteração de alíquotas ou bases de cálculo, perpassando também pelas renúncias de receitas concedidas para situações que implementem a preservação do meio ambiente.

Foi com esse intuito que surgiram os primeiros casos de ICMS ecológico que, amparado pelos arts. 170, VI e 225 da Constituição Federal,[79] visa à redução de alíquotas ou bases de cálculo de ICMS nas

---

[79] "Art. 170. A ordem econômica, fundada na valorização do trabalho humano e na livre iniciativa, tem por fim assegurar a todos existência digna, conforme os ditames da justiça social, observados os seguintes princípios:

operações mercantis com produtos que não agridam o meio ambiente, em uma aplicação da regra da seletividade (onerar menos os bens mais essenciais ao meio ambiente equilibrado).

O início da implantação do "ICMS ecológico" no Brasil aconteceu em 1990, no Paraná, que incluiu em sua Constituição Estadual, o art. 132, mais tarde regulado pela Lei Complementar 59/91, conhecida como "Lei do ICMS Ecológico" que previa que 5% do total destinado aos municípios seriam repassado aos que tivessem unidades de conservação e mananciais de abastecimento.

Seguindo essa linha, o Estado de Minas Gerais editou a Lei Estadual 12/040/1995; bem assim o Estado do Mato Grosso do Sul que regulamentou sua previsão constitucional (art. 153, parágrafo único, II), por meio da Lei Complementar 57/91.

Na mesma seara de aplicação da extrafiscalidade para redução tributária visando ao desenvolvimento de políticas ecologicamente mais eficientes, o Estado de São Paulo alterou a sua Lei 6.606, de 20 de dezembro de 1989, que trata do Imposto sobre Propriedade de Veículos Automotores (IPVA) em 1996, pela Lei 9.459 de 16 de dezembro, justamente para reduzir a alíquota desse tributo para 3% nos casos de automóveis de passeio, esporte, corrida e camionetas de uso misto, movidos a álcool, gás natural ou eletricidade.

Ainda há no Brasil, no mesmo sentido, a Lei 9.393/1996 que isentou de Imposto Territorial Rural (ITR) as áreas de preservação permanente e de reserva legal,[80] e as de interesse ecológico para a proteção dos ecossistemas, declaradas por ato do órgão competente, federal ou estadual. Afora os ITCMDs (Impostos de Transmissão *causa mortis* e doação) de competência dos Estados, que muitas vezes têm

---

VI – defesa do meio ambiente, inclusive mediante tratamento diferenciado conforme o impacto ambiental dos produtos e serviços e de seus processos de elaboração e prestação."
"Art. 225. Todos têm direito ao meio ambiente ecologicamente equilibrado, bem de uso comum do povo e essencial à sadia qualidade de vida, impondo-se ao Poder Público e à coletividade o dever de defendê-lo e preservá-lo para as presentes e futuras gerações."

[80] Lei 12.651, de 25 de maio de 2012:
"Art.3º Para os efeitos desta lei, entende-se por:
II - Área de Preservação Permanente - APP: área protegida, coberta ou não por vegetação nativa, com a função ambiental de preservar os recursos hídricos, a paisagem, a estabilidade geológica e a biodiversidade, facilitar o fluxo gênico de fauna e flora, proteger o solo e assegurar o bem-estar das populações humanas;
III - Reserva Legal: área localizada no interior de uma propriedade ou posse rural, delimitada nos termos do art. 12, com a função de assegurar o uso econômico de modo sustentável dos recursos naturais do imóvel rural, auxiliar a conservação e a reabilitação dos processos ecológicos e promover a conservação da biodiversidade, bem como o abrigo e a proteção de fauna silvestre e da flora nativa;

alíquotas variadas de acordo com a importância estadual, bem como os IPTUs (Impostos sobre a Propriedade Territorial Urbana), que podem ter alíquotas menores ou maiores de acordo com a política urbana conforme previsão do art. 182 da Constituição Federal que é esclarecida pelo Estatuto da Cidade, Lei 10.257/2001, revelando também políticas extrafiscais de caráter oneroso, na área ambiental.

Atualmente, ainda nessa área de renúncia de receita com vistas ao incremento de uma "tributação verde", a Câmara dos Deputados analisa o Projeto de Lei nº 5353/2013, de autoria do deputado Marco Tebaldi (PSDB-SC), que isenta o Imposto sobre Produtos Industrializados (IPI) sobre equipamento e máquinas que melhoram o reaproveitamento e a reciclagem de madeiras, compensados, plásticos, papéis, metais, pneus, tambores, embalagens, materiais orgânicos, tecidos, CDs, automóveis e baterias.[81]

Todavia, é chegada a hora também de a sociedade reclamar o aumento das renúncias de receita para a área de saúde em relação ao total das renúncias praticadas pela União Federal, pois o que foi possível constatar no presente estudo é que com a saúde o chamado "gasto tributário" fica em torno de apenas 10% do total de renúncias de receita da União, o que representa muito pouco.

E a tendência para os próximos anos é que, embora a renúncia de receita total da União Federal cresça, chegando a aproximadamente 1/5 de toda a arrecadação do ano de 2014, pelo Projeto de Lei Orçamentária para 2014[82] não há significativas alterações para aquelas destinadas à saúde.

No site da internet do Ministério do Planejamento da União Federal é possível se analisar o Projeto de Lei de Diretrizes Orçamentárias de 2014 que, ao tratar das metas de 2014 a 2016 em seu Anexo IV.10 – Renúncias Receitas Adm Parte I, apresenta as seguintes tabelas que demonstram a previsão de "gastos tributários", por área, regionalizado.[83]

No que interessa à presente, ou seja, na função orçamentária: saúde, a previsão é a seguinte em reais (R$):

---

[81] Notícia veiculada no *site*: PROJETO isenta de IPI equipamentos para indústria de reciclagem. Notícia, 14 jan. 2014. <http://direitoambiental.pro.br/projeto-isenta-de-ipi-equipamentos-para-industria-da-reciclagem>. Acesso em: 19 fev. 2014.

[82] CONSULTOR JURÍDICO, de 15 out. 2013. Disponível em: <www.conjur.com.br>. Acesso em: 15 out. 2013.

[83] BRASIL. Ministério do Planejamento, Orçamento e Gestão. Disponível em: <www.planejamento.gov.br>. Acesso em: 2 nov. 2013.

Tabela 8 – Renúncia de Receita na área de Saúde por região prevista na LDO
Meta 2014/2016

	Norte	Nordeste	Centro-Oeste	Sudeste	Sul
2014	700.748.963	2.256.325.987	2178.157.035	15.942.046.931	2471.676.204
2015	785.416.136	2.526.187.758	2.428.065.625	17.683.913.500	2.753.788.240
2016	859.156.604	2.737.220.098	2.608.718.266	18.343.274.178	2.827.066.854

Fonte: Ministério do Planejamento

Percentualmente por região, das renúncias totais da União Federal à saúde serão destinados:[84]

Tabela 9 – Renúncia de Receita Total da União Federal, em percentual, por região, destinada à saúde prevista na LDO
Meta 2014/2016

	Norte	Nordeste	Centro-Oeste	Sudeste	Sul
2014	2,98%	9,58%	9,25%	67,70%	10,50%
2015	3,00%	9,65%	9,28%	67,55%	10,52%
2016	3,14%	10,00%	9,53%	67,01%	10,33%

Fonte: Ministério do Planejamento

Assim, as principais conclusões da presente são:
a) a equidade na distribuição da saúde não se evidencia apenas em distribuir saúde para todos, mas em dar ao maior número possível de pessoas condições de acessar uma saúde de melhor qualidade e que seja eficaz no tratamento de seus males.

---

[84] Nesses valores estão incluídas: despesas médicas do IRPF; assistência médica, odontológica e farmacêutica a empregados do IRPJ; produtos químicos e farmacêuticos; entidades sem fins lucrativos – Assistência Social; Pronon – Programa Nacional de Apoio à Atenção Oncológica; Pronas/PCD – Programa Nacional de Apoio à Atenção da Saúde da Pessoa com Deficiência; Água Mineral e Medicamentos. Excluídas as renúncias de receita destinadas exclusivamente à assistência social como: doações a entidades civis sem fins lucrativos; entidades sem fins lucrativos – associação civil; entidades sem fins lucrativos – filantrópica; deficiente físico; cadeira de rodas e aparelhos; declarantes com 65 anos ou mais do IRPF.

b) os institutos jurídicos de renúncia de receita precisam ser adequadamente identificados antes de se dar início a qualquer pesquisa na área para se evitar conflitos de informações sobre quais deles são mais hábeis a viabilizar a cobrança pelo Estado de contraprestações. As imunidades, por exemplo, por serem limitações ao poder de tributar, ainda que concebidas em muitos momentos como "gastos tributários", não são aptas a impor contraprestações do contribuinte, o que já não acontece com as isenções.

c) a não utilização dos mecanismos de renúncia de receita na área de saúde não importará necessariamente em aumento do investimento direto na área por parte do Estado;

d) para o Estado brasileiro, por meio de seus institutos jurídicos de renúncia de receita, ter condições de exercer políticas efetivas de intervenção no domínio econômico, há necessidade de serem criados mecanismos de controle dessas políticas;

e) esses mecanismos de controle deverão ser diferentes de acordo com o setor da economia a que se destinem as renúncias de receitas;

f) a atual estrutura de Estado não pode mais deixar de fazer uso de suas políticas extrafiscais para atrair o segundo e terceiro setor da economia para realizar juntamente com ele, políticas públicas, sobretudo na área de saúde;

g) ao Estado compete desenvolver mais formas de renúncias de receitas que importem em contraprestações diretas por parte dos beneficiados;

h) é imprescindível no momento da criação dos institutos de renúncia de receita onerosa a elaboração de instrumentos de vinculação dos beneficiários ao cumprimento de objetivos aferíveis por meio de indicadores, metas e avaliação de resultados, para que as ações de controle interno e externo possam avaliar se as metas foram alcançadas, se as ações previstas de fato aconteceram e se o objetivo da desoneração foi alcançado;

i) mediante essas ações estar-se-á intervindo ora no domínio social e ora no domínio econômico buscando a maior e melhor distribuição da saúde;

j) em qualquer das hipóteses estudadas de incentivos, diretos (mediante subvenções sociais ou econômicas) ou indiretos (mediante benefícios tributários), é imperiosa a fiscalização adequada dos recursos públicos para aferição da implementação das atividades a que foram destinados, até por determinação legal (art. 16 da Lei 4.320/1964).

Feitas essas considerações, é importante destacar que futuros estudos na área poderão se dedicar a levantar o impacto orçamentáriofinanceiro das renúncias de receita na área de saúde nos entes subnacionais, desde que a maior parte da presente parte da análise de dados do Governo Federal, e os Relatórios das Contas do Governo do TCU, indicam uma grande concentração de renúncia de receita federal na Amazônia, contudo, em razão da Zona Franca de Manaus.

Essas distorções regionais merecem também um estudo mais acurado do ponto de vista tributário, pois há evidente concentração de clínicas de diagnose, de tratamento preventivo e hospitais na região sudeste do país, em detrimento do norte, nordeste e centro-oeste, o que importa, também no desenvolvimento de uma política fiscal de desoneração tributária para a saúde destinada a essas regiões até para cumprir o equilíbrio regional previsto constitucionalmente.

REFERÊNCIAS

AFONSO, José Roberto; CARVALHO, Guilherme Luís Nilson Pinto de; CASTRO; Kleber Pacheco de. Desempenho comparado dos principais governos brasileiros depois de dez anos de LRF. *Revista Técnica dos Tribunais de Contas – RTTC*, Belo Horizonte: Fórum, ano 1, n. 0, p. 13-48, set. 2010.

AGUIAR, Afonso Gomes. *Lei de responsabilidade fiscal*: questões práticas: Lei Complementar nº 101/00. Belo Horizonte: Fórum, 2004.

ALIENDE, José Manuel Canales. Algunas consideraciones sobre los nuevos retos de la modernizacion del control de las administraciones públicas contemporáneas. *Revista do Tribunal de Contas do Município do Rio de Janeiro*, ano XXIX, n. 52, p. 62-69, nov. 2012.

ALMEIDA, Cecília Soraya (2013). Diretora Administrativa do Abrigo Especial Calabriano/URE-REI. *Entrevista* concedida a Maria Stela Campos da Silva em 05.03.2013.

ALVES, José Carlos Moreira. Conferência Inaugural: XXII Simpósio Nacional de Direito Tributário. In: MARTINS, Ives Gandra da Silva (Coord.). *Imunidades Tributárias*. São Paulo: Revista dos Tribunais, 1998.

AMARO, Luciano. *Direito tributário brasileiro*. 15. ed. São Paulo: Saraiva, 2009.

ATALIBA, Geraldo. *Hipótese de incidência tributária*. 5. ed. São Paulo: Malheiros, 1999.

BALLEIRO, Aliomar. *Direito tributário brasileiro*. 10. ed. Rio de Janeiro: Forense, 1996.

BANDEIRA DE MELLO, Celso Antônio. *Curso de direito administrativo*. 17. ed. rev. e atual. São Paulo: Malheiros, 2004.

BARBOSA, Maria Nazaré Lins. A Experiência dos termos de parceria entre o poder público e as organizações da sociedade civil de interesse público. In: SUNDFELD, Carlos Ari (Coord.). *Parcerias público-privadas*. São Paulo: Malheiros, 2005. p. 487-523.

BARROSO, Luís Roberto. Constituição, democracia e supremacia judicial: direito e política no Brasil contemporâneo. *Revista Eletrônica sobre a Reforma do Estado*. Salvador, n. 23, set.-out. 2010. Disponível em: <http://www.direitodoestado.com.br/artigo/luis-roberto-barroso/constituicao-democracia-e-supremacia-judicial-direito-e-politica-no-brasil-contemporaneo>. Acesso em: 15 fev. 2013.

BARZOTTO, Luciane Cardoso. Terceiro setor, saúde e trabalho: entre função social e estrutura jurídica, a situação jurídica do Agente Comunitário de Saúde. In: NOBRE, Milton Augusto de Brito; SILVA, Ricardo Augusto Dias da (Coord.). *O CNJ e os desafios da efetivação do direito à saúde*. Belo Horizonte: Fórum, 2011. p. 207-254.

BECK, Ulrich. *La sociedad del riesgo*. Trad. Jorge Navarro, Daniel Jiménez, Maria Rosa Borrás. Barcelona: Litografía Roses, 2006.

BLAZEK, Jody; ADMS, Amanda. *Tax planning and compliance for tax-exempt organizations*. 5th ed. New Jersey: J. Wiley, 2012.

BLUMENSCHEIN, Fernando. Impactos e políticas públicas regionais. *Cadernos FGV Projetos*, Rio de Janeiro: FGV, ano 4, n. 10, p. 24-27, 2009.

BOHÓRQUEZ MONSALVE, Viviana; AGUIRRE ROMÁN, Javier. As tensões da dignidade humana: conceituação e aplicação no direito internacional dos direitos humanos. *SUR. Revista Internacional de Direitos Humanos*, São Paulo, Conectas, v. 6, n. 11, p. 41-63, dez. 2009. Disponível em: <http://www.scielo.br/scielo.php?script=sci_artte xt&pid=S1806-64452009000200003>. Acesso em: 15 fev. 2013.

BORGES, José Souto Maior. *Teoria geral da isenção tributária*. 3. ed. São Paulo: Malheiros, 2007.

BRASIL. Supremo Tribunal Federal. ADIN 1.923/DF. Rel. Min. Carlos Ayres Britto. 2011. Disponível em: <www.stf.jus.br>. Acesso em: 15 set. 2013.

BRASIL (2010). TRF1. Seção Judiciária do Estado do Pará. 1a Vara Federal. Processo nº 2005.39.00.009955-0. Sentença de 19.03.2010. Disponível em: <www.trf1.jus.br>. Acesso em: 8 fev. 2013.

BRASIL (2009). TRF1. Seção Judiciária do Estado do Pará. 5a Vara Federal. Processo nº 2009.39.00.011408-4. Inicial distribuída em 06.11.2009.

BRASIL1 (2009). TRF2. Seção Judiciária do Estado do Rio de Janeiro. 3a. Vara Federal. Processo nº 2009.51.01.012335-1. Inicial distribuída em 04.06.2009. Disponível em: <http://www.censo2010.ibge.gov.br/todas_noticias.php>. Acesso em: 12 set. 2012.

BRASIL. Código de Processo Civil (1973). Institui o Código de Processo Civil. Disponível em: <http://www.planalto.gov.br/ccivil_03/leis/L5869compilada.htm>. Acesso em: 11 jan. 2013.

BRASIL. Constituição (1988). *Constituição da República Federativa do Brasil*. Disponível em: <http://www.planalto.gov.br/ccivil_03/constituicao/constituicao.htm>. Acesso em: 27 jan. 2013.

BRASIL. Decreto-Lei federal nº 200, de 25 de fevereiro de 1967. Dispõe sôbre [sic] a organização da Administração Federal, estabelece diretrizes para a Reforma Administrativa e dá outras providências. Disponível em: <http://www.planalto.gov.br/ccivil_03/decreto-lei/del0200.htm>. Acesso em: 23 jan. 2013.

_____. Decreto nº 50.517, de 2 de maio de 1961. Regulamenta a Lei nº 91, de 28 de agôsto [sic] de 1935, que dispõe sôbre [sic] a declaração de utilidade pública. Disponível em: <http://www.planalto.gov.br/ccivil_03/decreto/1950-1969/d50517.htm>. Acesso em: 27 jan. 2013.

_____. Lei nº 91, de 28 de agosto de 1935. Determina regras pelas quaes [sic] são as sociedades declaradas de utilidade publica [sic]. Disponível em: <http://www.planalto.gov.br/ccivil_03/leis/1930-1949/L0091.htm>. Acesso em: 27 jan. 2013.

_____. Lei 8.069, de 13 de julho de 1990. Dispõe sobre o Estatuto da Criança e do Adolescente e dá outras providências. Disponível em: <http://www.planalto.gov.br/ccivil_03/leis/l8069.htm>. Acesso em: 27 jan. 2013.

_____. Lei nº 8.742, de 7 de dezembro de 1993. Dispõe sobre a organização da Assistência Social e dá outras providências. Disponível em: <http://www.planalto.gov.br/ccivil_03/leis/L8742.htm>. Acesso em: 27 jan. 2013.

_____. Lei nº 9.637, de 15 de maio de 1998. Dispõe sobre a qualificação de entidades como organizações sociais, a criação do Programa Nacional de Publicização, a extinção dos órgãos e entidades que menciona e a absorção de suas atividades por organizações sociais, e dá outras providências. Disponível em: <http://www.planalto.gov.br/ccivil_03/leis/L9637.htm>. Acesso em: 27 jan. 2013.

_____. Lei nº 9.867, de 10 de novembro de 1999. Dispõe sobre a criação e o funcionamento de Cooperativas Sociais, visando à integração social dos cidadãos, conforme especifica. Disponível em: <http://www.planalto.gov.br/ccivil_03/Leis/L9867.htm>. Acesso em: 23 jan. 2013.

BRASIL. Lei n. 10.406, de 10 de janeiro de 2002. Institui o Código Civil. Disponível em: <http://www.planalto.gov.br/ccivil_03/leis/2002/L10406.htm>. Acesso em: 11 jan. 2013.

_____. Lei nº 10.637, de 30 de dezembro de 2002. Dispõe sobre a não-cumulatividade na cobrança da contribuição para os Programas de Integração Social (PIS) e de Formação do Patrimônio do Servidor Público (Pasep), nos casos que especifica; sobre o pagamento e o parcelamento de débitos tributários federais, a compensação de créditos fiscais, a declaração de inaptidão de inscrição de pessoas jurídicas, a legislação aduaneira, e dá outras providências. Disponível em: <http://www.planalto.gov.br/ccivil_03/LEIS/2002/L10637.htm>. Acesso em: 27 jan. 2013.

BRASIL. Ministério da Saúde. Disponível em: <http://portal.saude.gov.br/portal/saude/cidadao/area.cfm?id_area=1041>. Acesso em: 5 nov. 2012.

BRASIL. Tribunal de Contas da União. Relatório *Contas do Governo*: exercício de 2012. <http://portal2.tcu.gov.br/portal/page/portal/TCU/comunidades/contas/contas_governo/Contas2012/fichas/9.3%20-%20Áreas%20temáticas%20-%20Saúde.pdf>. Acesso em: 21 out. 2013.

BRASIL. Tribunal de Contas da União. Relatório e parecer prévio sobre as contas do Governo da República: exercício de 2011. Disponível em: <http://portal2.tcu.gov.br/portal/page/portal/TCU/comunidades/contas/contas_governo/Contas2011/index.html>. Acesso em: 31 out. 2013.

BROLIANI, Jozélia Nogueira. *Renúncia de receita e a lei de responsabilidade fiscal*. Disponível em: <www.nogueiraecherubino.adv.br/publicacoes/pub/8.pdf>. Acesso em: 8 ago. 2013.

BUCCI, Maria Paula Dallari. *Direito administrativo e políticas públicas*. São Paulo: Saraiva, 2002.

CALABI, Andrea. Atenção com gastos públicos. *Cadernos FGV Projetos*. Rio de Janeiro: FGV, ano 4, n. 10, p. 28-33, 2009.

CARNEIRO, Claudio. *Curso de direito tributário e financeiro*. 4. ed. São Paulo: Saraiva, 2012.

CARRAZZA, Roque Antonio. *Curso de direito constitucional tributário*. 27. ed. São Paulo: Malheiros, 2011.

CARVALHO FILHO, José dos Santos. *Manual de direito administrativo*. 25. ed. São Paulo: Atlas, 2012.

CARVALHO, Paulo de Barros. *Curso de direito tributário*. 12. ed. São Paulo: Saraiva, 1999a.

CARVALHO, Paulo de Barros. *Direito tributário*: fundamentos jurídicos da incidência. 2. ed. São Paulo: Saraiva, 1999b.

_____. *Direito tributário linguagem e método*. 3. ed. São Paulo: Noeses, 2009.

CHEININ, Marin. Economic and social rights as legal rights. In: EIDE, Asbjørn; KRAUSE, Catarina; Rosas, Allan. *Economic, social and cultural rights*: a textbook. Dordrecht, London: M. Nijhoff, 2001. p. 29-72.

COÊLHO, Marcus Vinícius Furtado. OAB foca em bandeiras da advocacia e consegue vitórias. *Consultor Jurídico*, 20 out. 2013. Entrevista concedida a Alessandro Cristo e Livia Scocuglia. Disponível em: <http://www.conjur.com.br/2013-out-20/entrevista-marcus-vinicius-furtado-coelho-presidente-oab>. Acesso em: 31 out. 2013.

COÊLHO, Sacha Calmon Navarro. *Curso de direito tributário brasileiro*. 4. ed. Rio de Janeiro: Forense, 1999.

_____. *Manual de direito tributário*. 2. ed. Rio de Janeiro: Forense, 2002.

COLEMAN, Jules. *Hart's postscript*: Essays on the postscript to the *Concept of Law*. New York: Oxford University Press, 2001.

CONTI, José Mauricio. Saúde não precisa só de dinheiro, mas de boa gestão. *Consultor Jurídico*, 22 out. 2013. Disponível em: <http://www.conjur.com.br/2013-out-22/contas-vista-saude-nao-dinheiro-boa-gestao>. Acesso em: 22 out. 2013.

COSTA, Regina Helena. *Curso de direito tributário*: constituição e Código Tributário Nacional. 2. ed. São Paulo: Saraiva, 2012.

DALLARI, Sueli Gandolfi; NUNES JUNIOR, Vidal Serrano. *Direito Sanitário*. São Paulo: Verbatim Editora, 2010.

DI PIETRO, Maria Sylvia Zanella. *Direito administrativo*. 24. ed. São Paulo: Atlas, 2011a.

_____. *Parcerias na administração pública*: concessão, permissão, franquia, terceirização, parceria público-privada e outras formas. 8. ed. São Paulo: Atlas, 2011b.

DWORKIN, Ronald. *O Império do Direito*. São Paulo: Martins Fontes, 1999.

ESCUDEIRO, Fernando (2013). Assessor do Secretário de Saúde da SESPA – Secretaria de Saúde Pública do Estado do Pará. *Entrevista* concedida a Maria Stela Campos da Silva em 07.02.2013.

EVERETT, Daniel L. *Language*: The cultural tool. New York: Pantheon Books, 2012.

FIORILLO, Celso Antonio Pacheco. *Curso de direito ambiental brasileiro*. 12. ed. São Paulo: Saraiva, 2011.

FIORILLO, Celso Antonio Pacheco; FERREIRA, Renata Marques. *Direito ambiental tributário*. 3. ed. São Paulo: Saraiva, 2010.

GUASTINI, Riccardo. *Das fontes às normas*. São Paulo: Quartier Latin, 2005.

HABER NETO, Michel. *Tributação e Financiamento da Saúde Pública*. São Paulo: Quartier Latin, 2013.

HOPKINS, Bruce R. *The law of tax-exempt organizations*. 10th ed. New Jersey: J. Wiley, 2011.

IBGE. *Censo 2010*. Disponível em: <http://www.censo2010.ibge.gov.br>. Acesso em: 12 set. 2012.

JARDIM, Eduardo Marcial Ferreira. *Manual de direito financeiro e tributário*. São Paulo: Saraiva, 1994.

JUSTEN FILHO, Marçal. *Comentários à lei de licitações e contratos administrativos*. 9. ed. São Paulo: Dialética, 2002.

KILLANDER, Magnus. *Interpretação dos Tratados Regionais de Direitos Humanos*. Disponível em: <http://www.revistasur.org>. Acesso em: 14 fev. 2014.

KRUGMAN, Paul R.; WELLS, Robin. *Introdução à economia*. Tradução de Helga Hoffman. Rio de Janeiro: Elsevier, 2007.

KZAN NETO, Calilo Jorge. *A Norma de anistia no direito tributário*. São Paulo: Quartier Latin, 2007.

MACHADO, Paulo Affonso Leme. *Direito ambiental brasileiro*. 19. ed. São Paulo: Malheiros, 2011.

MALERBI, Diva. Imunidade Tributária. In: MARTINS, Ives Gandra da Silva (Coord.). *Imunidades tributárias*. São Paulo: Revista dos Tribunais, 1998.

MANEIRA, Eduardo. O Princípio da não-cumulatividade no voto proferido pelo Ministro Carlos Velloso no Recurso Extraordinário n. 170.412-8 – São Paulo. In: DERZI, Misabel Abreu Machado (Coord.). *Construindo o direito tributário na Constituição*: uma análise da obra do Ministro Carlos Mário Velloso. Belo Horizonte: Del Rey, 2004.

MARINELA, Fernanda. *Direito administrativo*. 5. ed. Niterói: Impetus, 2011.

MARTINS, Ives Gandra da Silva. Imunidades tributárias. In: MARTINS, Ives Gandra da Silva (Coord.). *Imunidades tributárias*. São Paulo: Revista dos Tribunais, 1998.

MATTOS, Mauro Roberto Gomes de. Os vinte anos da Lei de Improbidade Administrativa. *Revista do Tribunal de Contas do Município do Rio de Janeiro*, ano XXIX, n. 52, p. 4-7, nov. 2012.

MELO, José Eduardo Soares de. *Curso de direito tributário*. 6. ed. São Paulo: Dialética, 2005.

_____. O ICMS, os benefícios fiscais concedidos unilateralmente por certos Estado, as medidas de defesa judicial e extrajudicial adotadas por outros Estado e conseqüências para os contribuintes. In: ROCHA, Valdir de Oliveira. *Grandes questões atuais do direito tributário*. n. VI. São Paulo: Dialética, 2005. p. 325-348.

NASCIMENTO, Walter Vieira do. *Lições de história do direito*. 9. ed. Rio de Janeiro: Forense, 1997.

NOIVILLE, Christine. Ciência, decisão, ação: três observações em torno do princípio da precaução. In: VARELLA, Marcelo Dias (Org.). *Governo dos riscos/Rede Latino-Europeia Americana Estudo sobre Governo dos Riscos*. Brasília: UNITAR/Pallotti, 2005. p. 56-80.

OBERLANDER, Jonathan. The partisan divide: the McCain and Obama plans for U.S. health care reform. *The New England Journal of Medicine*, n. 359, p. 781-784, 21 ago. 2008. Disponível em: <http://www.nejm.org/doi/full/10.1056/NEJMp0804659>. Acesso em: 22 out. 2013.

OCKÉ-REIS, Carlos Octávio. *Mensuração dos gastos tributários*: o caso dos planos de saúde, 2003-2011. Disponível em: <http://www.ipea.gov.br/portal/images/stories/PDFs/nota_tecnica/130528_notatecnicadiest05.pdf>. Acesso em: 15 jul. 2013. Nota Técnica divulgada no site do IPEA em maio de 2013.

OLIVEIRA, Regis Fernandes. *Curso de direito financeiro*. 2. ed. São Paulo: Revista dos Tribunais, 2008.

OLIVERIA, Maria Cristina César de; DOURADO JR., Octavio Cascaes. Dimensões socioambientais do direito administrativo. *Revista do Tribunal Regional Federal da Primeira Região*, Brasília: TRF1, ano 24, n. 7, p. 38-46, jul.2012.

PARÁ. Decreto 4.676, de 18 de junho de 2001 do Estado do Pará. Regulamento do ICMS do Estado do Pará. Disponível em: <http://www.sefa.pa.gov.br/LEGISLA/leg/estadual/ICMS/RICMS.pdf>. Acesso em: 2 nov. 2013.

PARÁ. Decreto nº 612, de 23 de novembro de 2007 do Estado do Pará. Altera o Anexo II do Regulamento do Imposto sobre Operações Relativas à Circulação de Mercadorias e sobre Prestações de Serviços de Transporte Interestadual e Intermunicipal e de Comunicação – ICMS, aprovado pelo Decreto nº 4.676, de 18 de junho de 2001. Disponível em: <http://www.sefa.pa.gov.br/LEGISLA/leg/estadual/DecInstNormPortarias/Decretos/dc00612_07.htm>. Acesso em: 31 out. 2013.

PARÁ. Secretaria de Fazenda. Instrução Normativa nº 0012, de 3 de junho de 2009. Altera dispositivos da Instrução Normativa nº 02, de 26 de maio de 2007, que estabelece procedimentos para a fruição do benefício previsto no art. 67-A do Regulamento do Imposto sobre Operações Relativas à Circulação de Mercadorias e sobre Prestações de Serviços de Transporte Interestadual e Intermunicipal e de Comunicação – ICMS, aprovado pelo Decreto 4.676, de 18 de junho de 2001. Disponível em: <www.sefa.pa.gov.br>. Acesso em: 15 dez. 2013.

PARÁ. Tribunal de Contas. Pará em Números: onde foi parar nosso dinheiro em 2011. Versão Simplificada do Relatório de Análise das Contas Anuais do Governo do Estado do Pará. Belém: TCE/PA, 2011. v. 3.

POPPER, Karl. *A Lógica da pesquisa científica*. São Paulo: Cultrix, 1993.

QUADROS, Waldemir Luiz de. *A Renúncia fiscal ao segmento de assistência médica suplementar*: a experiência brasileira em perspectiva comparada. Oficina de Trabalho. Agência Nacional de Saúde Suplementar – ANS. Rio de Janeiro, 28.11.2000. p. 1-14. Disponível em: <www.ans.gov.br/portal/upload/forum_saude/forum_bibliografias/financiamentodosetor/EE2.pdf>. Acesso em: 8 ago. 2013.

QUEIROZ, Júlio César Schroeder. Parcerias entre o poder público e o terceiro setor: o controle pelos tribunais de contas. *Revista do Tribunal de Contas do Estado de Minas Gerais*, Belo Horizonte, ano XXIX, v. 80, n. 3, p. 46-66, jul.-set. 2011.

RAWLS, John. *A Theory of justice*. Cambridge, MA: Harvard University Press, 2000.

RIO DE JANEIRO. Decreto nº 27.815/01. Manual de Diferimento, Ampliação de Prazo de Recolhimento, Suspensão e de Incentivos e Benefícios de Natureza Tributária do Estado do Rio de Janeiro. Disponível em: <http://www.fazenda.rj.gov.br/sefaz/faces/legislacao/legislacao-tributaria-basica-navigation/folder0/basicaICMS?_afrLoop=621622254198000&datasource=UCMServer%23dDocName%3A1766010&_adf.ctrl-state=7mi9cknqr_1271>. Acesso em: 7 nov. 2013.

RODRIGUES, Niege Tavares Ucha; SAAB, Flávio. *Tributos incidentes sobre o setor de produtos para saúde*. Instituição: Agência Nacional de Vigilância Sanitária – ANVISA. p. 1-21. Disponível em: <http://portal.anvisa.gov.br/wps/wcm/connect/f0e88a8049c454a8a070a66dcbd9c63c/Microsoft+Word+-+Tributos+-+Produtos+para+Saúde+vs+final.pdf?MOD=AJPERES>. Acesso em: 2 nov. 2013.

SAYD, Patrícia Dutra. *Renúncia fiscal e equidade na distribuição de recursos para a saúde*. Instituição: Agência Nacional de Saúde Suplementar – ANS. p. 1-15. Disponível em: <abresbrasil.org.br/sites/default/files/renuncia_fiscal_-_patricia.pdf>. Acesso em: 8 ago. 2013.

SCAFF, Fernando Facury. Cidadania e imunidade tributária. In: MARTINS, Ives Gandra da Silva (Coord.). *Imunidades Tributárias*. São Paulo: Revista dos Tribunais, 1998.

SCHOUERI, Luís Eduardo. *Normas tributárias indutoras e intervenção econômica.* Rio de Janeiro: Forense, 2005.

SEABRA, Lílian dos Reis. Gerente do Espaço de Acolhimento Provisório Infantil – EAPI. *Entrevista* concedida a Maria Stela Campos da Silva em 06.03.2013.

SEIXAS FILHO, Aurélio Pitanga. *Teoria e prática das isenções tributárias.* 2. ed. Rio de Janeiro: Forense, 1999.

_____. A imunidade tributária e a não sujeição constitucional ao dever tributário. In: PIRES, Adilson Rodrigues *et al. Justiça tributária*: direitos do fisco e garantias dos contribuintes nos atos da administração e no processo tributário. São Paulo: Max Limonad, 1998. I Congresso Internacional de Direito Tributário – IBET.

SEN, Amartya Kumar. *Desigualdade reexaminada.* Tradução de Ricardo Doninelli Mendes. 2. ed. Rio de Janeiro: Record, 2008.

_____. *A Ideia de justiça.* Trad. Denise Bottmann, Ricardo Doninelli Mendes. São Paulo: Companhia das Letras, 2011.

_____. Por que equidade na saúde? In: SEN, Amartya; KLIKSBERG, Bernardo. *As pessoas em primeiro lugar*: a ética do desenvolvimento e os problemas do mundo globalizado. Tradução de Bernardo Ajzemberg e Carlos Eduardo Lins da Silva. São Paulo: Companhia das Letras, 2010. p. 73-93.

SOUZA, Rubens Gomes de. *Estudos de direito tributário.* São Paulo: Saraiva, 1960. p. 252.

SOUZA, Leandro Marins de. *Tributação do terceiro setor no Brasil.* São Paulo: Dialética, 2004.

TIMM, Luciano Benetti. Direito à saúde e a maneira mais eficiente de prover direitos fundamentais: uma perspectiva de direito e economia? In: NOBRE, Milton Augusto de Brito; SILVA, Ricardo Augusto Dias da (Coord.). *O CNJ e os desafios da efetivação do direito à saúde.* Belo Horizonte: Fórum, 2011. p. 255-272.

TORRES, Ricardo Lobo. *Curso de direito financeiro e tributário.* 5. ed. Rio de Janeiro: Renovar, 1998a.

TORRES, Ricardo Lobo. Liberdade, segurança e justiça no direito tributário. In: PIRES, Adilson Rodrigues *et al. Justiça tributária*: direitos do fisco e garantias dos contribuintes nos atos da administração e no processo tributário. São Paulo: Max Limonad, 1998b. I Congresso Internacional de Direito Tributário – IBET.

_____. *Tratado de direito constitucional financeiro e tributário*: valores e princípios constitucionais tributários. Rio de Janeiro: Renovar, 2005. v. 2.

TORRES, Heleno Taveira. Tributos, mercado nacional e saúde. *Consultor Jurídico.* Coluna Consultor Tributário, de 22.05.2013. Disponível em: <http://www.conjur.com.br/2013-mai-22/consultor-tributario-tributos-mercado-nacional-saude>. Acesso em: 24 maio 2013.

TOURINHO, Rita. O consórcio público como alternativa viável à crise do serviço de saúde pública. In: *Interesse Público – Revista Bimestral de Direito Público*, Belo Horizonte: Fórum, ano 13, n. 69, p. 67-91, set.-out. 2011.

VÁZQUEZ, Daniel; DELAPLACE, Domitille. Políticas públicas na perspectiva de direitos humanos: um campo em construção. *SUR. Revista Internacional de Direitos Humanos*, São Paulo, Conectas, v. 8, n. 14, p. 35-65, jun. 2011. Disponível em: <http://www.surjournal.org/conteudos/pdf/14/02.pdf>. Acesso em: 12 jul. 2013.

VILANOVA, Lourival. *Causalidade e relação no direito.* 4. ed. São Paulo: Revista dos Tribunais, 2000.

_____. *Estruturas lógicas e o sistema de direito positivo.* São Paulo: Noeses, 2005.

ZOCKUN, Carolina Zancaner. *Da intervenção do estado no domínio social.* São Paulo: Malheiros, 2009.

APÊNDICES

APÊNDICE A

Abrigo Especial Calabriano

Entrada

Porta de Entrada

Corredor que divide a área do abrigo ao atendimento externo

Área de convivência

APÊNDICE A
ABRIGO ESPECIAL CALABRIANO | 223

Área de convivência

Sala de Musicoterapia

Sala de Musicoterapia

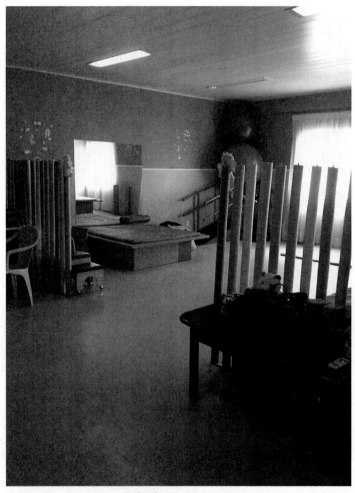

Sala de Fisioterapia

Sala de Fisioterapia

Sala de Terapia Ocupacional

Sala de Terapia Ocupacional

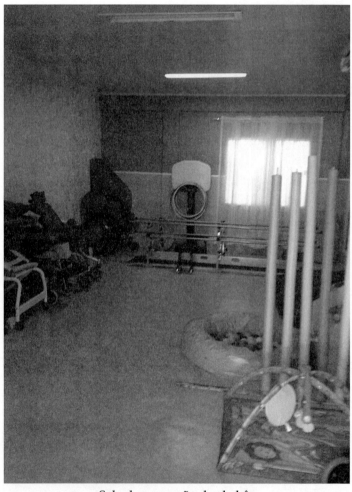

Sala de recreação dos bebês

Área de recreação

Consultórios

Quarto dos meninos

Quarto das meninas

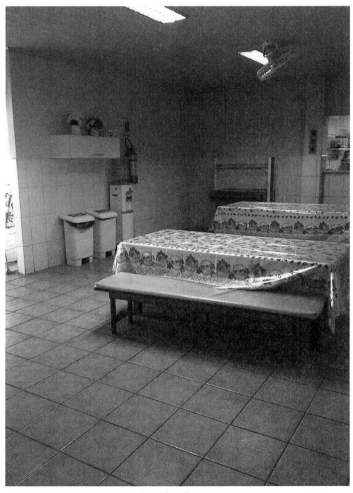
Refeitório

Piscina

APÊNDICE B

Espaço de Acolhimento Provisório Infantil (EAPI)

Entrada

Área de recreação

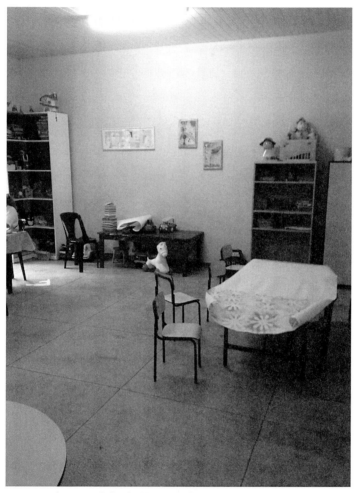

Sala de Terapia Ocupacional

Corredor de acesso aos quartos

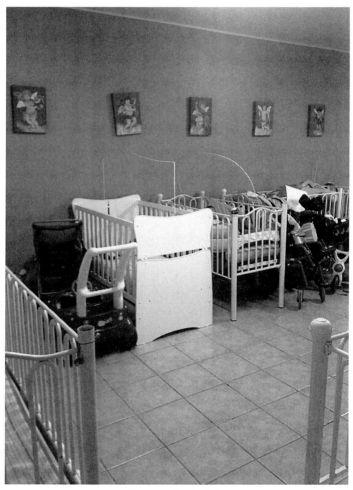

Quarto dos bebês

Quarto dos bebês

Quarto das crianças

Refeitório

Refeitório

Piscina

Esta obra foi composta em fonte Palatino Linotype, corpo 10
e impressa em papel Offset 75g (miolo) e Supremo 250g (capa)
pela Gráfica e Editora O Lutador, em Belo Horizonte/MG.